종이
달

KAMI NO TSUKI by Mitsuyo Kakuta

Copyright © 2012 Mitsuyo Kakuta

All rights reserved.

Originally published in Japanese by Kadokawa Haruki Corporation, Tokyo.

Korean translation copyright © 2014 by Wisdomhouse

This Korean edition published by arrangement with The Michael Stanley Agency, Inc.,

Tokyo, through HonnoKizuna, Inc., Tokyo, and BC Agency.

종이달

紙の月

가쿠다
미쓰요
角田光代
장편소설

권남희 옮김

위즈덤하우스

"불꽃 너머에 달이 있어요."

깎은 손톱처럼 가는 달이 걸려 있었다.

불꽃이 떠오르면 그것은 사라지고,

불꽃의 빛이 사라지면 슬슬 모습을 드러냈다.

우메자와 리카

41세 주부. 유복한 부모 밑에서 성장해 평범한 가정을 꾸려왔으나 점점 삶에 회의를 느끼고, 계약직으로 근무하던 와카바 은행에서 1억 엔을 횡령하고 도주 중.

오카자키 유코

우메자와 리카의 여고 시절 친구. 갓 쓰기 시작한 비누 같은 청초함을 지닌, 정의로운 소녀로 리카를 기억한다. 과도한 근검절약파.

야마다 가즈키

우메자와 리카의 전 남자친구. 짧은 교제였지만, 욕심 없고 자기만의 고상한 품위를 지닌 여성으로 리카를 기억한다. 현재 낭비벽이 심한 아내와 갈등 중.

주조 아키

우메자와 리카가 전업주부 시절에 다녔던 요리교실 친구. 계산적이지 않고 따뜻한 사람으로 리카를 기억한다. 쇼핑중독으로 남편에게 이혼당하고 현재 독립 중.

히라바야시 고타

우메자와 리카의 애인. 와카바 은행에서 리카가 담당하는 VIP 고객의 손자. 가난한 고학생으로 자신에게 전혀 도움을 주지 않는 조부를 증오한다.

우메자와 마사후미

리카의 남편. 결혼한 지 10년이 넘도록 아이가 생기지 않는데 노력도 하지 않고, 아내와의 관계에 큰 열정이 없다.

야마다 마키코

야마다 가즈키의 아내. 부유했던 친정의 옛 시절을 그리워하며 현재의 생활수준을 비관하다 쇼핑중독에 빠져 큰 빚을 지게 된다.

　사람 하나 세상에서 사라지는 것쯤 간단하지 않을까.

　태국 치앙마이에 도착하고 며칠 지나니, 우메자와 리카는 막연히 그런 생각이 들었다.

　사라진다고 해서 죽는다는 건 아니고 완벽하게 행방을 감춘다는 뜻이다. 그런 일은 무리라고 생각했다. 생각하면서 이곳까지 왔다.

　방콕 중심가만큼의 발전도 소음도 없고 도시 자체도 소규모였지만, 관광객이 많고 긴 여행 끝에 정착한 분위기의 외국인도 많이 보였다. 숲을 이루고 있는 호텔과 게스트하우스, 레스토랑과 기념품 가게 틈새에 끼여서 시내 복판인데도 절이 있었다. 밤에는 날마다 거대한 노천시장이 열려, 장사꾼도 관광객도 터질 듯한 빛 속을 황홀한 표정으로 걸어다녔다. 그런 가운데 리카는 관광을 하는 것도 쇼핑을 하는 것도 아니면서 그냥 걸었다.

　젊은 유럽인 커플이 노천 가게 앞에서 티셔츠를 구경하고 있다.

일본인으로 보이는 아가씨들이 액세서리 가게 앞에 쭈그리고 앉아, 팔찌며 목걸이를 고르고 있다. 중국인으로 보이는 단체 관광객이 코끼리 장식물을 둘러싸고 흥정하느라 침을 튀기고 있다. 랩 스커트를 입은 중년 여성이 포장마차의 네모난 그릇에 담긴 반찬을 가리키고, 비닐에 담은 반찬을 받아들었다. 시부야 언저리에 있어도 이상하지 않을 차림의 이 지역 여자아이가 팔짱을 끼고 걷고 있다. 향신료와 기름과 타이 쌀 냄새가 마을을 뒤덮듯이 떠돌고 있다.

사람이 많기로 말하자면 방콕이 압도적이지만, 그래도 리카는 그 도시에서 모습을 감추는 것은 불가능하다고 생각했다. 그래서 언제나 흠칫거렸고, 대부분을 축축한 게스트하우스 방에 틀어박혀 지냈다.

하지만 이 도시는 다르다. 방콕보다 훨씬 혼잡하고 그늘이 짙게 느껴진다. 기온도 습도도 그리 다르지 않을 텐데, 햇살에 하얗게 염색된 도시 곳곳에 그늘이 시커먼 입을 벌리고 있는 것 같았다. 오전에도, 한낮에도, 도시 그 자체가 밤에 싸이기를 나른하게 기다리고 있다.

그리고 리카에게는 온 도시에 깔린 그 그늘 속에서 관광객도, 지역 주민도 아닌 사람들이 숨을 죽이고 멍하니 서 있는 것처럼 느껴졌다. 너무 오래 여행을 해서 돌아갈 수 없게 된 사람들. 싸구려 마약을 너무 많이 먹어서 현실과 환상을 구분하지 못하게 된 사람들. 돌아갈 곳을 잃은 사람들. 사정이 있어서 도망쳐온 사람들. 이 도시의 혼잡과 그늘은 그들이 그곳에 계속 멍하니 서 있는 것을 허용하는 것처럼 느껴졌다.

리카는 밤이면 밤마다 노천시장 근처를 돌아다녔다. 게스트하우스에 틀어박혀 있기보다 그러는 편이 아무한테도 들키지 않을 거라는 확신이 있었다. 자신도 그늘에 푹 싸이는 것 같았다. 그래서 실크드레스도, 보석이 박힌 반지도, 하다못해 엽서 한 장조차도 갖고 싶은 것은 없었지만, 리카는 조명에 비쳐 젖은 듯이 반짝거리는 상품을 구경하며 다녔다. 배가 고프면 눈에 띄는 포장마차나 아무 식당에 들어가서 국수나 볶음밥을 게걸스럽게 먹었다. 방콕에서 산 조악한 티셔츠와 스커트는 빨아서 입는데도 어째선지 나날이 지저분했다.

아무에게도 들키지 않을 거란 확신을 갖고 사방으로 튀는 빛과 소음 속을 걷다 보면, 리카는 비명을 지르고 싶을 만큼 흥분을 느꼈다. 나는 뭐든 할 수 있다. 어디로든 갈 수 있다. 갖고 싶은 것은 모두 손에 넣을 수 있다. 아니, 그렇지 않아, 원하는 것은 모두 이미 이 손에 있어.

리카는 얼마 전에 이 비슷한 기분을 느꼈던 기억이 떠올랐다. 정말로 그렇게 생각했다. 무서운 것도 두려운 것도 무엇 하나 없었다. 하지만 지금의 기분은 전과는 비교할 수 없을 만큼 컸다. 리카는 신기했다. 나는 무언가를 얻어서 이런 기분이 된 걸까. 아니면 무언가를 잃어서 이런 기분이 된 걸까.

1

오카자키
유코

———

조간에서 빼낸 전단들을 테이블에 죽 펼쳐놓았다. 오카자키 유코는
각기 다른 슈퍼마켓의 전단을 대조하며 빨간 펜을 들고 특가품 가격
을 비교했다. 열어놓은 창으로는 미풍조차 들어오지 않았다. 햇볕
의 정도에 따라 춤추는 먼지가 나타났다 사라졌다 했다. 어딘가에
서 아이 우는 소리가 나고, 엄마가 야단치는 소리가 이어졌다.

역 반대쪽에 있는 슈퍼에서는 참치 통조림과 식빵이 싸다. 이쪽
슈퍼에서는 냉동식품을 40퍼센트 할인. 이웃 동네 슈퍼에서는 고
기류를 30퍼센트 할인. 먼저 이웃 동네 유자와야에 가서 옷감을 사
고, 슈퍼에서 고기를 산 뒤, 동네 슈퍼로 돌아와서 냉동식품 구입.
자전거로 돌면 한 시간도 걸리지 않는다. 유코는 일주일분씩 생활
비를 넣어두는 봉투를 들고 일어서서 창을 닫았다.

유코는 자전거를 타고 가면서 우메자와 리카를 떠올렸다. 유코
가 아는 리카는 가키모토 리카였지만.

가키모토 리카는 유코의 중고등학교 시절 동창이었다. 그렇긴 하지만, 친한 친구였던 건 아니다. 친구라고 할 수 있을지 어떨지도 모호하다. 신문에 우메자와 리카의 이름이 실렸을 때, 유코도 바로는 그게 가키모토 리카라고 생각하지 못했다. 거기 실린 조악한 사진을 보고서도. 우메자와 리카와 가키모토 리카가 유코의 머릿속에서 하나가 된 것은 벌써 몇 년째 연락하지 않던 고교 시절 동창에게 전화가 온 뒤였다.

우메자와 리카, 바로 그 리카야, 가키모토 리카. 얼굴도 희미하게밖에 생각나지 않는 그 동창은 말했다. 나, 사장한테 전화 받고 깜짝놀랐어, 그 리카라고 해서.

어떻게 내 연락처를 알았어? 무슨 말을 해야 좋을지 몰랐던 유코는 그런 걸 물었다.

7년 전 동창회에 오다, 너도 왔었지? 왜 그때 어쩐 일로 리카도 왔었잖아? 생각해보면 그때 이미 리카는 손을 담갔던가 봐……. 뭔가 믿을 수 없어, 엄청 평범했지 않니? 어쩌면 전화 연결이 안 될지도 모른다고 생각했는데…… 아, 전화를 한 건 말이야, 리카 얘기가아니라 동창회가 또 있어. 곧 안내 엽서가 가겠지만…….

동창의 목소리를 들으면서 유코가 생각했던 것은 가키모토 리카의 일이 아니라, 그러고 보니 나는 오다 유코였다, 라는 것과 이곳에산 지 벌써 10년이나 지났나, 하는 것이었다.

애, 정말 놀랍지, 그 리카가……. 동창은 유코에게 놀라는 목소리를 이끌어내려는 듯이 재차 말했지만, 유코는 그러게, 라고밖에 말할 수 없었다. 그러게, 라니 그것뿐이야? 동창은 또 말하고, 유코는 이 전화 나도 누군가한테 걸어야 하는 거야? 하는 소리를 문득 중얼거려 동창이 어이없어 했다. 뭐야, 긴급 연락도 아니고. 또 동창회에서 만날 거니까 그때……. 동창은 그렇게 말하고 전화를 끊었다.

교외에 있는 와카바 은행 지점에서 마흔한 살의 계약 사원이 약 1억 엔을 횡령했다. 그 뉴스가 흘러나온 것은 봄이었다. 동창의 전화로 행방불명이 된 그 범인과 유코가 아는 가키모토 리카는 비로소 하나로 합쳐졌지만, 합쳐지고 나니 더 현실감이 없다. 1억이라는 숫자에 전혀 현실감이 느껴지지 않는 것과 마찬가지로.

용의자 우메자와 리카는 아직 잡지 못했다. 최근에는 그런 뉴스가 있었던 걸 세상 모두가 잊어버린 듯 텔레비전에도 신문에도 새로운 뉴스만 보도하고 있다. 리카를 까맣게 잊어버린 듯한 언론과는 달리, 유코는 날이 갈수록 리카가 생각났다.

리카도 나처럼 특가품을 사러 자전거를 달린 적이 있을까. 리카의 뉴스가 보도되고 바로 발매된 여성주간지에는 결혼 초에는 리카도 전업주부였다고 쓰여 있었다. 리카, 그 무렵에는 평범한 주부로서 절약하며 살았을까. 아니면 아이도 없었던 것 같으니 처음부터 돈을 마음대로 썼을까.

문득 정신을 차리고 보면 유코는 그런 식으로 리카 생각만 하고 있다.

지하 자전거 보관소에 자전거를 세우고, 유코는 식료품 매장으로 갔다. 딴 데 보지 않고 곧장 정육 매장으로 간다. 슈퍼에 가면 쓸데없는 것은 보지 않고 목표로 한 진열장으로 직행할 것. 그것이 쓸데없는 낭비를 하지 않는 요령이라고, 얼마전에 서서 훑어보았던 주부 잡지에 나와 있었다.

닭날개살과 삼겹살, 돼지고기 다짐육이 든 팩 포장을 바구니에 넣은 뒤, 유코는 다른 진열대는 거들떠보지도 않고 빠른 걸음으로 계산대로 향했다. 계산대는 붐볐다. 유코는 앞에 선 젊은 여자의 바구니를 무심코 들여다보았다. 스파게티, 야키소바, 인스턴트 파스타 소스가 두 종류, 건포도빵, 팥빵, 푸딩, 양파, 카레 루, 비엔나소시지에 컵라면. 그야말로 딴 데 한눈팔다가는 이렇게 됩니다, 하는 전형 같은 쇼핑 목록이라고 생각했다. 그렇게 생각하면서, 뭐든 장바구니에 넣는 데서 벗어난 해방감과 쾌감을 문득 떠올렸다.

1억 엔.

또 그 금액이 떠오른다. 대체 얼마나 되는 액수일까? 앞에 선 여자의 장바구니 내용물에 시선을 떨어뜨린 채, 유코는 생각한다. 그 돈이면 주택 대출금을 당장 갚을 수 있다. 월 1만 엔인 남편의 용돈을 다섯 배로 올려줘도 아직 여유가 있다. 딸 지카게의 진학을 사립 학교로 바꾸고, 그러기 위해 학원에 보내도, 그래도 남는다. 만약 우메자와 리카가 정말로 내가 아는 그 리카라면 그녀는 대체 그런 큰돈을 어디에다 썼을까.

유코가 다녔던 학교는 가와사키에 더 가까운 요코하마의 덴엔토시선 연선에 있는 중고등학교가 같이 있는 여자학교였다. 가키모토 리카와는 중학교 3년과 고등학교 2, 3학년 때 같은 반이었다. 일본어 50음도 순의 출석번호여서 가키모토 리카는 언제나 오다 유코의 하나 뒤였다.

화려하게 아름다운 것은 아니고, 갓 쓰기 시작한 비누 같은 아름다움을 가진 아이라고, 유코는 중학생 때부터 리카를 보며 생각했다. 일부 학생처럼 립글로스를 바르거나 몰래 피어싱 구멍을 뚫거나, 유행하는 머리 스타일을 한 것도 아닌데, 십 대의 리카는 사람들의 시선을 확 끄는 데가 있었다. 성적은 우수하지만 우등생은 아니고, 어디 하나 수선하지도 않았는데 리카의 교복은 세련되어 보였다. 중학교 때 일어난 집단 괴롭힘에 가담한 적도 없고, 누군가와 벽을 두는 법도 없이 아무에게나 스스럼없이 말을 걸었다. 선생님에게조차도. 고등학교에 올라가서는 성 경험을 자랑하는 여학생들보다 이상하게 리카가 더 어른스러워 보였다.

유코는 도내에 있는 4년제 대학교에 진학했다. 유코보다 성적이 좋았던 리카도 분명 4년제 대학교에 진학할 줄 알았더니, 리카는 도쿄에 있는 전문대학에 진학했다. 그래도 도내의 학교에 진학하는 사람은 반에서 열 명도 없어서, 그걸 계기로 리카와 친해질 수 있지 않을까 기대했지만, 그 전문대학 캠퍼스는 가나가와 현의 변두리에 있어서, 이다바시에 있는 대학에 다니는 유코와는 친해지긴커녕 동네에서 우연히 마주치는 일조차 없었다.

고등학교를 졸업한 뒤, 리카를 만난 것은 두 번이다. 첫 번째는 아직 유코가 대학생이었던 1980년대 초반, M 여자고등학교의 첫 동창회가 열렸을 때였다. 다들 나를 기억할까 하고 불안을 느끼면서도 유코는 한껏 멋을 내어 회장인 시부야의 한 호텔로 향했다. 1학년 160명 가운데 100명 이상이 참가한 꽤 큰 모임이었다. 그곳에 리카가 와 있었다.

회장에 들어가서 죽 둘러보던 유코는 바로 리카를 발견했다. 리카는 여전히 아름다웠다. 화려한 차림을 한 건 아니지만, 세련되고 멋스러워 보였다. 화장은 거의 하지 않은 것처럼 보이는데, 저절로 눈이 가는 화려함이 있었다. 리카는 다른 어느 동창생보다 어른스러워 보였다.

대부분 학생들이 그렇게 생각했듯이 유코는 리카와 친구가 되고 싶었다. 그냥 친구가 아니라 리카가 고민과 불안을 털어놓을 수 있는 가까운 친구가 되고 싶었다.

유코는 중고교 시절에 여러 차례, 리카와 친하게 얘기했던 적이 있다. 한번은 고등학교 2학년 여름학교 때, 한번은 겨울의 카페테라스, 그런 것까지 기억했다. 겨울의 그날은 역까지 함께 갔던 것도. 하지만 리카는 어딘지 사람을 멀리하는 경향이 있었다. 아무리 친하게 얘기했다 해도, 혹은 그렇게 착각할 수 있는 시간이 있었다 해도 다음 순간에는 스윽 멀어져버리는, 종잡을 수 없는 분위기가 있었다. 유코에게는 그렇게 보였다. 그래서 그렇게 많은 얘기를 나누었지만 유코는 리카에게 다가가지 못했고, 두 사람 사이에 친구라고 부를 수 있는 관계가 생기는 일도 없었다.

그래서 동창회에서 여전히 새 비누 같은 성인이 된 리카가 유코를 발견하고 다가왔을 때, 유코는 기뻤다. 설레기까지 했다.

"긴장된다. 다들 어른 같아." 리카가 말했다.

"리카도 어른스러워." 유코의 말에 리카는 입을 활짝 벌리고 웃었다.

"저기, 신용카드 있니?" 리카가 뜬금없이 물었다.

"없는데. 아직 학생이라……."

"아, 4년제 대학에 진학했지. 대단하네. 대학생은 심사도 하지 않는 곳이 많아. 혹시 만들고 싶으면 나한테 연락해. 신용카드 결제 대금 일부를 유니세프에 기부하는 러브앤어스 카드란 게 있어. 나 신용카드는 반대했는데, 그래도 이런 식으로 기부도 함께할 수 있다면 괜찮지 않나 싶어."

리카는 조그마한 백에서 가죽 명함집을 꺼내더니, 거기서 명함을 한 장 꺼내 유코에게 건넸다. 명함에는 신용카드 회사의 이름이 있고 '영업 제3부 가키모토 리카'라고 쓰여 있었다. 그래서 유코는 새삼스럽게 리카가 전문대학에 진학한 것, 지금 사회인이라는 것을 떠올렸다.

"실적 때문에 권하는 거 아냐. 다만 우리 학교 애들은 봉사에 적극적이잖아. 그래서 기왕 만들려면 무언가 도움이 될 수 있는 카드 쪽이 좋지 않겠니? 저기, 너도 연락처 가르쳐 줄래?"

명함이 없던 유코는 황급히 가방에서 메모지를 꺼냈다.

"집이어서 전과 같지만, 일단."

말하면서 전화번호와 주소, 이름을 적어 리카에게 건넸다.

"고마워. 그럼 이따 또 보자."

리카가 가고 나니, 희미하게 은방울꽃 냄새 같은 것이 떠돌았다. 어쩐지 어른스럽더라, 하고 유코는 리카의 명함을 보며 끄덕였다. 벌써 일을 하고 있다면 나 따위는 완전히 어린애로 보이겠지. "이따 또 보자" 하는 리카의 말을 기대하며 유코는 모임 내내 리카가 다시 와주길 기다렸지만, 리카는 끝내 다른 여자아이들하고만 얘기했다. 모임이 끝날 무렵, 그러고 보니 리카는 내 이름을 말한 적이 없는데, 혹시 기억하지 못하는 게 아닐까, 그런 생각이 들었다.

리카에게 카드 권유 전화가 걸려오는 게 아닐까 하고 반쯤 귀찮은 기분, 반쯤 기대감으로 기다렸지만, 그때 말한 대로 실적 때문이 아니었는지 리카에게 전화가 오는 일은 없었다.

그런 생각을 떠올리던 유코는 문득 우스워졌다. 몇 년 뒤면 고등학교를 졸업한 지 25년이다. 리카를 마지막으로 만난 것은—그게 졸업 후에 만난 두 번째이지만—7년 전의 동창회다. 그때는 전혀 말을 나누지 않았고, 유코도 리카를 주의해서 보지 않아서 어땠는지 기억나지 않는다. 어쨌든 이 20년 동안에 나도 리카도 다른 동창들도 많이 변했을 것이다. 그래도 '리카'를 생각할 때 떠오르는 것은 그 비누처럼 아름다운 소녀다. 그 아름다운 소녀가 1억 엔을 어디다 썼을까 생각한다. 아니다. 우메자와 리카는 이미 내가 모르는 여자다. 자신의 이 생활을 리카가 모르듯이.

앞에 선 여자가 계산을 마치고 떠나자, 유코는 황급히 자기 바구니를 계산대에 올렸다. 장바구니를 지참하면 5엔이 할인된다. 2천 엔밖에 들어 있지 않은 지갑에서 계산을 하고, 마음대로 가져갈 수 있는 비닐봉지를 넉넉히 뽑고, 바구니에 든 것을 갖고 온 장바구니에 담았다. 지갑에 2천 엔밖에 들어 있지 않은 것은 여분의 지폐를 넣어두면 사지 않아도 될 것을 사게 되기 때문이다.

유코는 자전거 보관소로 가면서 유자와야에 들르는 걸 잊었다는 사실을 떠올렸다. 지금 다시 가면 고기가 상한다. 할 수 없이 유코는 옷감을 포기하고 자전거를 꺼내 장바구니를 자전거 바구니에 넣고 망을 씌운 뒤 페달을 밟았다. 햇볕이 쏟아져서 조금만 밟아도 셔츠 겨드랑이 아래가 땀으로 젖었지만, 멀리 하늘은 잿빛으로 물들어 있다. 비가 오려는 걸까. 유코는 페달을 밟는 다리에 힘을 주었다.

우메 자 와

리 카

―――――

방콕에 도착해서 며칠 동안, 리카는 공항 안내소에서 소개받은 시암 스퀘어에 비교적 가까운 호텔에 묵었다. 1박에 1만 엔도 하지 않았지만, 고급 호텔 부류에 들어가는 것 같다. 한국인 이용객이 많아서 로비에는 희미하게 김치 냄새가 떠돌았다. 조금 걸어가니 근대적인 쇼핑몰이 숲을 이루고, 그것은 리카에게 근 미래의 광경으로 보였다. 새 쇼핑몰에는 샤넬이나 구찌 같은 낯익은 브랜드 가게가 입점해 있었다. 그 한 모퉁이에 소고 백화점도 있었다. 리카는 소고 백화점 위층에 있는 일본 서적을 많이 다루는 서점에서 가이드북과 지도를 사서 묵을 호텔 위치를 확인했다. 그리고 지도를 한 손에 들고 화려한 쇼핑센터와 노점이 북적거리는 일대를 걸었다. 쇼윈도며 상품이며 이 지역 사람들 등, 모든 것에 눈을 빼앗기면서 걷다가 뜨거운 땡볕 아래서 문득 정신을 차리고는 아연했다. 내가 어떻게 관광객처럼 걸어다닐 수 있는 거지. 내가 원래 이런 사람이었나. 그런 짓을 해놓고 아무 일도 없었던 것처럼 태평스럽게 관광을 하는 이런 사람이었나.

리카는 서둘러 호텔로 돌아갔다. 그리고 되도록 외출을 하지 않으며 보냈다. 식사는 룸서비스로 부탁하고, 필요한 것이 있으면 해가 저문 뒤 근처 편의점에 사러 나갔다. 호텔 매점에 매일 들러서 한 부밖에 없는 며칠 지난 일본 신문을 사서 방으로 돌아와 자기 이름을 찾아 처음부터 끝까지 구석구석 읽었다. 하지만 리카가 자기 이름을 발견한 것은 매점에서 산 신문에서가 아니라 지나가던 스타벅스 테라스 석에 놓여 있던 신문이었다. 쇼핑센터 1층에 있는 스타벅스로 조금 전까지 일본인 비즈니스맨이 그 자리에 앉아 있었는지, 재떨이에 버려진 담배에서는 가늘게 연기가 나고, 신문을 누르듯이 놓인 투명한 컵의 얼음은 아직 덜 녹았다. 아무렇게나 접힌 신문에서 자기 이름의 활자가 눈에 들어온 건 아니다. 다만 그 신문이 왠지 마음이 쓰여 리카는 마치 도둑질이라도 하듯이 테이블에 다가가서 신문을 들고 총총걸음으로 호텔로 돌아왔다. 신문의 날짜는 전날이었다. 사회면에 나와 있는 자신의 이름을 발견하고, 육감이라는 게 정말로 맞는구나, 하고 리카는 엉뚱한 사실에 감탄했다. 그런 것에 감탄함과 동시에 그만큼 동요하고 있다는 사실은 깨닫지 못했다.

그날 리카는 호텔을 체크아웃하고 카오산로드로 향했다. 중급 호텔과 싼 호텔이 빼곡하며, 각국 여행자로 북적거린다고 가이드북에 나와 있어서, 그곳이라면 안심할 수 있을 것 같은 기분이 들었다. 그러나 실제로 그 거리에 가보니, 마치 시부야의 번화가처럼 많은 일본인 여행자가 활보하고 있었다. 젊은 사람이 많았지만, 리카와 같은 세대로 보이는 남녀의 모습도, 훨씬 고령의 여행자 모습도 보여서 리카는 황급히 그곳을 떠났다.

아, 일본은 황금연휴구나, 리카는 생각했다. 그렇게 기다렸던 황금연휴. 두 번 다시 자신에게는 오지 않을 설레는 연휴.

리카는 가이드북을 펴지 않고 자신의 감을 따르듯이 카오산로드 안쪽에서 수상 버스를 탔다. 차오프라야 강 지류를 따라 안으로 들어가니, 근 미래 같은 시암 스퀘어와 동시대에 존재하고 있다고 생각할 수 없는 광경이 점점 펼쳐졌다. 음식을 파는 포장마차 리어카 밑에는 더러운 접시가 오수에 둥둥 떠 있는 양동이가 널렸고, 나무 그늘에 누워 있는 털 빠진 개는 몰려드는 파리를 꼬리로 쫓고 있고, 보도의 아스팔트는 곳곳이 벗겨지고, 벗겨진 부분에는 오수로 웅덩이가 만들어져 작은 무지개가 빛났다. 곳곳에 게스트하우스 간판이 있었다. 리카가 체크인한 곳은 1박에 1천 엔도 하지 않는 숙소였다.

이런 방을 여행자에게 빌려준다는 사실이 리카에게는 놀라움이었다. 숙소라고 하면 지금까지 호텔밖에 몰랐다. 프런트가 있고 안내가 있고 목욕용품이 나란히 있고, 룸서비스가 있고, 정오가 지나면 누군가가 방을 정리해주는 그런 호텔 말이다. 리카가 안내받은 방에는 책상도 없고 타월도 없었다. 네모난 공간에 판자가 깔린 침대 하나, 그 침대에는 얇아빠진 매트리스가 깔려 있다. 당연히 냉방장치도 없고 천장에 달린 팬이 먼지를 날리면서 돌고 있다. 창은 있지만 바람 한 자락, 빛 한 자락 들어오지 않는다. 보이는 것은 옆 건물의 그을린 잿빛 벽뿐이다. 창가에 달라붙어 고개를 기울여야 간신히 페인트 그림 같은 파란 하늘이 보인다.

돈은 아직 있어서 좀 더 제대로 된 숙소에 머무는 것도 가능했다. 하지만 리카는 그 방의 누추함에 놀라면서도 안도했다. 그 방이 지금의 자신에게 가장 어울리는 것 같았다. 요컨대 은둔하기에.

숙박 손님이 리카밖에 없는지 낮에는 한산한데, 매춘도 겸하는지 밤이 되면 사람의 기척으로 넘쳐났다. 복도며 벽을 타고 전해오는 남녀의 신음 소리 탓만이 아니라, 방에 틀어박혀 있어도 끈적한 기운이 느껴진다.

리카는 사흘 만에 그 숙소에 익숙해졌다. 밤이면 옆방에서 들리는 남녀의 관계 소리까지.

달리 숙박객이 없는 것도 아니었다. 숙박객이라기보다는 눌어붙어 사는 사람들이라는 표현 쪽이 가깝겠다고 생각했다. 어느 방인지는 모르지만, 양쪽 팔에 온통 문신을 한 유럽인은 낮에 곧잘 숙소 계단에 걸터앉아 멍하니 있다. 초로의 서양인 남성과 아직 이십 대로 보이는 아시아인 청년이 나란히 기대어 나가는 것도 몇 번 보았다. 배낭을 짊어진 여행자가 하룻밤, 이틀 밤 머물다 가는 모습도 보았다.

리카에게는 이 숙소에 드나드는 사람들의 분위기가 하나같이 비슷하게 느껴졌다. 매춘부도 여행자도. 몸에 걸친 것뿐만이 아니라 분위기까지 포함해 모든 것이 지저분하고, 얇은 코트 같은 피로를 걸치고 있고, 화사한 색의 옷을 입고 있어도 칙칙해 보였다. 리카는 되도록 방에 있었지만, 식사며 사소한 물건을 사러 하루에 몇 번은 숙소를 나갈 수밖에 없었다. 그래서 이런 숙소에 드나들면 그들과는 분위기가 다른 자신만 오히려 눈에 띄는 것이 아닐까 걱정도 했다. 그러나 어제 숙소와 나란히 있는 잡화점의 먼지로 부연 유리문에 비친 자신을 보고 리카는 웃음이 터질 뻔했다. 어느샌가 자신의 모습도 숙소에 드나드는 사람들과 그리 다르지 않게 되었다. 지저분하고, 지쳐 있고, 칙칙해져 있다.

이러면 아무도 내가 나란 걸 모를지도 모른다. 우메자와 리카는 이 세상에서 몰래 사라질 수 있을지도 모른다. 싸구려 숙소에 머문 지 열흘이 지났을 무렵, 리카는 그런 생각을 하고 있었다. 자신이 그런 사람이라는 사실에 충격을 받는 일은 이제 없었다.

야마다
가즈키

———

도쿄 근교의 은행에서 큰돈을 횡령한 여자의 정체가 일반에게 공개
되었을 때, 우메자와 리카라는 그 지명 수배범이 자신이 아는 가키
모토 리카일 줄은 야마다 가즈키도 생각하지 못했다. 점심을 먹으
러 간 식당에서 우연히 본 텔레비전 화면에 우메자와 리카의 이름과
사진이 떠서, "어?" 하고 생각했다. 가키모토 리카와 퍽 닮았지만,
설마. 그다음 주, 통근 전철에서 주간지 머리기사에 우메자와 리카
의 이름을 발견하고, 역내 매점에서 그 잡지를 사서 근무 시작 전까
지의 짧은 시간, 커피숍에 들러서 급히 읽었다. 우메자와 리카는 어
쩐지 자기가 아는 가키모토 리카라는 걸 가즈키는 그때 알았다.

　놀라웠고, 흥분했다. 이봐, 이봐, 저 우메자와 리카, 나 알아. 실
은 사귄 적이 있어. 한 20년도 전의 얘기지만 말이야. 나, 처음이야.
아는 사람이 텔레비전이나 잡지에 이런 식으로 나오는 것. 니시신
주쿠의 직장에 도착해서 누구랄 것도 없이 붙잡고 지껄이고 싶은
충동에 휩싸이며, 실제로 평소에는 천천히 걷던 길을 총총걸음으
로 회사에 갔지만, 막상 동료나 부하들과 얼굴을 마주하니 말할 수
가 없었다. 왠지는 모른다. 사건의 용의자와 한때라도 관련됐다
는 걸 알리고 싶지 않은 자기보호도 아니었고, 그 리카가 그렇게 대
담한 짓을 할 리가 없다는 리카에 대한 무책임한 신뢰도 아니었다.

그냥 말할 수 없었다.

기자키 무스미에게는 얘기했다. 그 이틀 뒤에 함께 식사하고 2차로 간 바에서 취한 탓은 아니었지만, 어쩌다 보니 얘기를 하고 있었다. 무스미는 생각보다 훨씬 그 얘기에 흥미를 보였다.

사귀었던 건 언제야? 어떤 사람이었어? 연락은 없어? 지금 도망 중이겠지, 그 사람은? 갑자기 연락을 해오거나 하지 않을까. 사람들은 남자한테 돈을 다 갖다 바쳤을 거라고 하던데, 역시 그런 타입이었어? 만만한 여자랄까, 남자가 시키는 대로 하는 사람?

가즈키는 처음에는 기대 이상으로 흥미진진해 하는 무스미의 반응이 기뻐서 함께 열을 올리며 자신이 아는 리카 이야기를 했지만, 무스미의 질문이 계속되면서 점점 시들해졌다. 말하지 말걸 그랬다고 생각했다. 그것도 역시 왜 그런 식으로 생각했는지 알 수 없었지만. 나중에는 "글쎄, 어떨까" 하고 가즈키가 얼버무리듯이 말하자, 무스미는 겨우 질문을 멈추고 "뭔가 대단해"라고만 말했다.

그러다가 점점 무서워졌다. 우메자와 리카의 행방은 아직 모른다. 가즈키는 자신에게도 경찰이 뭘 물으러 오는 건 아닐까 생각했다. 물론 리카에게 연락은 없으니 아무 문제도 없겠지만, 그러나 자신들이 단기간이긴 하지만 교제했었다고 세간에— 아니, 아내에게 알려지면 골치 아파진다. 무스미에게도 단단히 입막음을 했다. 가즈키는 경찰이 오지 않을까 겁을 먹고 있는 자신을 보면서, 왠지 리카와 누구보다 친밀한 시간을 보낸 것 같은 느낌이 들었다. 행방불명이 된 리카가 자신을 의지하여 몰래 연락이라도 할 만큼 친밀했던 것 같은 착각이 들었다. 물론 리카에게 아무런 연락도, 경찰의 방문도, 현재는 없다.

택시는 주택가를 달려 고등학교를 지나쳤다. 교문에서 이어지는 운동장은 어둠에 가라앉았다. 가슴주머니에 넣어둔 휴대전화가 짧게 울려, 꺼내 보니 조금 전 헤어진 무스미에게서 온 문자였다.

잘 자. 즐거웠어. 고마워.

가즈키는 비슷한 내용의 답을 보낸 뒤, 수신 문자를 삭제했다. 삭제하겠습니까, 하는 물음에 예라고 대답했을 때, 택시는 때마침 맨션 앞에 도착했다. 영수증을 지갑에 찔러 넣으면서 밤하늘에 우뚝 솟은 맨션을 올려다본다. 몇 개의 창에 아직 불이 켜져 있다. 맨션 입구를 향해 걷다가, 생각을 바꾸어 거리로 나왔다. 조금 걸어간 곳에 편의점이 있다.

지갑 정리를 하면서 잠이 든 듯한 길을 걸어 편의점으로 향했다. 이탈리아 식당의 영수증에는 인원수가 적혀 있지 않아서 괜찮다. 그다음에 간 바의 영수증에는 인원수뿐만 아니라 마신 것까지 찍혀 있다. 푸딩, 맥주, 캔 커피 이것도 상품명이 기재된 편의점 영수증, 호텔 서비스권을 빼서 가즈키는 손바닥 안에서 똘똘 뭉쳤다.

거리에는 인적이 전혀 없는데 편의점에는 여러 명의 손님이 있었다. 과자 진열장을 물끄러미 보고 있는 저지 차림의 커플, 도시락을 음미하는 자신보다 젊은 샐러리맨풍의 남자, 거의 반라 차림의 금발 아가씨, 잠든 아이를 안고 나온 엄마. 스포츠음료와 자양강장제,

주먹밥을 한 개 사고 좀 전에 뭉쳤던 영수증들을 편의점 쓰레기통에 버렸다. 스포츠음료를 마시면서 가즈키는 맨션으로 돌아왔다.

3층에 도착해 현관 앞에서 시간을 확인했다. 2시를 지나고 있다. 소리 나지 않도록 열쇠로 문을 열고 안으로 들어갔다. 어두운 복도 끝에 있는 거실에 불이 켜진 것을 발견한 가즈키는 조그맣게 한숨을 쉬고 방으로 들어갔다. 거실로는 가지 않고 복도 오른쪽에 있는 침실에서 와이셔츠와 바지를 벗은 뒤, 오늘 아침 벗어 던진 티셔츠와 반바지를 입고, 맞은편 방문을 살짝 열었다. 복도에서 새어 들어오는 하얀 불빛에 이층 침대에서 자는 아이들의 얼굴이 보였다. 위칸에서 자는 유마는 여덟 살이 된다. 유마는 인형처럼 두 팔 두 다리를 가지런히 하고 잠들어 있다. 땀이 촉촉한 유마의 이마를 살짝 어루만지고, 아래 칸을 들여다본다. 다섯 살이 되는 겐토는 유마와는 정반대로 타월 이불을 침대 끝으로 밀어놓고 오른쪽 다리를 베개에 올린 채 비스듬하게 자고 있다. 가즈키는 베개를 머리에 베어주고, 타월 이불을 살짝 덮어준 다음 방을 나왔다.

거실로 가니 마키코는 평소와 다름없이 테이블에 앉아 있다. 앞에는 잔에 든 투명한 액체가 있다. 지겹다. 하지만 그걸 내색하지 않도록 주의하면서 말했다.

"다녀왔어. 잔업이 길어져서. 끝나고 우에하라 씨가 한턱낸다고 하는데 거절하질 못했어."

가즈키는 불을 끈 카운터 키친에 들어가서, 냉장고에 편의점 봉지를 그대로 집어넣었다.

"들었어. 문자로 얘기한 거잖아."

마키코가 억양 없는 목소리로 말했다.

"먼저 자지 그랬어."

주방 구석에 있는 욕실의 온수 단추(식은 욕조물을 다시 데우는 단추 - 옮긴이)를 눌렀다.

"기다린 거 아냐. 잠이 안 와서지."

마키코는 멍한 목소리로 말하고, 잔의 내용물을 후루룩거리듯 마신다.

가즈키는 마시던 스포츠음료와 신문 두는 곳에 있는 석간을 들고 소파에 앉았다. 텔레비전을 켜고, 소리를 죽였다. 마키코는 아무 말도 하지 않고 밖을 보고 있다. 그렇지만 커튼을 쳐놓았으니, 커튼을 보고 있는 게 된다. 가즈키는 빨리 끓어라, 빨리 끓어라, 하고 온수 기능을 향해 속으로 중얼거렸다. 텔레비전을 보는 것도 아니고, 잡지를 펴는 것도 아니고, 가계부를 적는 것도 아니고, 그저 앉아서 술만 마시는 아내를 보는 것은 그리 유쾌한 일이 아니었다.

가즈키는 신문을 뒤적이다 '올여름에는 아시안 감각으로'라는 제목이 붙은 별로 관심 없는 패션 기사를 읽었다. 자신도 웃길 정도로 열심히.

"겐토 영어 선생님이 바뀌었어."

마키코가 불쑥 입을 열었다. 가즈키는 움찔 놀라서 움직임을 멈추었다. 다음을 기다린다.

"이전 선생님이 더 나았는데……. 하지만 우리가 시간대를 바꾼

거여서 뭐라고 말하지 못하겠더라고."

가즈키는 무슨 말을 해야 할지, 희미하게 남은 취기를 떨쳐내며 열심히 생각했다.

"말하지 그랬어. 우리는 수강료를 내고 있으니 선생님을 고를 권리가 있잖아." 심사숙고 끝에 말해보았지만, 마키코는 가즈키의 말을 아예 무시했다.

"유마 수련회 갈 때 옷을 살까 했는데 무리네"라며 딴소리를 하고 있다.

말을 걸려면 걸던지 혼잣말을 하려면 하던지 확실히 해, 라고 생각했다. 하지만,

"무슨 옷? 뭐 필요한 거 있어?" 되도록 웃는 얼굴로 물어보았다.

"옷을 가져가잖아. 물놀이랑 하이킹을 하는 것 같은데, 밖에서 놀 때 입을 만한 옷을 사고 싶었어. 그런데 무리야."

"왜? 사면 되지?"

가즈키는 짜증나는 걸 참으며 말했다.

옷이라면 유마는 얼마든지 있다. 평소에는 교복을 입고 다니니 그렇게 많은 옷은 소용없지 않나 싶을 정도로 갖고 있다. 밖에서 놀 때 입는 옷, 시내 나갈 때 입는 옷도, 집에서 놀 때 입는 옷도. 수련회 가는 데 어째서 바깥놀이용 옷을 새로 사야 하는지 이해할 수 없었다. 그리고 필요하면 사면 되지. 아이 옷 한두 벌 살 수 없을 만큼 경제적으로 절박한 건 아니다. 마키코가 하고 싶은 말은 그런 게 아니다. 다른 소리를 하고 싶어서 겐토의 영어니 유마의 옷 얘길 꺼

내는 것이다. 빨리 끓어라, 빨리 끓어라, 또 주문을 외듯이 가즈키는 생각했다. 마키코가 그 '다른 것'을 꺼내기 전에 끓어주렴, 하고.

"내가 다니던 초등학교에서는." 그러나 마키코의 이야기는 시작돼버렸다. 가즈키는 거칠게 신문을 접었다.

"여름에는 가루이자와, 겨울에는 나가노, 가을에는 예절 교실이 있었는데, 그때마다 언제나 옷을 새로 샀어. 나는 그게 당연하다고 생각했기 때문에 유마한테도 같은 것을."

마키코의 말을 차단하듯이 삐삐삐삐삐 하고 울리는 온수 완료 소리를, 가즈키는 구원받은 마음으로 들었다. 다음 얘기를 듣지 않고 일어섰다.

"욕조, 물 다 데워진 것 같으니 들어갈게."

테이블에 앉아 있는 마키코를 남겨두고 방을 나왔다. 작고 가느다란 한숨이 등 뒤에서 들렸다. 가즈키는 참으로 연극 같다고 생각했다.

마키코는 유복한 가정에서 자란 것 같다. 같다, 라고 하는 것은 마키코가 가즈키를 만났을 때는 이미 회사를 경영하던 마키코의 아버지는 세상을 떠났고, 그 회사도 이미 존재하지 않았으며, 마키코의 어머니는 센다가야의 맨션에 살고 있었다. 인사하러 간 가즈키는 마키코의 어머니가 사는 지은 지 30년은 족히 돼 보이는 방 두 개짜리 맨션과 복잡한 가재도구에 유복하다는 말을 떠올릴 수 없었다. 하지만 마키코와 장모의 얘기로는 불과 10년 전까지는 오타 구의 고급 주택가에 200평이나 되는 정원을 가진 집에 살았고, 가루이자와와 이즈 고원에 별장을 갖고 있었다고 한다. 아버지의 죽음과 회사의 부도로 이렇게 불편해졌다고 한다. 실제로 두 사람이 보여주는 앨범에는 위세가 당당해 보이는 가족사진이 몇 장이나 붙어 있었고, 마키코의 옷이며 사소한 몸짓에 품위가 느껴졌다. 그런 점에 가즈키는 끌리기도 했다.

마키코가 달라진 것은 유마의 초등학교 입학이 가까워졌을 무렵이다. 그 무렵부터 마키코는 자신의 과거와 아이들의 현재를 집요하게 비교하기 시작했다.

자신의 부모는 이렇게 해주었는데, 자신은 아이한테 똑같이 해주지 못한다. 자신이 맛본, 무엇 하나 불편함이 없을 뿐만 아니라 오히려 플러스되었던 생활을 자식에게는 맛보게 할 수가 없다. 마키코는 걸핏하면 그렇게 한탄했다. 그건 결국 가즈키에게는 네가 벌어오는 월급이 아버지보다 적은 탓이라고 하는 것처럼 들려서 기분이 좋을 리 없었다.

마키코는 원래 그런 말을 할, 아니면 그런 생각을 할 그런 여자가 아니었다. 현재의 상황을 기꺼이 받아들이는 여자였다. 적어도 가즈키는 그렇게 생각했다.

10년 전, 맨션을 살 때 마키코는 도내의 맨션에 연연했지만, 자금 문제로 이곳으로 정했을 때도, 그건 그것대로 이해하고 기뻐하는 것처럼 보였다. "당신 덕분에 예쁜 집으로 이사했네" 하고 웃어주었다. 아동센터며 도서관에서 만난 같은 또래 주부들과도 즐겁게 교류하는 것처럼 보였다.

그래서 마키코가 이런 불편한 곳에 이사 오는 게 아니었어, 하는 말을 꺼냈을 때, 가즈키는 놀랐다. 유마가 유치원 졸업반이었을 때다. 좋은 학교는 모두 도내에 있어서 유마가 통학하기 힘들다는 것이다. 가즈키는 이웃 공립 초등학교로 충분하다고 생각했지만, 마키코는 뭐가 어찌 되든 사립에 보내겠다고 고집을 부렸다. 마키코의 주장대로 유마는 사립학교 몇 곳에 시험을 쳤다.

유마가 도내에 있는 대학교까지 일관 교육인 사립 초등학교에 합격했을 때, 가즈키도 기뻤다. 유마의 통학은 도중까지 가즈키가 같이 해주기로 하고, 합격을 축하하며 집 근처 레스토랑에서 식사를 했다. 기분 좋게 식사를 했던 마키코가 불평한 것은 그러고 나서 불과 한 달 뒤였다. 호텔 레스토랑이나 도내 고급 식당이라면 몰라도 이런 촌구석의 패밀리 레스토랑과 다를 바 없는 식당에서 합격 축하를 받은 유마가 불쌍하다며 뜬금없이 말을 꺼내, 가즈키를 아연하게 했다.

그 후로 마키코는 걸핏하면 그런 식이다. 날이 갈수록 심해져 가는 것 같았다. 뭔가 기회가 있을 때마다 자신의 어린 시절과 아이들을 비교하며 불쌍해 하고, 갈수록 말이 심해졌다. 가즈키는 하고 싶은 말이 있으면 확실히 해라, 내가 할 수 있는 일이라면 전력을 다할 테고, 할 수 없는 일이라면 해결책을 함께 생각하자고 마키코에게 다그쳤지만, "하고 싶은 말이 있을 리 없잖아" 하는 것이 마키코의 답이었다. "당신한테 어떻게 해달라는 게 아냐. 나는 그저 생각한 것을 전부 말했을 뿐. 부모님이 나한테 해준 만큼, 아이들에게 해줄 수 없는 게 속상할 뿐"이라고 했다. 마키코의 대답에 어이가 없어진 가즈키가 "당신이 말하는 해준다느니, 해줄 수 없다느니 하는 게 물리적인 것이라면 당신도 일을 하는 게 어때?"라고 말하자, 마키코는 울었다. 어떻게 그런 말을 할 수 있어, 아내한테 돈 벌어오란 소리 잘도 하네, 그런 말을 되풀이하면서.

마키코를 울린 이후, 가즈키는 마키코의 이야기를 듣지 않기로 했다. 마키코의 이야기에는 출구가 없고, 단순히 월급 면에서 다그치는 것 같아서 화가 나고 주눅이 들었다.

마키코는 요즘 입만 열면 아이들 얘기로 한탄하고, 그 얘기를 듣고 싶지 않은 가즈키는 의도적으로 잔업을 하고 술을 마시러 가기도 하며 늦게 귀가했다. 잠이 오지 않는다며 마키코가 혼자 술을 마시게 된 것은 최근 일이다. 그것도 귀가가 늦은 자신을 비꼬는 것으로 생각한다.

욕조에 들어갔다. 몇 가닥의 머리칼이 떠 있다. 갈색에 가늘고 짧은 머리칼은 유마의 것이다. 검디검은 직모는 겐토. 유마는 마키코를 닮았고, 겐토는 가즈키를 닮았다고 다들 말한다. 가즈키는 욕조에 뜬 가느다란 머리칼을 집어 들고 찬찬히 바라보았다.

리카를 문득 떠올렸다. 가키모토 리카. 학생 시절, 아주 잠깐 사귄 여자. 조심스럽고, 꼼꼼하고, 자신을 둘러싼 울타리에서 절대 밖으로 나오지 않는 타입의 사람이었다. 가즈키에게는 그렇게 보였다. 결국 끝까지 육체관계는 갖지 못했으니.

마키코와 결혼할 때 피로연에서 마키코의 상사가 "아름답고 총명하고 헌신적이고 욕심 없는 멋진 여성"이라고 마키코를 칭찬했다. 욕심이 없다는 것이 칭찬이라니, 하고 그때 가즈키는 좀 놀랐다. 그리고 그 말을 들었을 때, 예전에 교제했던 리카를 언뜻 떠올렸다. 욕심이 없는 걸로 말하자면 리카만큼 욕심이 없는 여자를 본 적이 없다.

교제할 때, 리카와의 결혼을 어렴풋이 생각한 적도 있다. 아직 학생이어서 현실감은 거의 없었지만, 만약 그때 자신이 학생이 아니고 이십 대 중반이었다면, 그대로 결혼이라는 방향으로 가지 않았을까. 가즈키는 지극히 평범하게 결혼을 꿈꾸고 있었고, 그 무렵 정말로 리카를 좋아했다.

가즈키는 욕조에서 생각했다. 만약 리카와 결혼했더라면 어땠을까. 생활이 더 즐거웠을까. '욕심 없는' 리카는 월급 가지고 빈정거리는 말을 하지 않았을까. 자신은 심야에 귀가하는 일을 하지 않았을까. 그리고 리카는 범죄를 저지르지 않았을까.

행방불명된 횡령녀 따위, 텔레비전에서는 이미 까맣게 잊은 듯이 매일 다른 뉴스를 보내주고 있지만, 날이 갈수록 리카를 떠올리는 일이 잦아졌다. 주간지에는 리카가 횡령한 돈을 젊은 남자에게 바쳤다고 나와 있었다. 가즈키는 사실은 다르지 않을까 생각했다. 사랑에 빠진 것도, 남자에게 부추김을 당한 것도 아니고, 그저 리카는 자신을 가리고 있는 안전한 울타리를 뛰어넘고 싶었던 게 아닐까. 자신이라는 틀을 부수고 싶었던 게 아닐까. 가즈키가 아는 리카는 누구보다 높고 견고한 울타리 속에 있었다. 그래서 그런 식으로 생각했다. 그렇게밖에는 이해할 수 없었다.

재빨리 머리를 감고 몸을 씻었다. 한 번 더 욕조에 몸을 담갔다가 물방울이 서린 천장을 올려다본다. 탁 하고 침실 문 닫히는 소리가 났다. 가즈키는 마키코가 자신의 가방을 가지고 갔구나 짐작했다. 마키코는 매일 밤, 가즈키가 목욕을 하러 들어간 사이, 가즈키의 가방을 검사한다. 휴대전화며 수첩이며 회의 자료며 지갑에 이르기까지. 지금 가방을 가지고 들어갔으니 조금 더 몸을 담그고 있어야겠다고 가즈키는 생각했다. 20분 정도면 검사가 끝날 테니.

마키코는 눈을 번쩍거리며 소지품 검사를 하는 모습을 남편한테 보이고 싶지 않을 테고, 가즈키 역시 그런 아내를 보고 싶지 않았다.

우메자와
리카

———

리카는 백화점 위층에 있는 서점에서 산 가이드북에서 태국이 곧 우기가 시작된다는 걸 알았다. 냉방도, 가구다운 가구도 없는 싸구려 방에는 이내 익숙해져서 끝까지 도망치는 것이 가능할지도 모른다고 생각한 리카였지만, 만일을 위해 일주일마다 호텔을 옮기기로 했다. 대체 이 마을에는 숙소가 얼마나 많은지, 열심히 찾지 않아도 비슷한 싸구려 숙소는 조금만 걸으면 바로 눈에 띄었다. 여권 제시도 서류 기입도 필요 없다. 열쇠와 교환할 50바트 정도의 보증금만 있으면 됐다. 일본을 떠날 때 갖고 온 트렁크는 처음에 숙박했던 숙소에 두고 왔다. 시장 한 모퉁이에 있는 가방가게에서 산 배낭에 짐을 최대한 줄여 넣고 그걸 짊어지고 다닌다.

"사와디 게스트하우스에 머물고 있죠?" 하고 누군가가 말을 건 것은 탕면을 파는 조그마한 가게에서 벽과 마주 앉아 고기경단이 들어간 국수를 먹고 있을 때였다. 리카는 펄쩍 뛸 만큼 놀라 조심스럽게 돌아보았다. 뒤쪽 테이블에 앉아 있던 3인조 그룹이 말을 걸어온 것이다. 남자 두 명에 여자 한 명. 홀치기염색을 한 티셔츠와 너덜너덜한 천의 간이 바지를 입은 히피 차림의 젊은이들이었다. 리카가 그들을 너무 빤히 보고 있어서 말이 통하지 않는 건가 불안했는지 "일본인이죠?" 하고 안경 낀 남자가 불안스럽게 물었다.

네, 리카는 짧게 대답했다.

"사와디 게스트하우스에 묵고 있죠?" 처음에 말을 걸었던 얼굴이 동그란 남자가 아까와 같은 질문을 했다. 리카는 게스트하우스 이름 따위 제대로 기억하지 않았다. 미소를 지으며 모호하게 끄덕여주었다.

"우리도 거기 있어요. 프런트에서 본 적 있는 것 같아서." 얼굴이 동그란 남자가 웃는 얼굴로 말했다. 웃으니까 더 어려 보였다.

"거기 싼 데 비해서 방은 넓지만, 진드기가 있지 않아요? 나 왠지 몸이 가렵던데." 머리를 경단처럼 말아 올린 여자가 친숙한 어조로 말을 걸었다.

"그거 치앙라이에서 머물 때 물린 거라니까, 분명. 우린 괜찮은 걸" 하고 안경이 말했다.

"에이, 너희는 진드기도 무시할 만큼 가난한 것뿐이야."

자기들끼리 얘기를 시작해서 리카는 다시 벽을 향해 돌아앉아 국수를 먹었다. 그들도 더는 말을 걸어오지 않아서, 리카는 얼른 국수를 건져 먹고 국물을 마시고 일어서서, "그럼 먼저" 하고 3인조에게 웃는 얼굴로 인사를 하고 가게를 나왔다.

숙소를 바꿔야 한다는 생각을 하며 빠른 걸음으로 뒷골목을 걷다가 문득 생각했다. 그랬다가는 오히려 의심받지 않을까. 아무리 봐도 그들은 그저 속 편한 여행자들이다. 차림새로 보아 꽤 오래 일본에 돌아가지 않은 게 분명하다. 나를 알 리 없다.

뒷골목과 수직으로 달리는 거리로 나왔다. 그렇지만 차 한 대 간신히 지나갈 정도의 폭이다. 오토바이가 지나갔다. 길가에 있는 기념품 가게에 들어갔다. 햇빛 아래에 있다가 어두컴컴한 가게로 이동한 탓인지 모든 것이 검게 물들어 보였다. 리카는 상품이 빈틈없이 채워진 선반을 훑어보았다. 무엇을 살 생각이었더라. 점점 시야가 밝아졌다. 나란히 티셔츠에 반바지 차림을 한 연배의 유럽인 부부가 조미료 선반 앞에서 소리 높여 얘기하고 있다. 가게 구석에 있는 점원 아가씨는 계산대에 잡지를 펴놓고 도시락을 먹으면서 읽고 있다.

다른 여자의 이력을 만들자. 만든 이력을 써 먹자. 아까 만난 아이들처럼 젊지도 않은 내가 장기 여행을 한다는 건 부자연스러울 터다. 그렇긴 하지만 평범한 단기 여행을 하면서 싸구려 숙소에 머무는 것도 이상하지 않을까. 한 달 정도 여행하는 걸로 할까. 일은? 한 달이나 쉴 수 있는 일이 있을까? 전업주부로 지내다 막 이혼했다고 하는 건 어떨까. 마음을 달래기 위한 여행이라고 하는 거다. 학생 시절 여행했던 곳을 한 번 더 찾아왔다. 그 무렵의 가난한 배낭여행 기억을 더듬으며 여행 중이다. 지금까지와 달라질 필요가 있어서 그런 가난한 여행을 시작한 여자.

좀 전의 젊은이 그룹뿐만 아니라 방콕에서는 여행자들이 말을 걸어오는 일이 많다. 따뜻한 날씨와 여행지라는 가벼운 흥분 탓에 사람들은 경계심을 풀기 쉬워서 타인의 경계심도 잘 보이지 않는 거라고 생각했다. 말 좀 걸지 마, 하고 마음속으로 빌고, 그렇게 행동해도 숙소 로비나 식당, 시장이나 때로는 길바닥에서 다양한 나이의 여행자가 말을 걸어온다. 길을 물을 때도 있고, 혼자 여행을 왔는가 물을 때도 있고, 그냥 말을 걸어올 때도 있다. 앞으로도 있을 그런 때를 위해, 어두컴컴한 기념품 가게에서 자신과는 다른 이력을 가진 여자를 열심히 생각했다. 리카는 어느새 이력 만들기에 푹 빠져 있는 자신을 비웃고 싶어졌다.

다음 날 저녁 무렵, 근처 잡화점에서 물과 저녁용 컵라면, 아침에 떨어진 치약을 사서 숙소로 돌아왔다. 1층의 문은 열려 있고, 그 구석에 프런트가 있다. 프런트 앞에는 14인치 컬러텔레비전과 다리가 많은 의자가 놓여 있다. 리카는 그 의자에 앉아 있는 사람이 어제 식당에서 말을 걸어온 그룹의 한 명이란 걸 바로 알아차렸다. 얼굴이 동그랗고, 웃으면 아이 같은 남자다. 노트를 열심히 들여다보던 그는 사람의 기척에 얼굴을 들고, "아, 안녕하세요?" 하고 리카에게 웃어주었다.

"안녕하세요." 리카도 웃었다. 꽤 침착했다. 나는 쫓기고 있는 우메자와 리카가 아니다. 이렇게 자신에게 이르면서 지나가려고 하는데, 그는 또 말을 걸어왔다.

"여기 오기 전에는 어디에 묵었어요?"

리카는 발을 멈추고 웃는 얼굴로 "카오산로드에"라고 했다. 아주 자연스럽게 거짓말이 나왔다. "사람들이 카오산로드, 카오산로드 하기에 가봤더니 젊은 사람들뿐이어서 주눅이 들어 숙소를 바꿨어요."

"괜찮으면 앉으실래요?" 남자는 자기 앞의 의자에 앉으라고 권했다. 바빠서, 하고 지나갈 수도 있었지만, 리카는 조금 망설인 끝에 앉았다. 아마 시험해보고 싶었을 것이다. 새로 만든 '자신의 일부'가 과연 통할지 어떨지. 그걸 시험해보고 싶었을 뿐이지, 젊은 여행자의 천진난만하게 웃는 얼굴에 반가움이 환기된 건 아니다. 리카는 젊은 여행자와 마주 앉아 자신에게 묻듯이 말했다.

"여행은 혼자 왔어요?"

들고 있던 노트를 테이블에 던지듯이 내려놓으며 그가 물었다.

"네, 좀, 여러 가지 일이 있어서."

느닷없이 이혼 운운하고 얘기를 꺼내는 것도 되레 수상할 것 같아서 리카는 군이 말을 흐렸다. 그가 내려놓은 노트를 무심히 바라보자, "여행자끼리의 정보 노트입니다"라고 말했다. 그저께 체크인한 뒤 프런트는 몇 번이나 지나쳤지만, 그런 노트가 있는 건 몰랐다. 리카는 그걸 들고 휘리릭 넘겨보았다.

"한일 월드컵, 일본은 어떻게 될까요?" 혼잣말처럼 그가 말하는데 대답은 하지 않고,

"오늘은 지난번 두 사람과 함께 있지 않네요?" 하고 물었다.

노트에는 한국어, 영어, 일본어, 독일어, 프랑스어 등 다채로운 언어가 줄줄이 쓰여 있었다. 일본어를 읽어보니 '동쪽 버스터미널 여자화장실이 고장 났습니다. 장거리 버스를 타는 사람은 화장실 볼일 마치고 가는 편이 무난'이라는 조언과, '시암스퀘어 근처에 있는 알로즈라는 여행사는 돈을 갈취하므로 주의!!'라는 경고, '이제 딱 반년째. 이곳에서 시메이로 가서 게이트가 비어 있으면 미얀마

로 갑니다. 같은 계획이신 분, 메사이에서 택시 같이 타지 않겠습니까?' 하는 동반자 모집까지 다양한 글이 쓰여 있다.

"아, 가끔은 둘이만 있게 해줘야죠."

얼굴이 동그란 남자는 곤란한 듯이 히죽히죽 웃으며 말했다. 그 말은 커플 한 팀과 친구 한 명이 여행을 한다는 것인가.

"학생? 같은 대학?"

리카는 또 노트를 넘기면서 물었다.

"학생 아닙니다. 우린 좀 일본에 있을 수 없는 사정이 있어서."

남자의 말에 리카가 얼굴을 들었다. 일본에 있을 수 없는 무슨 일을 한 걸까.

"괜찮으시면 차라도 마시지 않을래요? 강변에 가게가 있어요. 커피는 네스카페밖에 없지만." 그가 미소를 지으며 말했다.

커피우유색 같은 강을 바라보면서, 리카는 기둥과 지붕만 있는 포장마차 비슷한 가게에서 남자와 맥주를 마셨다. 유기견인지 이 가게에서 키우는 개인지 전병 색깔의 개가 테이블 밑에서 자고 있었다.

"일본에 있을 수 없는 사정이란 게 어떤 건지 물어도 돼요?" 리카는 맥주가 나오자마자 남자에게 물었다. 물어놓고 바로 웃음이 터질 뻔했다. 별일 아닐 것이다. 약을 사거나 팔았거나, 야쿠자와 싸움을 했거나, 친구를 배신했거나 그 정도일 것이다. 어쨌든 내 사정만큼 대단한 일은 아닌 게 분명하다. 리카는 병째로 맥주를 마셨다.

"아뇨, 그건 좀. 예사롭지 않은 일이어서." 남자는 웃더니, "아,

나는 하야마라고 해요." 하고 고지식하게 이름을 말했다.

"나는 가키모토." 리카는 옛날 성을 말했다.

한 무리의 가족이 들어와서 구석 테이블에 진을 치고 왁자지껄하게 주문을 했다. 툭툭툭툭, 하고 머리 위에 큰 소리가 울리는가 싶더니 갑자기 비가 쏟아졌다. 근처를 걸어가던 남녀가 황급히 가게로 뛰어 들어와 빈자리에 앉았다.

"마침 딱 좋을 때 이동했네요." 하야마가 말했다.

"그칠 때까지 못 나가겠네요." 리카는 부예져가는 바깥 경치를 보며 말했다.

하야마는 드문드문 자신들의 여행 얘기를 했다. 2개월 전에 특가 항공권으로 방콕에 와서 지금까지 북부, 중앙부를 돌고 있고, 이제 섬으로 갈 거라고 했다. 섬에서 한가로이 보낸 뒤 라오스, 미얀마를 통과하여 방글라데시, 인도까지 가기로 셋이서 얘기했다고 한다.

"그럼 꽤 긴 여행이 되겠네요."

"돌아가지 않을지도 모릅니다." 하야마는 별일 아닌 듯이 말했다. 그 별일 아닌 듯이 말하는 게 센 척하는 아이의 변명으로도 들렸다. 돌아가지 않을 나라의 축구팀 승패 따위를 신경 쓰는 것이 왠지 우스웠다.

"그런 게 가능해요?"

"뭐, 어떻게 되지 않을까요? 태국에는 그런 사람이 얼마든지 있어요. 비자 없이 체재할 수 있는 1개월이 가까워지면 말레이시아에 가죠. 그쪽에서도 그 기간이 가까워지면 또 태국으로 돌아와요. 그런 식으로 사는 60대도 만났는걸요, 우리."

리카는 비로 부예진 강으로 시선을 보냈다. 마음이 술렁거렸다. 자신에게는 그런 것이 허락되지 않을 거라고 생각했다. 체재 기한인 1개월이 되기 전에 이웃 나라로 가려고 하면, 입국심사에서 여권을 보고 정체가 들켜 잡힐 게 뻔하다. 자신이 국제적인 지명수배를 받고 있는지 어떤지, 또 국제간의 경찰조직은 어떻게 되어 있는지 아무것도 알 수 없지만, 그래도 그렇게 쉽게 출입국이 가능하지 않을 거라는 것쯤은 쉽게 상상할 수 있었다. 일본이 싫어져서 날아온 실종자가 아니다.

자신은 그런 게 가능하지 않다, 허락되지 않는다, 할 수 없다고 생각하는 한편으로 리카는 어쩌면, 이라고도 생각했다. 어쩌면 전혀 가능성이 없는 건 아니지 않을까. 뭔가 방법이 있지 않을까. 하지만 만약 1퍼센트의 가능성이 있다고 해도 그것에 매달려 계속 도망치는 것을 선택하고 싶은지 어떤지, 리카는 알 수 없었다. 하지만 60대까지 돌아가지 않고, 태국과 말레이시아 사이에 걸려 있는 남자의 이야기에는 기묘하게 마음이 술렁거렸다. 가벼운 흥분과 비슷했다.

"그렇게 사는 방법도 있군요. 가능한 사람도 있네요." 리카는 거의 혼잣말처럼 말했다.

"불가능하지 않습니다." 그렇게 단언하는 하야마의 얼굴에 리카는 젊은이다운 자신감과 섬세한 교만을 느꼈다. 스물 두셋 정도 됐을까. 학생이 아니라고 하니 조금 더 위일까. 그러나 정신 연령은 아직 학생 정도일 것이다. 리카는 단숨에 넘쳐흐를 것 같은 추억을 억

누르기 위해 맥주를 벌컥벌컥 마셨다.

"가키모토 씨는 이다음에 어딘가로 가세요? 아니면 태국에서만?"

"그러게요. 나도 당분간 돌아갈 수 없는 사정이 있어서."

리카는 농담처럼 말하고, 자신의 말에 은근히 놀랐다. 이혼하고 젊은 날의 여행을 더듬어가는 전직 전업주부가 되려고 어제 막 작심했는데, 내가 무슨 소릴 하는 거지. 하지만 그렇게 말하고 나니 지금까지 온몸을 덮고 있던 막 같은 것을 시원하게 벗어던진 듯한 해방감이 마구 끓어올랐다. 돌아갈 수 없는 사정. 마주 앉은 하야마는 그것에 관해 자세히 묻지는 않고 기세 좋게 얘기를 시작했다.

"그렇다면 방콕에 장기체류 하지 않는 편이 좋아요. 구석으로 가는 편이 좋지 않을까요. 그래도 너무 구석으로 들어가면 일본인은 금세 눈에 띄니까, 그리 눈에 띄지 않을 정도의 시골. 사람들이 많이 있고, 침몰한 사람이 잔뜩 있을 것 같은 곳. 치앙마이라든가."

"침몰?"

"아, 돌아가지 않고 눌어붙은 사람을 그렇게 말해요. 카오산로드에 있었다면 많이 보지 않았어요?"

"젊은 사람들요?"

"꼭 그렇지만도 않습니다. 아까 말했듯이 60대도 만났고, 학생운동 했던 아저씨도 만난 적 있고. 유럽인은 더 다양하지만요."

"잘 아네요."

"그야 두 달이나 있다 보면 여러 사람을 만나고 여러 이야기를 듣죠."

리카는 끄덕이고 강을 바라보았다. 비는 기세가 약해졌지만, 아직 계속 내리고 있다. 강은 연신 하얀 물거품을 일으켰다. 손목시계를 보았다. 5시가 다 돼간다. 리카는 이렇게 오래 누군가와 대화하는 것이 오랜만이란 사실을 깨달았다. 더 얘기하고 싶었다.

"식사도 있는 것 같은데 먹을래요?"

"가키모토 씨가 먹는다면요."

"그럼 먹을까요." 리카가 웃자, 하야마는 점원을 불렀다. 티셔츠에 양 갈래로 땋은 머리를 한 여자아이가 다가왔다. 하야마가 손짓발짓과 태국어 같은 단어와 짧은 영어로 뭔가를 말하고 손가락 두 개를 펴 보였다. 여자아이는 천진난만하게 웃으며 주방이 있는 듯한 임시 건물 쪽으로 갔다.

나온 것은 닭고기와 비질 볶은 것에 달걀부침을 올린 밥이었다. 리카는 하야마 것까지 맥주를 추가 주문하고 먹기 시작했다. 입에 넣자 은근히 달았지만, 삼키는 순간 놀라울 만큼 매워졌다. 매워, 하고 조그맣게 말하자 하야마가 웃었다. 리카는 너무 매워 눈물이 날 것 같아서 얼른 맥주를 마시고 식사를 계속했다. 사람과 대화하고, 사람과 식사하고, 사람과 웃는 것이 얼마 만인지. 방심하면 쏟아져 나올 것 같은 추억 때문에 좀 전까지 단단하게 뚜껑을 닫았다고 생각했는데, 물이 새듯 어느덧 리카의 마음속에 추억이 스멀스멀 퍼져나갔다.

다 얘기해버리면 얼마나 좋을까. 리카는 숟가락을 입으로 가져가면서 생각했다. 있지, 당신들이 일본에 있을 수 없게 된 이유는 모르겠지만, 나는 말이야, 정말로 돌아갈 수 없는 짓을 저질렀어.

"아, 무지개." 하야마가 말하며 숟가락으로 앞쪽을 가리켰다. 리카는 얼굴을 들었다. 그치지는 않았지만 빗발은 꽤 약해져서 구름 사이로 햇살이 비쳤다. 누런 강 저 앞, 하늘 높은 곳에 무지개가 걸려 있다. 하야마는 무지개를 올려다보면서 맥주를 입으로 가져갔다. 리카는 튀어나온 목젖이 오르락내리락하는 것을 무심히 바라보다, 이 아이에게 내 사정을 얘기해도 별로 놀라지 않을 것 같다는 생각을 해보았다. 어쩌면 힘이 되어주지 않을까. 시선을 느낀 하야마가 리카를 보아서, 리카는 얼른 시선을 돌렸다. 접시에 붙은 가늘고 길쭉한 쌀을 의미도 없이 빤히 바라보았다.

"슬슬 가볼까요." 리카가 말했다. 여기 있으면 정말로 모든 걸 다 말해버릴 것 같았다. 성밖에 모르는 남자아이에게 온몸을 의지해버릴 것 같았다. "여긴 내가 낼게요." 리카는 그렇게 말하며, 가방에서 지갑을 꺼내려던 손을 멈추었다. 기시감이다, 리카는 순간 생각했지만, 물론 그것이 기시감이 아니라 단순한 기억이란 것을 이내 알았다. 몇 달 전까지의 일을, 이곳에 오기까지의 일을, 생생하게 떠올렸다. 점원에게 내미는 손이 조그맣게 떨렸다. 하야마가 눈치채지 못하도록 리카는 그걸 크게 흔들었다. 양 갈래로 땋은 머리의 여자아이가 손가락으로 가격을 말했다.

"미안합니다. 괜찮으세요? 고맙습니다만."

하야마가 미안한 듯이 말해서, 리카는 아무 말도 하지 않고 미소 지으며 돈을 건넸다. 여자아이는 안으로 들어가서 잔돈을 들고 돌아왔다. 그걸 받아 지갑에 넣으면서, "여기 돈은 장난감 돈 같아요." 리카가 중얼거렸다.

"그렇지만 낯선 지폐는 어느 나라 돈이나 처음에는 장난감 같죠. 그러다 점점 돈처럼 보이기 시작해서, 10바트라도 없어지면 난리가 나죠. 배낭여행에서는." 하야마가 말했다.

"그야 돈이니까요." 리카는 웃으며 말하고 일어섰다. 컵쿤카, 하고 여자아이에게 외워둔 인사를 한 뒤 가게 밖으로 나왔다.

그야 돈이니까요. 리카는 자신의 말을 가만히 반추했다. 하야마도 따라왔다. 도로는 젖었고, 건물 지붕에서 물방울이 연신 떨어졌지만 비는 그쳤다. 하야마와 나란히 숙소까지 가는 길을 걷는다.

"더 계실 거면 다음에 또 같이 밥이라도 먹어요. 그 두 사람도 좋은 녀석들이어서 기뻐할 거예요."

"그러게요." 리카는 대답했다. 그리고 그 말은 이야기 상대가 필요하다는 것인가, 아니면 세 사람 모두에게 밥을 사달라는 것인가 하고 무의식적으로 생각하다, 그런 생각을 하는 자신이 혐오스러워졌다.

"편의점에 들러야 해서 여기서 그만. 잘 먹었습니다." 하야마는 숙소 앞에서 리카에게 머리를 숙였다. 그대로 등을 돌려 여기저기 물웅덩이가 팬 비포장 길을 폴짝폴짝 뛰듯이 달려갔다. 하야마와 좀 더 얘기를 하고 싶은 마음이 있었지만, 그래도 그가 떠나서 마음이 놓이기도 했다.

히라바야시 고타. 리카는 생각하지 않으려고 했던 이름을 입속으로 중얼거렸다. 고타는 지금 어떻게 지내고 있을까. 경찰은 고타에게까지 찾아갔을까. 그는 시키는 대로 아무것도 모른다고 버티고 있을까. 그런 생각을 해보지만, 리카의 마음속에서 히라바야시 고타의 윤곽은 이미 부예져서 또렷한 초점이 없었다. 억지로 떠올리려고 하니, 지금 막 옆에서 맥주를 마시던 하야마의 선명한 목젖과 볕에 그을린 손등과 튼 입술과 까칠한 피부가 떠올랐다. 이렇게 사람을 좋아할 일은 이제 없을 거라고 생각했는데, 기억이 급속도로 멀어져가는 것에 리카는 몹시 신기한 기분이 들었다.

중얼거린 고타의 이름이 방아쇠가 되었는지 남편 마사후미, 엄마, 아버지가 잇따라 떠올랐다. 미안한 마음은 있다. 화가 났을 테고, 한탄하고 있을 것이다. 자기 같은 인간 잊어버려주면 좋겠다고 생각한다. 버려주면 좋겠다고 생각한다.

정신을 차리고 보니 멍하니 보고 있던 골목에 하야마의 모습은 이미 없었다. 스콜로 순간 떨어진 온도가 또 올라가기 시작했다. 치앙마이. 치앙마이에 가자. 숙소에 도착하기 전에 이미 결심은 확고해졌다.

약속 시각까지 30분 남았다. 먼저 커피숍에 가 있을까 생각하면서, 주조 아키는 백화점을 향해 걸어갔다. 6시가 지났는데 해는 길고, 하늘은 아직 옅은 감색이다. 고슈가도에는 인파로 북적거렸다. 지금부터 한잔하러 가는 젊은이 무리, 퇴근길인 듯한 남녀, 큰 소리로 얘기하는 중년 여성, 전단을 뿌리는 아르바이트생, 포교하는 평범한 젊은이들.

보기만 해야지, 생각하면서 아키는 백화점 1층에 있는 브랜드 매장에 들어갔다. 유유히 진열된 구두와 가방을 둘러보다 가죽 샌들에 시선이 멈추었다. 아키는 굽이 낮고 진한 녹색의 맵시 있는 샌들을 손에 들고 찬찬히 바라보았다. 한번 신어보시겠어요? 하고 점원이 말을 걸어왔다. 흘끗 시계를 보고 약속 시각까지 앞으로 17분 남았다는 사실을 확인한 뒤, "그럼 신어볼까요." 아키는 상냥하게 대답했다.

샌들을 신어본 아키는 사이즈만 확인하고 사기로 마음먹었다. 7만 8천 엔 더하기 소비세를 카드 할부로 샀다. 지갑에서 카드를 꺼낼 때, 우메자와 리카가 문득 머리를 스쳤다.

살 생각은 없었는데. 그제야 아키는 깨달았다. 아차, 싫었지만, 점원은 이미 아키의 카드를 들고 계산하러 가버렸다.

올해 4월에 근무하던 은행의 공금을 사용한 게 드러나서 현재 지명수배 중인 우메자와 리카는 아키의 지인이었다. 최근 몇 년, 연락을 주고받지 않았지만 일과는 무관한 몇 안 되는 친구 중 한 명이었다. 그래서 사건에 놀랐고, 그것이 그 리카라고는 도저히 믿을 수 없었다. 지금도 잘 믿어지지 않는다. 누군가 다른 사람이 저지른 짓을 덮어쓴 게 아닐까, 아키는 그런 생각도 한 적이 있다.

요즘 들어 아키는 그 리카가 자주 생각났다. 무언가 산 뒤, 계산을 할 때마다 머리를 스친다. 이런 식으로 마음 내키는 대로 쇼핑을 하다가는 언젠가 자신도 회사 돈에 손을 대는 게 아닐까, 그런 생각이 든다. 그리고 황급히 지운다. 나는 쇼핑에 의존하지도 않고, 경제관념이 부족한 것도 아니다. 자신이 번 돈을 마음껏 쓰는 것뿐이다. 아주 약간의 빚이 있지만, 이자가 밀린 적은 없다. 회사 돈과 자신의 돈쯤은 구분할 줄 안다.

거기까지 생각하다 아키는 희미하게 자기혐오를 느꼈다. 역시 그 사건을 일으킨 것은 리카였다고 무의식적으로 인정하고 있다는 사실에.

점원이 카드와 이용명세표를 들고 돌아왔다. 아키는 사인을 하고 내미는 가방을 받아들려다가 지금부터 미팅이 있다는 사실을 떠올렸다. 미팅 장소에 브랜드 제품의 종이가방을 들고 갈 수는 없다. 택배로 보내주세요, 하고 점원에게 말하고 연신 시간을 확인하면서 송장에 자신의 주소를 적어 넣었다.

아키는 약속 장소인 커피숍까지 달려갔다. 하늘은 어두워지기 시작했고, 네온사인의 색이 짙어졌다. 아키가 지하도에 연결된 커피숍에 도착했을 때, 약속 시각보다 2분 늦었다. 가게 안을 둘러보니 약속 상대는 구석 자리에서 아이스커피를 앞에 놓고 있었다. 문고판 책을 펼쳐놓고 있는 상대 앞에 앉았다.

"죄송합니다, 기다리게 해서." 아키는 머리를 숙였다.

"괜찮아요, 책을 읽고 있어서."

아키는 커피를 주문하고, 가방에서 자료를 꺼내 테이블에 내려놓았다.

"식사 전에 일 이야기를 미리 해둘까요." 양해를 구한 뒤, 얘기를 시작했다.

아키는 요리책을 주로 다루는 출판사에 다닌다. 2년 전, 젊은 주부를 대상으로 한 잡지가 창간되어, 아키도 편집 멤버로 참여했다. 인테리어며 짧은 여행, 영화와 미용 특집을 메인으로 한 잡지로 요리 이외의 잡지를 다루는 것은 회사에서는 처음이었지만, 요즘 대체로 호평을 얻고 있다.

여성에게 인기 있는 칼럼니스트 마에다 요코와는 몇 번이나 같이 일을 한 적이 있어서 마음은 편했다. 독설인 칼럼과는 반대로 요코는 유연하고 대범한 서른두 살의 여성이었다. 한차례 설명을 마치고 나자, "주조 씨, 나 배고파요" 하고 요코는 웃었다.

"그럼 바로 나가요. 삼겹살 집, 예약해두었어요. 조금 걷는데 괜찮겠어요? 편집장님도 합류하기로 했어요." 아키는 계산서를 들고 일어섰다.

"그러고 보니 그 은행 횡령 용의자, 지금 도망 중인 그 사람 주조 씨 친구라면서요?"

요코는 혼잡한 가부키초를 걸어가면서 그 얘기를 꺼냈다. 네? 하고 되묻자, 요코는 태연하게 대답했다.

"이와타 씨한테 들었어요. 뭔가 대단해요."

아키는 편집장인 이와타의 얼굴을 떠올리며, 그 입 싼 인간, 하고 속으로 생각했다.

리카의 이름과 사진이 신문에 나오기 시작했을 때, 너무 놀란 나머지, 아키는 같이 잔업하던 이와타에게 "옛날부터 친구"라고 털어놓았다.

"역시 굉장히 화려한 사람이었어요?"

요코가 물었다.

"화려하다고 할까……."

말을 흐리자, 또,

"내가 읽은 잡지에서는 엄청난 명품 부인이라고 나와 있던데요. 편의점 갈 때도 질 샌더 옷을 입고 간다나."

요코의 말에 아키는 뜨끔했다. 걸어서 2분 거리의 편의점에 가기 위해 옷을 갈아입는 것은 자신도 그렇다.

"특별히 명품녀라는 느낌은 없었어요. 잡지나 텔레비전에서 과장되게 떠드는 게 아닐까요."

"그러게, 그렇겠죠. 있는 것 없는 것 다 쓰는 게 일이니. 나도 그렇지만." 요코가 웃었다.

"그렇지만 대단하네요. 텔레비전에서는 미모의 부인이라고 하던데, 사진을 보니 그렇게 예쁘단 생각은 안 들더라고요. 실제로는 어땠어요? 미인이었어요?"

"예쁘긴 했어요. 그런데 얌전하다고 할까, 성실하다고 할까, 그런 타입이었는데, 자기가 예쁘다는 자각이 없지 않았을까요."

아키는 리카를 떠올리면서 대답했다.

"어머, 그럼 일부러 이상한 사진을 쓴 거로군요. 그 사진, 화려해 보였어요. 그럼 완전히 정숙한 부인 같은 느낌이었어요?"

아키는 말문이 막혔다. 리카는 성실했다. 그러나 성실한 것과 정숙한 것이 동의어일까? 게다가 요 몇 년, 정말로 아무 연락도 한 적이 없다.

"아직 젊으신데 정숙이란 말을 쓰시네요."

아키가 얼버무리듯이 웃었다. 요코는 웃지 않고, 계속 질문을 했다.

"연락이라든가, 최근에는 전혀 없었어요?"

"최근 5년 정도는 서로 연락하지 않았어요. 그래서 나도 깜짝 놀랐어요."

"5년 전이라면 범인이 한창 횡령 중일 때네요. 그 무렵에는 어떤 느낌이었어요?"

요코가 취재조로 묻는 것에 불쾌감을 느끼면서 "한창 횡령 중이라니요?" 하고 아키는 웃었다.

"돈을 마구 쓴다는 느낌 없었어요?" 요코가 여전히 물러나지 않아서, "으음, 보통이었어요. 어이없을 정도로 보통." 할 수 없이 아키는 대답하고, "앗, 신호가 파란색으로 바뀌었어요. 건넙시다." 얼버무리듯이 뛰었다.

쇼쿠안도리에 있는 한국음식점에 편집장 이와타는 이미 와 있었다. 가게는 붐볐고, 창문도 입구 문도 열려 있는 식당은 소란스러움으로 가득했다. 맥주로 건배를 하고, 점원이 철판에 고기를 늘어놓고 가는 것을 지켜보았다. 이와타와 요코는 어디의 무엇이 맛있었네 하는 음식 이야기로 꽃을 피워서 아키는 그제야 안도했다. 일단 요코가 리카의 얘기를 하지 않게 된 것에.

그러나 구운 돼지고기와 파를 상추에 싸서 된장을 얹어 먹는 중에 또 요코가 "아까, 그 범인 얘기, 주조 씨한테 물어봤어요" 하고 얘기를 돌렸다.

"아, 대단하죠. 지인이 지명수배자라니." 이와타가 신나서 동승한다. "어떤 사람이었을까, 실물은. 역시 남자관계가 복잡한 타입?" 고기를 싼 상추를 입속에 밀어 넣으며 아키에게 물었다.

"그러니까 보통이랄까, 화려한 타입은 아니었어요. 아, 마에다 씨, 맥주 더 드실래요? 다른 것도 있는 것 같은데요."

아키에게 건네받은 메뉴를 펼치면서 "그런 평범한 타입이 제일 무서운 거예요. 왜 흔히 범인의 이웃사람들 인터뷰 때 그러잖아요. 인사를 잘하는 사람이었다, 그런 사건을 일으키리라고는 생각지도 못했다. 음, 막걸리 마실까나."

"그럼 나도 그걸로."

아키는 점원을 불러 막걸리와 잔 세 개를 주문했다. 이윽고 나온

항아리에 든 막걸리를 국자로 떠서 두 사람 앞에 잔을 놓았다.

"뭐라 그랬지, 대학 동창이었다고 그랬나?" 이와타가 물었다.

"동갑이지만, 동창은 아니에요. 그 친구는 전문대고 저는 4년제. 학교에서 만난 건 아니에요."

"그럼 어떻게 알게 됐어?"

사실대로 털어놓는 것은 피하고 싶었지만, 그러나 달리 마땅한 대답이 생각나지 않았다. 두 사람은 아키를 빤히 보고 있다. 아키는 할 수 없이 말했다.

"요리교실에서요."

"뭐, 요리? 자네 그런 데도 다녔어? 그러고 보니 주조는 이혼 경력이 있지."

이와타가 뜬금없이 괴상한 소리를 해서, "어머, 주조 씨 결혼한 적 있어요?" 하고 요코도 눈을 동그랗게 뜨고 테이블 위로 몸을 내밀었다.

"저 중도채용이에요. 대학 졸업한 뒤 편집 프로덕션에 취직해서, 결혼하고도 일을 계속했지만 몸이 안 좋아져서 그만두었다가, 한때 전업주부로 요리교실을 다니기도 하고, 뭐 그랬어요. 결혼, 깨지고 바로 다시 시험 쳐서 합격한 곳이 이 회사예요."

아키는 자신을 희화화하듯이 요코를 향해 줄줄 설명했다. 자신에 관해—결혼생활이며 이혼 경위에 관해—더 물어오면 어떻게 얼버무릴까, 생각하고 있는데,

"그럼 그 범인, 정말로 성실한 사람이었던 걸까요. 요리교실을

다니다니. 잡지에는 브랜드를 좋아한다거나 남자에게 퍼다 나른게 분명하다고 사례까지 실었던데 사실은 아주 성실한 사람인데 잠시 정신이 나갔던 것뿐일지도 모르겠네요."

요코가 또 얘기를 원래대로 돌렸다.

"정신이 나갔다니, 표현 잘못한 거 아냐?"

"어때요, 의미는 알잖아요. 아주 성실한 사람이 갑자기 대담한 방향전환을 한 거잖아요? 그랬었구나."

아키는 아무 말도 하지 않고 막걸리를 마시면서 맞은편의 요코와 옆의 이와타를 훔쳐보았다.

이 두 사람, 혹시 그런 관계인가?

아무리 취기가 돌기 시작했다 해도 이와타에 대한 요코의 말투도, 요코에 대한 이와타의 접대법도 묘하게 친숙한 것 같다. 그러나 동시에 뭐든지 남녀 간의 연애로 연결시키는 최근의 자신을 발견하고, 아키는 자신에게도 은근히 혐오감을 느꼈다.

요코가 메뉴판을 펼쳐서 부침개와 잡채를 추가 주문하고, 이와타가 막걸리를 추가 주문했다. 요코와 이와타는 리카에서 최근의 소년범죄로 화제를 옮겨 열심히 대화를 나누었다. 아무래도 필요 이상으로 친밀한 것 같은 그들을 훔쳐보면서, 이제 자신에게도 리카에게도 흥미를 잃은 것 같아서 아키는 일단 안심했다.

"2차, 가자."

이와타가 계산서를 아키에게 건네고 일어섰다. 아키는 계산대로 가서 일본어가 익숙하지 않은 점원에게 힘겹게 영수증을 써달라고 해서 받았다. 겨우 영수증과 잔돈을 받아들고 가게를 나오니, 네온이 밝은 보도에서 요코가 이와타에게 기대어 있었다. 아키가 다가오는 기척을 느끼고, 요코는 얼른 이와타에게서 떨어져, "잘 먹었습니다!" 하고 아키에게 웃어 보였다.

가까운 바로 장소를 이동해서 마시고 해산한 것은 새벽 1시 가까워서였다.

"방향이 같으니 내가 모셔다 드리지." 이와타는 그렇게 말하며 요코와 함께 택시를 타고 가버렸다.

역시 저 두 사람은 그렇고 그런 관계임이 분명하다. 아키는 심야의 노상에 서서 취한 머리로 생각했다. 이와타는 결혼했으니, 두 사람은 지금부터 요코 집으로 가는 걸까, 아니면 어디 러브호텔에라도 가는 걸까.

거기까지 생각하다 끓어오른 감정이 자기혐오도 그들에 대한 혐오도 아니고 선망에 가깝다는 생각이 들어 아키는 놀랐다. 이와타에게 매력을 느끼는 건 아닌데, 지금부터 이와타와 잘 요코를 부러워하다니, 미쳤다. 얼른 지워버린다. 아니면 부러운 것은 요코가 아니라 두 사람 사이에 있는 축축한 분위기일까.

여러 대의 차가 지나가는 도로를 아무리 보고 있어도 좀처럼 빈차는 오지 않았다. 집에 가면 2시가 가까울 것이다. 지금 가서 화장을 지우고 씻을 생각을 하니 진절머리 난다. 아니, 아무도 없는 어두운 방의 현관을 열 생각만 해도 모든 기력이 사라진다.

드디어 빈 차가 와서 아키는 손을 들었다. 멈춰 선 택시에 올라타

주소를 말했다. 조금이라도 자려고 눈을 감지만, 운전사가 이런저런 얘기를 걸어왔다. 최근 경기 이야기. 공사 이야기. 병 이야기. 아키는 그만 웃는 얼굴로 맞장구를 치고 만다.

좋아하는 일을 하고 있고, 날마다 바쁘지만 충실하고, 자신의 재량으로 갖고 싶은 것을 살 수 있고, 이혼한 것을 후회하지 않고 있고, 전남편과 그 부모와 사는 외동딸과도 잘 지내고 있다. 지금 애인을 만들지 않는 것은 자신의 의지이다. 앞으로 몇 달 뒤에 마흔한 살이 되지만, 그 사실에 특별히 초조함도 없다. 그러나 1년 반 전, 애인이었던 남자와 헤어진 뒤, 아키는 심하게 가라앉아 있었던 적이 있다. 자주는 아니다. 한 달에 한두 번 정도. 집으로 돌아가는 것도 일터에 가는 것도 허무해져서, 앞으로 살아봐야 좋은 일 하나 없을 것 같은 기분이 들었다. 후회 없을 것 같았던 이혼이 뼈아픈 실패로 느껴지고, 자근자근 자신을 괴롭히기 시작했다. 그렇게 되니 아무것도 할 의욕이 생기지 않고, 전철이나 직장의 책상에서 아무런 예고도 없이 눈물이 흐르는 일도 있었다. 한번은 미팅 자리의 상대 앞에서 그런 식으로 눈물을 보여 놀라게 한 적도 있다.

뭔가 오늘은 그런 식이 될 것 같은 예감이 들었다. 아키는 한번 기분이 가라앉으면 좀처럼 그곳에서 빠져나오지 못한다는 것을 경험으로 알고 있다. 이유가 있어서 가라앉는 게 아니기 때문에 빠져나올 수가 없다. 어떡하든 기분을 추스르지 않고서야. 끝없이 이어지는 운전사 얘기에 맞장구를 치면서, 아키는 기분전환이 될 만한 것을 필사적으로 찾았다.

그러고 보니 구두를 샀잖아, 아키는 드디어 생각해냈다. 내일 택배로 올 샌들을 떠올렸다. 조금 기분이 나아졌다. 새 샌들을 신은 자신을 그려보았다. 맞춰 입을 옷을 그려보았다. 민소매 검은 셔츠를 살까. 흰색이나 검은색으로 복사뼈까지 오는 길이의 바지도 사고 싶다. 내일은 7시쯤이면 일을 마칠 테니, 백화점에 들렀다가 갈까. 여름 옷을 한두 벌, 그리고 지하에서 와인과 먹을 것을 사도 좋겠다. 점점 설렌다. 안도한다. 괜찮아, 하고 생각한다.

문득 어두운 택시 뒷자리에서 아키는 또 리카를 떠올렸다. 리카는 그 큰돈을 어디에다 썼을까. 무엇을 사고, 무엇을 손에 넣었을까. 아니면 무엇을 사려고, 무엇을 손에 넣으려고 했을까. 리카에게 무슨 일이 일어난 걸까. 리카는 무엇을 보고 있었던 걸까. 지금 리카는 어디에 있을까. 무슨 생각을 하고 있을까. 탄산의 거품처럼 연달아 의문이 떠오른다. 물론 아키는 그 대답을 추측할 수도 없고, 그저 넘쳐나는 의문에 둘러싸일 뿐이다.

우메자와
리카

———

가키모토 리카는 1986년, 스물다섯 살 때 두 살 연상의 우메자와 마
사후미와 결혼했다. 식품회사에 다니는 마사후미와는 전문대학 시
절 친구의 소개로 만나 약 1년가량 교제를 한 뒤 결혼했다. 결혼을
계기로 리카는 그때까지 다녔던 카드회사를 그만두었다. 장래 무
엇이 되고 싶다, 어떤 일을 하고 싶다고 하는 명확한 의사도 없이 취
직한 회사에서 일하는 것이 고역은 아니었지만, 특별히 즐거웠던
적도 없었다. 나는 이 일을 좋아하지 않는다고, 리카는 근무하는 동
안 줄곧 생각했었다. 명함에 적힌 자신의 이름은 가키모토 리카의
극히 일부라고, 늘 느끼고 있었다. 그 일부인 채 나이를 먹고, 어느
새 자신의 일부가 완전히 자기 자신이 돼버린 게 아닐까 하고 막연
히 공포를 느끼고도 있었다. 그렇다고 해서 전직할 용기가 있는 것
도 아니어서 마사후미가 결혼 의사를 넌지시 비쳤을 때는 깊이 안
도했다. 자신의 일부를 일부로밖에 느낄 수 없는 부분을 완전히 잘

라내버릴 수 있다고 생각한 것이다. 리카는 미련 없이 퇴사를 선택했다.

결혼할 때, 마사후미와 리카는 센다가야 구의 임대 맨션에 살았다. 당분간 전업주부로 지내려고 생각했던 리카는 마사후미에게 다채로운 색깔의 도시락을 만들어주고, 아침 식사를 차려주고, 마사후미가 회사에 간 뒤로는 종일 청소를 하고, 저녁 무렵에는 장을 봐와서 호화롭지 않지만, 가짓수가 많은 저녁을 준비해서 남편의 귀가를 기다렸다. 결혼 3년째인 1989년, 남편은 요코하마 시 미도리 구의 나가쓰타에 건매 주택을 샀고, 집이 완성된 4월에 두 사람은 이사를 했다.

리카는 새집이 좋았다. 친정보다는 훨씬 좁지만, 크림색 외벽, 파란색 지붕, 침실의 출창과 시스템키친, 모두 새것인 데다 사랑스러운 구조로 만들어졌다. 리카는 출창을 카페 커튼으로 꾸미고, 소파 커버와 같은 천으로 커튼을 만들고, 휴일에는 마사후미와 마트에 가서 우드데크며 꽃모종을 사와서 조그마한 정원을 꾸몄다.

그러나 집 안이 정돈될수록 리카는 남는 시간을 감당하지 못하게 되었다. 리카는 아이를 낳아야겠다고 생각했고, 거기에는 마사후미도 동의했지만, 기초체온을 재고 배란일에 성교를 해도 리카는 임신이 되지 않았다. 리카는 산부인과에 검사하러 가봐야겠다고 몇 번이나 생각했다. 하지만 좀처럼 가지 못했다. 결정적인 문제점이 자신에게 있다면, 이라고 생각하니 무서웠다. 그 문제점이 마사후미에게 있다고 해도 무서웠다. 아직 이십 대였던 리카는 초조해 할 것 없다고 자신을 달랬다. 이런 일은 인연이고 운명이니까 자연스럽게 맡길 수밖에 없다고.

임신에 관해 생각하지 않게 된 리카는 요리교실에 다니기 시작했다. 단순한 시간 보내기와 기분전환이었다. 주 1회였지만, 다니다보니 의외로 즐거웠다. 아이 문제로 이것저것 고민하는 일도 없어졌고, 집 근처에서는 어떻게 찾아야 할지 몰랐던 친구도 이 요리교실에서 만들었다. 공부를 위해서라는 구실로 몇 명이 모여 도내 레스토랑을 순회하기도 하고, 미술관이며 콘서트에도 갔다. 남아돌던 시간은 단숨에 부족해졌다. 리카는 점차 이런 생활도 나쁘지 않네, 라고 생각했다. 그날 저녁 메뉴와 다음날 도시락을 궁리하고, 집 안을 언제나 깨끗하고 쾌적하게 꾸미고, 같이 요리를 배우는 친구와 평일 낮에 외출하기. 사회에 나가 일을 하는 것도 아니고 육아를 하는 것도 아니지만, 그래도 충실한 날들을 보내고 있다고 리카는 자신을 달래듯이 생각했다.

하지만 그런 기분은 그리 오래가지 않았다. 계기는 마사후미의 한 마디였다. 요리교실 친구들이 주말에 가루이자와 별장에서 바비큐 파티를 하니 부부 동반으로 참석하지 않겠냐고 해서, 리카는 그대로 마사후미에게 전했다. 마사후미는 그날 토요일이지만, 휴일 출근해야 해서 안 되는데, 하며, 그렇지만 당신은 다녀와, 하고 웃었다. 그다음 말이 농담이었던 것쯤은 리카도 안다. "간식비는 500엔까지? 용돈은 얼마까지 가져가야 되는 거야?" 하고 마사후미는 말했다. 어린 시절 소풍 기억을 떠올리며 자신을 웃기려고 한 말이라고 생각했지만, 그래도 리카는 웃을 수가 없었다. 가루이자와에서 1박 하려면 마사후미의 돈을 쓰지 않을 수 없고, 돈을 쓰려면 마사후미의 허락이 필요하다는 걸 군이 지적하는 듯한 기분이 순간 들었다. 리카는 웃지 않았지만, 마사후미는 그저 자신의 농담이 먹히지 않았다고 생각했는지, "우리 때는 간식비 300엔이었지, 아마도" 하고 불필요하게 큰소리로 웃어댔다.

리카는 자기도 피해망상 같은 거라고 생각했지만, 그러나 급속히 흐트러지는 기분을 막을 수가 없었다. 바비큐 파티에 혼자 참가하는 것도 마음이 무겁고 해서, 결국 가지 않기로 했다. 연극 관람도 미술관도 콘서트도 요리 교실 친구들이 무엇을 권해도 흥미가 생기지 않게 되었다.

정확하게는 흥미를 잃은 게 아니라, 남편에게 허락을 받아 그걸 해야 한다는 생각이 따라다니게 된 것이다. 그 어느 것이 마음에 들지 않았는지, 리카는 자신도 제대로 말로 표현할 수 없었다. 그저 마사후미의 말을 듣기 전과 들은 뒤에 무언가가 확실히 달라졌다.

요리교실 자체도 전처럼 즐길 수 없었다. 하지만 그만두지 않았던 것은 그만두면 자신에게는 아무것도 없다는 걸 알게 되는 것이 무서웠다.

하루하루는 다시 지루해져 갔다. 색깔 예쁜 도시락을 만들고, 아침 식사를 차리고 마사후미를 배웅하고, 텅 빈 집을 청소하고 다닌다. 한 주에 한 번 요리교실에 가서 배운 것을 며칠 안에 그대로 만든다. 빨래를 널고, 이불을 널고, 텔레비전을 보면서 점심을 먹고, 저녁 메뉴를 생각하여 자전거를 타고 슈퍼에 간다. 텔레비전을 켜면 베를린 장벽이 무너지는 영상이 매일같이 나왔다. 리카는 전혀 흥미 없는 그 영상을 멍하니 바라보았다. 결혼 초에는 아무런 의문도 없이 하던 일이 점점 색이 바래지고, 마치 영상 속의 장벽처럼 멀리 느껴졌다.

주부인 나는 나의 일부밖에 되지 않는다. 리카는 일찍이 직장에서 느꼈던 것과 같은 생각을 하게 되었다. 우메자와 리카는 내 속의 일부분에 지나지 않는다.

마사후미는 리카가 만든 도시락을 들고 아침 일찍 집을 나간다. 귀가하는 것은 밤 9시 전후로, 텔레비전을 보면서 식사하고 그대로 술을 마시고 11시에는 잔다. 휴일에는 한낮까지 자는 게 보통이고, 이따금 휴일 출근을 한다. 남편과 자신을 비교하는 것은 한심하다는 걸 알면서, 충실한 매일을 보내는 마사후미를 보고 있으면 리카는 따돌림을 당하는 기분이 들었다.

"일이라도 시작해보지?" 리카에게 이렇게 말한 것은 마사후미가 아니라, 요리교실에서 알게 된 주조 아키였다.

아키는 리카와 동갑에다 같은 학교 졸업생이었다. 그렇지만 리카는 그 대학의 전문대학이고 아키는 4년제 대학 졸업이었다. 4년제 대학은 도내에 있었지만, 전문대학은 시즈오카에 더 가까운 가나가와 현의 산자락에 있었다. 그래서 학교 다닐 때는 얼굴을 마주칠 일이 없었다. 하지만 그 우연에 흥분하여 리카와 아키는 급속도로 친해졌다. 요리교실에서 돌아오는 길에 차를 마시기도 하고, 요리교실이 없는 날이어도 만나서 식사를 했다. 요즘 아키는 요리교실에 나오지 않고 있지만, 리카와는 전부터 전화로 얘기를 나누고 있다. 동갑이어선지 아키가 싹싹한 성격이어선지, 리카는 아키에게는 무슨 얘기든 할 수 있었다. "남의 돈으로 노는 것 같은 죄책감이 들어"라고, 리카는 갑자기 지루해진 날들의 원인을 나름의 우회적 표현으로 아키에게 얘기했다.

"그러면 네가 놀 돈은 일을 해서 네가 벌면 되잖아. 혹시 남편이 아내가 일하는 건 꼴불견이다, 라고 생각하는 타입이야?"

아키의 질문에 리카는 대답이 궁했다. 솔직히 마사후미가 그런 '타입'인지 아닌지 잘 몰랐다.

"글쎄, 어떨까. 모르겠네."

솔직하게 대답하자, 아키가 웃었다.

"리카네 부부는 정말로 대화를 안 하나 보네."

아키라면 하루하루 생활에 의욕이 없고, 집안일만 하는 게 지루하다면 친구가 아니라 남편에게 직접 말할 것이라고 리카는 생각했다.

"일단 일을 찾아보는 게 어때? 일을 정하고 나면 반대 같은 건 안 할 거 아냐." 아키가 말했다. "나도 곧 복귀할 생각이야. 앞으로는 집에만 있는 전업주부가 더 이상해지지 않을까? 게다가 리카는 얌전해 보이지만, 실제로는 엄청나게 파워풀한 사람이어서 집에 가만히 있는 건 안 어울려."

리카는 '실제로는 엄청나게 파워풀'이라는 말을 마음속으로 되뇌었다. 리카는 자신이 어떤 사람인지 몰랐기 때문에 그 말은 의외였다.

"하지만 그렇게 되면 요리교실도 그만둬야겠네. 아키, 요즘 안 오던데 그만둔 거야? 아키도 못 만나게 되겠네."

조금 사이를 두고, 수화기에서 아키의 목소리가 들려왔다.

"미안, 말하지 못했는데, 이번 달에 관뒀어. 그렇지만 못 만날 건 없지, 이렇게 전화를 해도 되고."

왜 관뒀어? 리카가 묻기보다 먼저 아키가 말을 이었다.

"임신했어, 나."

리카가 축하한다는 말을 깜박했다는 것을 깨달은 것은 전화를 끊은 뒤였다. 다시 걸어서 말을 할까 생각했지만, 그것도 뭔가 억지로 하는 것 같아서 결국 다시 걸지 못했다. 리카는 그대로 코트를 입고 밖으로 나왔다. 구인 잡지를 몇 권 사서 서둘러 집으로 돌아왔다. 어떻게 된 건지 임신했어, 하는 아키의 목소리가 귓속에서 맴돌았다.

아르바이트 자리는 얼마든지 있었다. 접객업, 청소업, 데이터 입력, 폰 마케팅, 사무직. 오후에 식탁에 앉아 이건 괜찮겠네 싶은 곳에 빨간 펜으로 동그라미를 해놓고, 리카는 그날 저녁에 두 군데 전화를 해서 면접 약속을 했다. 수입 그릇을 판매하는 회사와 타운지(마을의 소식을 다루는 정보지 – 옮긴이)를 편집하는 회사로 양쪽 다 정사원을 모집하고 있었다.

그날 밤, 리카는 마사후미에게 일을 하기로 마음먹었다고 얘기를 꺼냈다. 마사후미는 반대하는 것도 없이 "그거 아주 좋은 생각이네"라고 웃는 얼굴로 말했다. 하지만 그것뿐이었다. 어떤 일을 하는지, 아르바이트인지, 정사원인지도 묻지 않았다.

대화가 없구나, 하는 아키의 말대로지만, 리카는 그게 일상이었다. 마사후미는 말수는 적지만, 온화하고 착한 사람이었다.

리카의 아버지는 가나가와 현에서 수십 개의 점포를 갖고 있는 가구점 경영자로, 거의 집에 없었다. 리카는 아버지와 엄마가 서로 의논하거나 친근하게 대화를 나누는 걸 본 적이 없었고, 리카 자신도 그런 연애를 한 적이 없었다. 대화가 적다고 지적한 아키는 남편에게 뭐든 거침없이 말하고, 모든 걸 얘기하지 않고는 못 배기는 신세대 아내일 것이다.

면접 이틀 뒤, 수입 그릇 가게에서 불합격 통지가 왔다. 떨어질 건 생각지도 못했던 터라 리카는 놀랐다. 자신에게 불합격 받을 만한 마이너스 요소가 있으리라곤 생각지 못했다. 마침 그날 오후가 타운지 면접이었지만, 이쪽도 떨어지지 않을까 불안해서 리카는 면접에 가지 않았다.

그날 들른 은행에서 리카는 시간제 사원 모집 팸플릿을 손에 들었다. 그걸 들고 돌아와서 보고 있을 때 아키에게 전화가 왔다.

"요전에 말한 일 이야기, 어떻게 됐나 해서."

리카는 한 곳에 떨어지고 자신감을 잃어서 한 곳의 면접에 가지 않았다고 솔직하게 고백했다.

"타운지 같은 데 안 가길 잘했어. 게다가 사원이라며? 리카는 모르겠지만, 정말로 바빠. 잔업이 많아서 그날 안에 집에 돌아가면 다행인 세계라니까."

대학 졸업 후 편집 프로덕션에 취직해서 결혼한 뒤에도 한동안

다녔다는 아키의 위로에 리카는 안도했다.

"역시 시간제 사원 쪽이 좋을까."

"처음에는 그편이 좋지 않을까. 다니다 충분히 할 수 있겠다 싶으면 정사원이 되는 게 어때?"

"실은 은행에서 시간제 사원 모집을 하고 있더라고. 은행도 바쁘니까. 왜 1엔만 부족해도 전원이 남아서 돈을 다시 세고 한다는 얘기 흔히 듣잖아?"

"은행, 괜찮네. 파트라면 잔업은 없겠지? 난 잘 모르겠지만. 게다가 리카, 전에 카드 회사에 다녔다며? 전혀 관계없는 일도 아니어서 불합격할 일은 없겠네. 게다가 타운지보다는 훨씬 일하기 편할 거야."

아키는 가벼운 어조로 말했다. 그 말을 듣는 리카도 인제 와서 정사원이 되기보다 은행 시간제로 시작하는 편이 좋을 것 같기도 했다. 그리고 이름도 모르는 회사보다 망할 일 없는 은행 쪽이 여러모로 대우도 제대로일 거라고 생각했다. 월급이 밀리는 일은 없을 테고, 휴일에는 쉬고, '그날 안에 집에 돌아가면 다행'인 사태도 일어나지 않을 것이라고도.

"그럼 한 번 더 도전해볼까?" 리카가 말했다.

"은행이라면 어디 다닌다고 말하기도 좋잖아. 제복 차림으로 창구에 앉아 있기도 하는 건가? 나 보러 갈래, 리카의 제복 차림."

그런 식으로 말하는 아키와 서로 웃으며, "그러고 보니 축하해. 요전에 놀라서 미처 말을 못 했어." 리카는 그제야 임신 축하 인사를 했다.

"고마워. 입덧이 진정되면 또 같이 밥 먹으러 가자."

"그러게. 임산부 아키를 보고 싶네."

리카는 말하고, 서로 또 보자, 하고 전화를 끊었다.

시간제의 직종에는 사무와 영업이 있었다. 창구에 앉거나, 예금 사무 처리를 하는 일과 고객을 방문하여 금융상품을 팔거나 서류를 건네는 일이다.

아키와 통화한 뒤로도 리카는 한동안 망설이느라 팸플릿을 보기만 하며 지냈다. 좋았어, 하고 그제야 행동을 개시한 것은 황금연휴가 끝난 뒤로, 팸플릿을 다시 읽어보고 새삼 망설였다. 사무인가, 영업인가. 사무 쪽이 시급은 높았지만, 영업을 시간제로 하면 배우자 특별 공제가 되어서, 괜한 세금을 내지 않아도 된다. 내가 영업을 할 수 있을까, 리카는 불안했지만, 미경험자 환영이라는 문구에 등을 밀리듯이 영업에 지원하기로 했다.

간단한 적성 검사와 스킬 체크, 면접을 보고 아키의 말대로 리카는 무난히 합격하여, 1990년 6월부터 와카바 은행 스즈가케다이 지점에서 일하게 되었다.

"오, 은행이라, 뭔가 멋진걸." 이것이 리카의 보고를 들은 마사후미의 감상이었다. "지금까지처럼은 못 할 테니까, 도시락도 매일 만들지 않아도 돼" 하고 말수 적은 마사후미로서는 드물게 리카를 배려해주는 말을 했다.

"그럼 저녁도 대충 할지 몰라." 리카가 농담처럼 말했다.

"난 채소절임이랑 된장국만 있으면 되는 남자니까" 하고 마사후미는 득의양양한 얼굴로 대답했다.

"시간제 사원은 시급이지?" 마사후미는 저녁 식사 설거지를 하는 리카에게 텔레비전에 시선을 고정한 채 물었다. 그렇다고 대답하자, "하루 얼마나 돼?" 하고 거듭 물었다.

"그렇게 높지 않아. 6천 엔 전후일 거야."

"흐음. 사원은 그 몇 배의 월급을 받는데."

리카는 텔레비전을 보는 마사후미의 옆얼굴을 보았다. 마사후미가 무엇을 묻고 싶은지, 무엇을 알고 싶은지, 통 알 수 없었다. 별로 의미 없는 말이라고 흘려듣고, 리카는 설거지로 돌아갔다.

리카는 더 빨리 일을 시작했더라면 좋았을 텐데, 하고 깊이 반성했다. 이런 식으로 마사후미도 응원해주는데. 집에 틀어박혀서 혼자 뭘 하고 지냈던 걸까. 물론 마사후미 말대로 정사원만큼은 벌지 못하고, 종일제나 연수 141만 엔이 넘어 배우자 특별공제가 적용되지 않는 사람에 비하면 적은 급여지만, 그렇다 해도 한 달에 10만 엔은 된다. 자신의 용돈을 빼도 한참 남는다. 남는 돈은 주택대출금 갚는 데 쓰면 된다. 그러면 마사후미도 휴일에 출근하면서까지 일하지 않아도 될 것이고, 결혼 전처럼 둘이서 외식도 하러 가고, 가끔은 해외여행도 가고, 앞으로 몇 년은 더 즐겁게 살 수 있을지도 모른다. 설령 아이를 갖지 못한다 하더라도. 구석구석까지 다듬어놓은 이 예쁜 집에서.

리카는 일을 시작했다. 9시 반에 은행에 가서 제복으로 갈아입고, 지정된 단골거래처를 돌았다. 집배금을 갖다 주거나 맡고 있던 통장이나 서류를 갖다 주는 것이 주요 업무로, 가끔은 고객 쪽에서 불러서 정기예금이나 보통예금 현금을 맡기는 일도 있었다. 그렇긴 하지만, 단골 거래처를 돌 때는 리카보다 조금 연장인 남성 사원이 동행하여 리카는 그다지 책임감을 느끼지 않아도 됐다. 게다가 거래처에는 연배의 고객이 많았다. 마치 자식이나 손녀가 찾아온 것처럼 남성 사원과 리카를 맞아준다. 차와 과자를 내와서, 용건은 대충 마치고 일상사를 늘어놓는다.

"이 일대에는 소유하고 있던 땅을 팔아서 돈을 갖고 있는 사람이 많아."

한번은 동행한 행원이 슬쩍 말해준 적이 있다. "부자는 싸움을 안 한다는 말이 있잖아. 다른 지점처럼 우리 은행에는 진상 고객도 없고, 자식이 다들 독립한 어른들뿐이어서 우리한테 잘해줘. 우메자와 씨는 특히 인기가 많지만 말이야."

다른 지점 고객을 모르는 리카로서는 뭐라고도 할 수 없었지만, 역시 자신은 운이 좋다는 생각이 들었다. 때로는 선물 들어온 거라며 차나 양과자 같은 것까지 들려주는 고객도 있으니.

4시 반에 리카의 일은 끝난다. 1엔 맞지 않는 걸로 큰 소란이 일어서 금액이 맞을 때까지 시간제 사원도 포함하여 전원이 집에 돌아가지 못하는 건 아닌가, 진심으로 걱정했지만, 그런 일은 없었다. 10만 엔 이상인 것 같아, 하고 사무를 보는 시간제 사원인 주부에게 들었다. 10만 엔 이상의 오차가 있으면 종업원은 전원 남고, 본부에서 행원이 번개같이 날아와서 조사를 시작하는 것 같다. 하지만 그런 소동은 좀처럼 없었다.

7월 들어서자 시간제 사원과 계약 사원의 환영을 겸한 회식이 다마 플라자의 비어 레스토랑에서 열렸다. 고지식해 보였던 지점장이 아카펠라로 샹송을 부르고, 올해 졸업하고 들어온 여자 행원이 리카 같은 주부를 상대로 연애상담을 하고, 젊은 남자 행원들은 연거푸 원샷을 했다. 리카는 뭔가 학생 시절 같다고 생각했다.

운이 좋았어, 나. 10시 넘어서 집에 돌아온 리카는 취기 든 김에 기분 좋게 마사후미에게 말했다.

"오랜만에 일해서 불안했는데, 사람들이 아주 좋아. 단골 고객도 모두 잘해주고. 나 정말 운이 좋은가봐. 좋은 직장 만났어."

"잘됐네." 양치질을 하면서 마사후미는 온화하게 웃어주었다.

"역시 제일 힘든 건 인간관계잖아. 그곳이라면 나 기분 좋게 일할 수 있을 것 같아."

"뭐, 정사원이라면 그 정도로 끝나지 않겠지만, 시간제니까 좋은게 좋은 거겠지."

마사후미는 타월로 입가를 닦으며 거울 너머로 리카를 보고 웃는 얼굴로 말하더니, 세면실을 나갔다. 마사후미의 말에 리카는 언뜻 위화감을 느꼈지만, 무엇에 대한 위화감인지는 잘 알 수 없었다. 그래서 딱히 신경 쓰지 않고 이를 닦고, 침실로 가서 마사후미 옆에 누웠다.

일을 시작한 지 1년 가까이 지났을 무렵, 리카는 주말에 외식하지 않겠느냐고 마사후미에게 제안했다. 자신의 월급으로 밥을 사겠다고. 마사후미는 역 근처에 새로 생긴 일식 선술집이 좋겠다고 했다.

그렇게 호화로운 식사는 할 수 없겠지만, 선술집이 아니어도 요코하마나 사쿠라기초의 괜찮은 레스토랑으로 갑시다, 하고 리카는 말해보았지만, 마사후미는 "기껏 월급 받아서 쓸데없는 데 돈 쓸 필요 없어"라고 했다.

6월 말이 가까운 토요일, 리카는 마사후미와 나란히 그 선술집에 갔다. 술과 음식 값은 아주 쌌지만, 짙은 갈색 인테리어의 가게 안은 세련된 분위기로 젊은 커플이며 그룹으로 붐볐다. 그런 식으로 외식하는 것은 오랜만이어서 리카는 취기 탓이 아니라 분위기에 들떴다.

"이렇게 사는 것도 좋네." 리카는 둘이 좀처럼 마시지 않는 칵테일을 마시면서 맞은편에 앉은 마사후미를 바라보며 말했다. 흥분과 어두컴컴한 조명 탓에 평소에는 할 수 없는 말도 지금이라면 할 수 있을 것 같은 기분이 들었다.

"나, 아이 문제로 줄곧 고민했었어. 혹시 아이가 생기지 않으면 앞으로 어떻게 살아갈지, 그런 문제를 생각해봤거든. 나는 몰두할 일도 없고, 하고 싶은 일도 딱히 없고. 그런데 지금 시간제지만 일을 할 수 있게 되고, 조금이지만 직접 돈도 벌고 있잖아. 이렇게 당신하고 데이트도 하고, 그리고 가끔은 외국여행도 가고, 그런 식으로 사는 것도 괜찮겠구나, 지금 문득 그런 생각이 들었어."

마사후미는 표정이 거의 없는 얼굴로 리카를 물끄러미 보았다. 아무 말도 없어서 리카는 혹시 지금 자기가 거슬리는 말을 한 건가 조금 불안을 느꼈다. 하지만 마사후미는 다음 순간, 눈초리를 내리며 웃었다.

"외국여행이라니 꽤 크게 나오시네."

"한 달 월급으로는 무리지만, 모으면 그 정도 갈 수 있어."

"기대할게. 당신이 나를 여행에 데려가줄 날을."

"데려가준다고 하지 마. 반반씩 내고 가는 거야. 내 건 내가 낼 거야. 당신도 그래야지." 리카도 웃으면서 말했다.

"그렇지, 절반씩 내서 국내여행이라면 할 수 있을지도 모르겠군."

"꿈이 없네."

마사후미는 소리 내어 웃으며 "외국 여행 가려고 부정 같은 것 저지르지 마" 하고 덧붙였다.

"뭐야, 부정이라니."

"요즘 부정 대출 사건이 잇따르잖아. 후지 은행에 도카이 은행에…… 그리고 또 어디더라."

리카는 그 무렵 잇따라 일어난 일련의 사건을 뉴스에서 보아 알고는 있었지만, 구체적으로 어떤 사건인지는 잘 몰랐다. 애초에 액수가 몇천 억 엔이라고 하면 감이 오지 않는다.

"그런 걸 시간제 사원 혼자서 할 수 있을 리 없잖아."

"당연히 농담이지."

마사후미는 웃음을 머금은 목소리로 말하더니 문득 입을 다물고, 접시에 남은 채 말라가기 시작한 채소를 젓가락으로 쿡쿡 찌르다, 잠시 후 고개를 들었다.

"아이는 아직 포기하지 않아도 된다고 생각해. 아직 당신도 젊고, 내 지인 중에 7년 만에 갑자기 애가 생긴 부부도 있어."

"그렇구나." 이 사람은 이 사람대로 생각을 하고 있었구나, 리카는 생각했다. 아키의 말대로 우리는 대화가 너무 없었는지도 모른다. 엄마나 아버지 세대도 아니니, 좀 더 이렇게 얘기할 시간을 만드는 편이 좋지 않았을까.

계산은 만 엔도 나오지 않았다. 계산대 앞에서 리카가 지갑을 꺼내기도 전에 먼저 마사후미가 만 엔짜리를 꺼냈다.

"내가 산다고 했잖아." 리카가 가게를 나온 뒤 말하자,

"계산대에서 여자한테 돈 내게 하는 것, 꼴불견이잖아. 지금 만 엔짜리 주면 이 잔돈 그대로 줄게." 마사후미는 방금 받아든 잔돈을 보여주며 말했다.

리카는 지갑에서 만 엔짜리를 꺼내주고 마사후미에게 잔돈을 받아들었다. 아직 밤 10시밖에 안 됐는데 대부분 가게가 셔터를 내리고, 편의점과 비디오 대여점만 아스팔트에 불빛을 뿌리고 있었다. 리카는 보도를 걸어가면서 마사후미에게 팔짱을 꼈다. 즐겁네, 하고 리카가 말하자, 그러네, 하고 마사후미도 대답했다.

"우리, 싸게 먹히는 인간이어서 좋네."

"그러게, 이런 일로 행복하다고 느끼고."

리카가 말했다. 정말로 싸게 먹히는 부부라고 생각하니 웃음이 났다.

리카가 자신이 경제적으로 혜택 받은 환경에서 살고 있다는 걸 의식한 것은 고등학교에 올라간 뒤였다. 그 전까지는 유치원부터 쭉 에스컬레이터식인 사립학교에 다녔고, 주위는 비슷한 처지의 아이들뿐이어서 경제적으로 혜택 받았는지 어떤지 따위 생각한 적도 없었다.

리카의 아버지는 리카의 어머니와 결혼할 때, 본가의 가구점에서 일했다. 1950년대 후반에서 1960년대 후반에 걸쳐 단지나 문화주택을 줄줄이 건축하던 시기, 그 가구점은 집합주택 대상의 가구를 싼값으로 팔아서 단숨에 사업을 확장했다. 리카가 유치원에 들어갈 무렵, 할아버지가 세상을 떠나고 리카의 아버지가 가구점 경영을 물려받았다. 리카는 피아노와 발레를 배웠고, 아버지 회사의 사원이 학원까지 꼬박꼬박 태워다주었다. 주말이 되면 리카는 어머니와 똑같이 맞춘 오더메이드 옷을 입고 시내까지 외식을 하러 갔다. 겨울에는 친구 가족과 스키를 가고, 여름에는 어머니, 할머니와 가루이자와의 별장에서 한 달 가까이 보냈다.

리카가 자기 가족이 세상 사람들보다 혜택 받은 환경을 누리고 있다는 걸 깨달은 것은 고등학교에 들어간 뒤였다. 리카가 다녔던 학교는 종교 학교로 국내외 후원을 아주 열심히 했다. 예배 시간에도 후진국 사람들의 빈곤에 관해, 전쟁과 분쟁의 희생에 관해 날마다 기도했다. 리카는 그제야 자신을 포함한 주위 학생들이 유복하다는 사실을 자각하고, 자각과 함께 부끄럽게 생각했다. 뭔가의 희생 위에 자신들의 생활이 있다고 느껴졌다. 마지막 심판이 내려질 때, 자신도 부모도 친구들도 신의 나라에는 들어갈 수 없을 거라고 생각했다. 설교 시간에 기아로 죽어가는 아이들 얘기를 한 교사가 새 차 타는 것을 용서할 수 없었고, 피아노 발표회를 위해 드레스를 맞추는 자신이 부끄러웠다.

리카가 전문대학에 다니기 시작할 무렵, 아버지의 가구점은 세상의 호경기와 상반되게 기세를 잃어, 경영 축소와 함께 전처럼 사치스러운 생활은 할 수 없어졌다. 나가노의 산장도 가루이자와의 산장도 차고에 있던 여러 대의 차도, 몇 갠가의 지점과 함께 팔아야만 했다. 리카는 그 사실에 오히려 안도했다. 마사후미와의 결혼이 결정됐을 때, 리카는 자신이 자란 것과는 다른 가정을 만들고자 생각했다. 너무 바빠서 좀처럼 얼굴을 볼 수 없는 남편과의 사치스러운 생활보다 휴가를 함께 보낼 수 있는 남편과의 소박한 생활을 동경했다. 남편의 급여를 파악하고, 그걸로 현명하게 살림을 꾸려가는 생활을 꿈꾸었다. 고급 가게의 단골이 되기보다 싸고 맛있는 집을 발견하고 웃고 싶었다. 마사후미가 말하는 대로 "싸게 먹히는" 기쁨이야말로, 리카가 생활에서 추구하던 것이었다.

그리고 이제 마사후미와 나란히 푹푹 찌는 밤길을 걸으면서 리카는 태어나서 처음으로 누군가에게 음식을 대접했다는 사실을 깨달았다.

취직한 첫해, 부모님에게 음식을 대접하고 싶다고 했다가 아버지를 언짢게 했던 일을 쓸쓸하게 떠올렸다. 그런 의미가 절대 아니었는데, 경영이 축소되어 신경이 날카로웠던 아버지는 너의 몇 푼 안 되는 월급으로 얻어먹을 만큼 형편없지 않다고 나지막하게 내뱉었다.

리카는 남편이 아버지 같은 남자가 아니라는 사실에 진심으로 안도했다.

그날 밤, 마사후미를 유혹한 것은 선술집에서의 흥분과 밤길에서의 안도감이 리카의 마음속에 남아 있어서였다. 마사후미 뒤에 목욕을 하고 나온 리카는 향수를 아주 살짝 뿌리고 침대에 들어가, 이제 곧 배란일이 가까웠음을 알렸다.

하지만 불과 몇 시간 전에 아기는 아직 포기하지 않겠다고 말했던 마사후미가,

"그렇게 말한다고, 아, 그렇습니까, 할 수는 없지" 하고, 불쾌한 듯이 말하고 리카에게 등을 돌렸다. 등을 돌린 채, "당신이 그런 말을 하다니, 좀 놀랍군." 상처 입은 듯한 목소리로 중얼거렸다.

미안해, 리카는 엉겁결에 사과하고 마사후미에게서 조금 떨어져 타월이불을 머리까지 뒤집어썼다. 얼굴이 빨개지는 게 느껴졌다. 그런 말을 하다니, 좀 놀랍군. 리카는 마사후미의 목소리를 반추했다. 그런 말을 할 여자인 줄 몰랐다. 그런 천박한 말을 하는 여자인 줄 몰랐다. 마사후미의 목소리는 리카의 안에서 점점 말을 바꾸었다. 리카는 상처 입은 것은 자신이 아니라 마사후미라고 생각했다. 그야 그렇겠지. 아내에게 재촉 받으면 남자로서 불쾌한 기분도 들

겠지. 게다가 실제로 나는 그런 말을 하는 여자가 아니다. 오늘은 분위기를 탄 것뿐. 너무 탄 것뿐이다.

덮어쓴 타월이불 속에 지금 막 뿌린 옅은 향수 냄새가 기분 나쁘게 가득 찼다. 리카는 마사후미에게 등을 돌린 채, 타월이불을 살그머니 걷어 올리고 그 냄새가 사라지기를 기도했다.

리카는 애교 부리는 게 서투네. 리카와 마주 앉은 아키는 웃음을 참듯이 말했다.

오랜만에 만난 아키는 조금도 달라지지 않아서, 엄마가 되었다고는 도저히 생각할 수 없었다. 아키에게서 남편이 아기를 맡아주기로 했으니, 식사라도 하자고 연락이 왔다. 시부야에 요즘 부쩍 늘어난 이탈리아 식당에서 리카와 아키는 마주앉았다.

작년 여름에 태어난 아기가 딸이며, 사오리라고 이름을 지어준 것은 전화로 들었다. 하여간 밤새 울어서 잠을 잘 수 없다, 기진맥진이다, 하고 아키가 전화로 투덜거려서 한참은 만나지 못할 거라고 생각했다. 아키의 전화는 그래서 기뻤다. 그 아기도 벌써 돌이 됐다.

아키는 자리에 앉자마자 팔을 쭉 펴며 "아아, 혼자라는 가뿐함"이라고 하더니, 바로 남편과 시어머니에 관한 불평을 쏟아놓고, 육아가 얼마나 힘든지 한탄하고, 아기의 빠른 성장을 웃는 얼굴로 얘기하더니, 문득 생각난 듯이 리카의 일은 어떤지 물어왔다. 남의 돈을 맡는 일에 관해 어디까지 얘기해야 좋을지 몰랐던 리카는 업무 내용이 아니라 남편 얘기를 했다.

"애교 부리는 게 어떤 거야?" 리카는 포크로 파스타를 말면서 물었다.

"그런 거지, 막 치켜세워주고 뭐든 사달라고 하면 되잖아. 자기, 정말 멋있다, 역시 자기는 못 당해. 있잖앙, 나 구찌 백 하나 갖고 싶은뎅, 이래 봐." 아키는 와인 잔에 입을 대고 호쾌하게 웃었다.

마사후미와 원만하지 않은 건 아니었다. 아니었지만, 리카가 일하기 시작한 지 1년이 지나며, 뭔가 대화가 통하지 않는 듯한 기분이 들기 시작했다.

처음에 어? 하고 생각한 것은 리카가 선술집에서 한턱낸 다음 달이다. 마사후미가 갑자기 초밥집을 예약했다고 해서, 리카는 그런 일은 결혼 후 처음이라 놀라면서도 몹시 기뻐하며 그날 한껏 차려입고 나갔다. 근처 초밥집인가 했더니, 마사후미가 데려간 곳은 아오야마에 있는 가게였다. 마사후미는 거래처 사람을 접대할 때 온 적이 있는 곳이라고 설명했다. 보너스가 나왔구나, 리카는 그제야 깨달았다.

초밥은 확실히 맛있었다. 시내의 가게에서 남편과 식사를 하는 것도 결혼 후 처음이었다. 리카는 혹시 선술집에서 한 자신의 말을 기억해준 건가 생각했다. 이런 식으로 당신과 데이트하고 여행을 하며, 즐겁게 살아갈 수 있을 것 같다고 했던 자신의 말을 듣고, 보너스 나온 김에 호화로운 데이트를 기획해준 건가 하고.

주방장 추천 코스로 주문하여 생선회를 다 먹고 초밥이 나왔을 때쯤, 리카는 뭔가 다르다는 생각이 들었다.

마사후미는 이날 아주 기분이 좋았다. "아무리 한턱 쏜다고 해도 시간제 사원은 보너스도 안 나오고, 한 달 월급으로 이런 가게 가자고 할 수도 없지"라느니, "자기 몫은 자기가 내라고 하지만, 그런 소리 하면 외국 여행 같은 건 무리지" 하면서, 만면에 미소를 지으며 말했다. 기분 좋은 그가 대체 무슨 소리를 하고 싶은지 통 알 수 없었다. 표면상으로 보자면 리카가 버는 시간제 사원 월급이 자신의 월급에는 턱도 안 된다, 라는 말을 되풀이하고 있지만, 그런 당연한 얘기를 몇 번이나 강조할 리 없다. 게다가 마사후미가 자신이 벌어서 생활하는 거라고 은혜를 베풀 듯이 말한 적은 지금까지 단 한 번도 없었다. 혹시 세상 물정 모르는 자신이 번 돈으로 한턱내겠다느니 여행을 가자느니 한 것이 마음에 들지 않았던 걸까, 하는 생각도 했지만, 마사후미는 기분이 좋아 보였다. 즐거운 것 같았다. 마음에 들지 않았던 사람이 보일 태도는 아니었다. 리카는 마사후미가 하는 말의 진의도 모르는 채, 남편의 기분을 상하게 하고 싶지 않아서, 과음하지 않도록, 분위기 너무 타지 않도록 신중하게 마시고 먹었다.

가게를 나와, 지하철역을 향해 걸어가면서 마사후미는 아까부터 내내 웃는 얼굴로 "잘 먹었습니다, 는?" 하고 리카에게 말했다. 잘 먹었습니다, 하고 리카는 황급히 인사를 하면서 뭔가 석연찮은 것을 느꼈다.

그 '석연찮은' 기분은 지금도 계속되고 있다. 계속된다기보다 리카의 안에서 점점 커지고 있다. '잘 먹었습니다' 그 한 건만이 아니었다. 걸핏하면 마사후미는 리카가 한 달에 버는 돈이 얼마나 적은

지 언급했다. 외국 여행은 물론 가계에도 대출금 상환에도 도움이 되지 않는다고, 넌지시 둘러서 말한다. 리카는 그 진의를 알 수 없었다. 그래서 말로 옮기지 못하고, 석연찮은 기분은 그대로 가벼운 불쾌감이 되어 리카의 마음속에서 떠나지 않았다.

"그런데 우리 남편, 무슨 말을 하고 싶은 걸까. 도무지 모르겠어. 혹시 일하는 걸 내심 반대하는 건가 싶을 때도 있어." 리카의 말에, 아키는 어이없다는 듯이 의자에 기댔다.

"바보, 내가 너를 먹여 살리고 있다는 사실을 으스대고 싶은 거잖아?"

"그런 건 으스대지 않아도 당연히 아는 거 아냐? 내 월급이라야 이래저래 합해서 10만 엔. 어린애가 봐도 어느 쪽이 많은지 아는데."

"많고 적고가 아니라, 네가 일하지 않으면 가계를 끌고 나갈 수 없다는 생각이 들게 하는 것이 싫은 거야."

"생각이 들게 하다니, 누구한테? 시부모님? 우리 부모님?"

"아니지. 너랑 자기 자신에게지. 실제로 가계는 어떤지 난 모르겠지만, 만약 리카 월급을 대출 갚는 데 썼다고 치잖아? 그래서 남편이 아, 리카가 일해서 대출도 빨리 갚을 수 있겠네, 아주 도움이 되는걸, 이라고 한다면 말이야. 인정하는 게 되잖아. 리카가 일하지 않으면 대출이 빨리 끝나지 않는다는 걸. 남편만의 월급으로는 어림없다, 즉 남편은 무기력해지는 거지."

"응? 전혀 모르겠어, 아키가 하는 얘기."

"모르겠지? 응, 모를 거야, 리카는." 아키는 히죽히죽 웃으면서 말하고, 포크로 파스타를 돌돌 감았다.

"모르는 건 내버려두고 말이야. 어쨌든 애교를 부리면 된다니까. 갖고 싶은 게 있으면 '내 월급으로는 어림없으니까, 사줘' 하고 조르고, 먹고 싶은 게 있으면 '당신만큼 못 버니까 사줘' 하고 부탁하고. 그렇게 부추겨주면 되는 거야. 당신은 대단하다, 당신처럼 능력 있는 사람과 결혼하길 잘했다, 하면서."

파스타 접시를 치우고, 디저트가 나오자 아키가 환성을 질렀다.

"나 티라미수 처음이야! 아니, 외식 자체가 엄청나게 오랜만이라구."

이미 배가 불렀지만, 리카는 포크를 들고 디저트를 먹었다. 역시 아키가 하는 말은 이해가 안 갔지만, 그래도 하고 싶은 말을 할 수 있다는 해방감이 있었다. 은행에서 친하게 지내는 시간제 사원 동료들도 제법 생겼지만, 이런 얘기까지 나눌 수는 없다.

"그런데 좋은 남편이네. 일하지 말라고 하는 것도 아니고, 일하라고 하는 것도 아니고. 남자들은 외로워, 아내가 의지하지 않으면. 내가 아는 사람 중에 누가 먹여 살리는지 아느냐는 소릴 듣는 여자도 있다니까. 그런데 지금 리카 모습을 보니 아이는 아직 한참 멀었을 것 같네. 일하는 게 즐거워 보여."

아이는, 이라고 말하려다 리카는 그냥 삼켰다. 아무리 아키가 편하다고 해도 부부 사이의 일을 어디까지 얘기해야 좋을지 판단이 서지 않았다.

"나, 아이 만드는 데 엄청나게 애썼으면서 이런 말 하기 그렇지만, 솔직히 빨리 일하고 싶어. 아직 의사소통도 안 되는 아기하고 줄곧 함께 있으면 정말로 돌아버릴 것 같을 때도 있고. 리카, 즐거워 보여서 부럽다."

"어머, 아키도 아이 만드느라 애썼어?"

리카가 물었다. 의외란 생각이 들었다. 아주 평범하게 바로 생긴 줄 알았다.

"처음에 안 생기는 거야. 깜짝 놀라서 둘 다 병원에 갔더니 문제가 없다고 하더라고. 그래도 안 생겨서 기초체온 적어가며 배란일이 가까워지면 힘이 나는 요리를 먹고, 그날은 잔업도 안 하고, 회식도 없이 바로 돌아오기로 약속하고 그랬어."

"그런 걸 둘이서 상의해서 정했어?"

"당연하지, 두 사람 일인걸."

리카는 할 말을 잃었다. 그날 밤의 일이 생각났다. 남편에게 들이댔다가 거절당했다. 그런 말 하는 여자인 줄 몰랐다는 말까지 들었다. 그날 이후, 그런 일이 부부 사이에는 없다. 리카는 아키에게 털어놓고 싶었지만, 절대로 할 수 없다고 생각했다. 어째서 그런 걸 말하지 않아? 세상의 부부가 모두 배란일이네, 힘이 나는 요리를 먹네, 하고 솔직하게 터놓고 얘기한다고 믿고 있는 아키는 그렇게 말할 게 뻔하다.

"만약 그래도 안 생기면 어떻게 했을 것 같아?"

리카가 물었다.

"글쎄, 할 수 있는 데까지 했을 거라고 생각해. 원인을 모르니까 어떻게도 할 수 없겠지만, 체외수정 같은 방법도 있고."

아키에게 아이 문제는 덮어버리고 일을 한다고 하는 선택의 방법은 없었구나, 생각했다. 체외수정. 거기까지 생각하지 않았던 자신은 역시 아키만큼 진지하게 아이를 원하지 않았던 거라고, 변명이라도 하듯이 생각했다.

디저트를 다 먹고 리카는 테이블에 있는 계산서를 끌어당기며, "내가 살게"라고 했다. "아키는 지금은 일을 하지 않으니까 내가 살게"라고 변명하듯 덧붙였다. 그러자 아키는, "아, 신난다" 하고 아이처럼 두 손을 가슴 앞에 모았다. "얻어먹을 줄 생각지도 못했어. 500엔 더 비싼 게살 파스타로 먹을 걸 그랬네."

가게를 나오자, 아키는 "리카, 잘 먹었어!" 하고 아이처럼 찰싹 달라붙으며 말했다.

우리, 참 싸게 먹히는 인간이어서 다행이네, 라고 했던 마사후미의 말이 문득 떠올랐다. 그때, 리카는 그 한 마디가 기뻤다. 정말 다행이네, 하고 맞장구까지 쳤다. 하지만 지금 떠올린 그 한마디는 씁쓸함을 갖고 가슴에 퍼졌다. 뭔가 엄청나게 기분 나쁜 말을 들은 것처럼. 뭐가? 어디가? 어떤 식으로 '기분 나쁜 말'인가, 생각할 것 같아져서 리카는 얼른 고개를 저었다. 자꾸 생각하다 뭔가 알게 되어서는 안 될 것 같은 기분이 들었다.

"아, 즐거웠어, 리카. 쉬는 날인데 고마워. 이렇게 기분이 좋아질 줄 몰랐어."

아키가 젊은이들에게 섞여 역으로 걸어가면서 말했다.

"나도 즐거웠어. 종종 만나자. 그리고 사오리도 보고 싶어."

"그러게, 나도 리카가 사오리를 안아주었으면 좋겠어. 다음에는 데리고 올게."

아키와 함께 신다마가와선을 탔다. 전철은 가족들로 붐볐다.

"오늘은 남편 뭐 해?" 손잡이를 잡고 서서 아키가 물었다.

"아, 잘 거야." 리카는 웃었다.

"여자 친구하고 밥 먹는 것도 싫어하는 남자들 있던데, 리카네 남편 좋은 사람이네. 마구 애교를 부려." 아까 한 얘기가 생각났는지 아키가 말했다.

그래, 좋은 남편이야. 평일에 청소기를 돌리지 않아도, 휴일에 점심을 챙겨주지 않아도 화내는 법이 없다. 오늘도 돌아가면 "즐거웠어?" 하고 물어줄 것이다. 좋은 남편이다. 리카는 거듭 생각했다.

다카쓰에서 아키가 내리자, 리카는 손잡이를 잡은 채 창밖으로 흘러가는 경치를 무심히 보았다. 아키의 아이를 보고 싶다고 말한 것은 자신이다. 그러나 리카는 만약 아키가 정말로 아이를 데리고 나온다면 그때 자신은 어떤 얼굴을 할까, 생각했다.

리카가 상사인 이노우에게 종일제 근무 제안을 받은 것은 일하기 시작한 지 2년 반이 지났을 무렵이었다.

아침 10시부터 오후 4시까지 시간제가 아니라, 9시부터 5시까지 종일제로 일하지 않겠느냐는 것이었다. 세금 공제는 없어지지만,

만약 그럴 마음이 있다면 은행 부담으로 종일제 영업에 필요한 자격을 취득할 수 있고, 시급도 성과급도 올려주며 희망하면 은행과 직접 계약을 맺는 계약 사원이 될 수도 있다고 설명했다.

"우메자와 씨, 단골 고객한테 인기도 있고 성적도 아주 좋아서 말이야."

이노우에는 설득하듯이 말했다. 리카는 고객의 얼굴을 떠올리며 쓴웃음을 지었다. 8할이 정년퇴직한 노인들뿐이다. 푸념과 소문 얘기, 과거 자랑이며 날마다 생각나는 걸 얘기하고 싶어서 못 견딘다. 그러나 그 얘기를 하는 상대는 도내나 지방에 사는 자식이나 배우자, 취미 클럽이나 지역 모임의 친구들이 아니라, 별로 친하지 않고, 요컨대 자기 의견을 말하지 않고 적당히 흘려들어주는 누군가다. 리카는 그런 얘기를 듣는 게 그리 힘들지 않기 때문에 그저 듣고 있다. 하고 싶은 말도 없으니까 끼어들지도 않는다. 동행한 행원이 없을 때는 사소한 일―전구 갈기, 문에 기름칠하기, 병뚜껑 열기― 도 싫은 얼굴 하지 않고 떠맡는다. 자네가 독신이었으면 우리 며느리 삼았을 텐데, 라는 말을 몇 명한테 들었는지. 요컨대 그런 '인기' 였다.

그래도 리카는 역시 기뻤다. 당신한테는 아직 가치가 있다고 하는 것 같아서 기뻤다.

리카는 이노우에에게 남편과도 의논해서 하룻밤 생각해보겠다고 대답했지만, 무리일 거라고 생각했다. 일을 하게 되어 전에 가졌던 공허함은 누그러졌지만, 그렇다고 더 높은 곳을 지향하고 싶은 야심은 없다. 그날 밤에도 귀가한 마사후미에게 그 얘기는 하지 않았다.

그래도 며칠 뒤, 리카는 퇴근하고 오는 길에 서점에 들렀다. 이노우에가 말했던 자격이란 것은 증권외무원 특별회원 2종, 혹은 1종. 더 의욕이 있다면 생명보험 모집인 자격. 이노우에에게 듣고 메모한 그 이름들을 서가에서 찾았다. 바로 발견했다. 참고서를 두 권 빼서, 휘리릭 넘겨보았다. 엉겁결에 웃음이 터졌다. 무리다, 이번에는 꽤 현실감을 갖고 리카는 생각했다. 투자신탁위탁업자? 선택권부거래매매? 위탁자지시형투자신탁? 얼른 봐서 눈에 들어오는 단어는 극단적으로 히라가나가 적고, 그 의미조차 알 수 없다. 이렇게 어려운 말을 하나하나 외우다니, 도저히 무리다. 리카는 뺨에 미소를 새긴 채 참고서를 서가에 돌려놓고, 요리잡지 코너를 둘러본 뒤 밖으로 나왔다.

공기는 완전히 봄처럼 따뜻하고 하늘에는 아직 석양의 흔적이 남아 있다. 리카는 머릿속으로 저녁에 요리할 메뉴를 짜면서 집으로 걸어갔다.

시간제 사원 일을 계속하다가 그다음에는 어떻게 되는 걸까. 문득, 리카는 생각했다. 지금 이 생활을 앞으로 5년, 10년, 아니, 20년, 30년, 계속 해야 하는 걸까.

그건 그것대로 평화롭지 않을까, 하고 리카는 베테랑 시간제 사원 여성을 떠올리며 생각했다. 하지만 그 생각과 정반대로 비명을 지르고 싶은 듯한 초조한 감촉이 천천히 온몸에 퍼져가는 것도 역시 느꼈다. 그 익숙한 느낌을 떠올렸다. 자신이 우메자와 리카의 일부라는 느낌. 리카는 그 느낌이 온몸에 퍼져나갈 것 같은 것을 간신히 막았다.

종일제 근무를 하면, 일부가 아니라 우메자와 리카 그 자체가 될 수 있을 리 없지 않은가. 카드 회사에 다닐 때와 같아질 뿐이다. 명함에 인쇄된 자신의 이름에 그저 위화감을 느낄 뿐이다.

집에 도착했다. 리카는 문 옆에 달린 문패의 우메자와라는 성을 물끄러미 보았다. 그리고 문을 열고, 다녀왔습니다, 하고 조그맣게 말하면서 현관 열쇠를 열었다.

이런 시간에 전화를 거는 건 몰상식한 걸까. 아니, 그래도 아직 6시 전이잖아. 리카는 무선 전화기를 든 채 생각한다. 이 시간에 전화를 거는 건 보통이야, 이렇게 어두우니까 밤중에 전화 거는 기분이 드는 것이다. 어두우면 불을 켜면 된다. 리카는 방의 불을 켰다. 주방 카운터 너머, 오는 길에 사온 음식 재료가 널려 있는 것이 보였다. 팩에 든 버섯, 양배추, 참치 통조림, 삼겹살, 브로콜리. 그러나 어쩌면 어린아이가 있는 집은 지금이 가장 바쁠지도 모른다. 전화는 역시 주말에 해야 하려나.

결국 리카는 무선 전화기를 충전기에 돌려놓고 주방으로 갔다.

아키에게 연락해야지, 해야지 생각하면서 못 하고 있었다.

설에 아키에게 연하장이 왔다. 처음 있는 일이었다. 곁에는 사진이 있었다. 사오리의 시치고산(남자아이가 3살·5살, 여자아이가 3살·7살

되는 해의 11월 15일에 아이의 무사한 성장을 신사 등에서 감사하고 축하하는 행사 – 옮긴이) 사진이었다.

시부모님이 세는 나이로 하는 것이라고 양보하지 않아서, 조금 이르지만 작년에 시치고산 축하를 했어. 많이 컸지? 또 만나고 싶어. 올해는 나도 일에 복귀해! 전화할게.

작은 글씨로 그렇게 쓰여 있었다.

그때까지 연하장 교환은 없어서 리카는 아키에게 보낸 적이 없었다. 이른 시일 안에 답장을 써야지 생각하면서 날이 지나고, 안부 엽서라도 좋으니 보내자고 생각하다가 또 시간이 지나고, 세쓰분(2월 3일로, 재해나 병 등의 악귀를 곡물의 신비스런 힘으로 물리치는 마메마키라는 콩뿌리기 행사가 열린다 – 옮긴이)도 끝난 인제 와서는 답장 자체가 어색하게 느껴졌다. 전화도 괜찮으니 하자고 생각했지만, 왠지 무선전화기를 들면 심한 갈등이 생겼다. 오늘도 역시 걸지 못했다.

아키와 시부야에서 식사를 한 것은 재작년 여름이었다. 그리고 몇 번 통화는 했지만, 전화기 너머로 아기 울음소리가 나는 일도 곧잘 있었고, 리카도 평일 저녁 무렵에 일을 마치고 남편이 돌아올 때까지의 시간을 전화로 보내는 것도 미안해서, 최근 반년 정도는 연락이 뚝 끊겨 있었다.

시치고산 사진, 무척 귀여웠어. 태어난 지 얼마 안 된 것 같은데 벌써 이렇게 컸네. 아키, 어떤 일 해? 벌써 정해졌어?

리카는 오늘도 전화를 걸지 못했으면서, 하려고 했던 말을 속으로 되뇌며 버섯 팩의 랩을 벗겼다.

나? 마지막으로 만났을 때와 아무것도 달라지지 않았어. 날마다 전 날을 따라하는 것 같아.

실제로 그대로의 날들이었다. 일은 제법 익숙해져서 새로 들어온 시간제 사원이나 계약 사원에게 지도도 하게 되었고, 친한 고객도 많이 늘었다. 마사후미와 싸우는 일도 없다. 마사후미의 말에 위화감을 느끼는 일은 여전히 있었지만, 어느새 리카가 익숙해졌다. 그리고 부부 사이에 '그런 것'은 전혀 없는 채였다.

버섯을 팩에서 꺼내 도마에 늘어놓고, 싱크대에 둔 음식 재료를 내려다보았다. 참치통조림, 양배추, 삼겹살, 브로콜리. 무엇을 만들려고 이 재료를 사왔더라. 리카는 하나하나 보며 생각했다.

리카는 전에 아키가 전화로 자신도 곧 일에 복귀할 생각이라고 했던 것을 떠올렸다. 만약 아이가 생기지 않았더라면 체외수정도 생각했을 거라고도 했다. 아키는 자기 자신의 인생 설계도를 잘 그릴 뿐만 아니라, 하나하나를 확실하게 실현해가는 사람이구나, 리카는 새삼 생각했다. 일도 분명히 바로 찾을 것이다. 아키는 아마 자기가 주조 아키의 일부라는 생각 같은 건 품은 적이 없을 게 분명하다.

버섯, 참치통조림, 양배추, 삼겹살, 브로콜리. 무엇을 만들 생각이었더라. 리카는 냉장고 채소 칸을 열어보았다. 파와 3분의 1 남은 무를 들고 돌아와서 또 싱크대 앞에 섰다. 그것들로 메뉴를 생각하는 것이 몹시도 어렵게 느껴졌다.

왜 그래? 하는 마사후미의 목소리에 리카는 그제야 정신을 차렸다. 싱크대에 늘어놓은 음식 재료를 한 시간 이상이나 바라보고 있었다는 사실을 깨달았다.

"미안, 몸이 좀 안 좋아서 식사 준비를 못 했어."

"아, 깜짝 놀랐네. 멍하니 앉아 있어서…… 괜찮아? 식욕은 있어? 좀 눕지?"

마사후미는 슈트 차림 그대로 고기가 든 팩과 브로콜리를 냉장고에 넣었다. 정말로 좋은 사람이야, 하고 리카는 속으로 말했다. 식사가 없어도 화내지 않고 내 몸을 걱정해주고, 채소며 고기를 정리해주고 있다…….

"흐응. 저녁 어떡하지?"

"피자라도 시켜먹을까? 아니면 역 앞 어디 먹으러 나가든가……"

"그러고 보니 피자를 시켜 먹어본 적이 없네. 시켜볼까?"

그렇게 말하고 나니 리카의 기분이 아주 조금 밝아졌다. 우편함에 몇 종류나 던져놓은 전단 몇 개를 무심히 챙겨두고는 있지만, 주문한 적은 단 한 번도 없다. 넣어둔 전단을 꺼내서 펼쳐 보았다.

"종류가 굉장히 많네. 엄청 맛있어 보여. 저기 너무 많아서 난 잘 모르겠으니까, 당신이 골라서 주문해주지 않을래?" 리카는 마사후미에게 전단을 건넸다.

마사후미가 전화로 주문을 마치자, 리카는 테이블에 전단을 펼쳐놓고 빤히 들여다보았다. 배달이 30분 이상 걸리는 경우는 반액을 돌려준다. 이런 주의사항도 리카는 무척 신기했고, 그 신기함은 설레는 흥분으로 바뀌었다. 리카는 아이처럼 시계를 올려다보았다. 정말로 30분 이내에 올까 하고 소리 내어 말해 보았지만, 당연히 2층 침실에 옷 갈아입으러 간 마사후미에게서 대답은 없다.

아까는 대체 무엇을 몽롱하게 생각하고 있었을까, 하고 리카는 한심하게 생각했다. 아키에게 전화를 하는 데 어째서 그렇게 망설였을까. 내일 하자. 꼭 전화해서 처음으로 피자 배달을 주문했다는 얘기도 하자.

그렇게 20여 분 뒤, 인터폰이 울렸다. 리카는 총총걸음으로 현관으로 가서 아직 뜨거운 피자 상자를 받아들였다. 피자 값을 준 뒤 소년 같은 배달부에게 인사를 하고 문을 닫았다.

"시간, 쟀었어." 테이블에 피자 상자를 펼쳐놓고 손으로 피자를 집어 먹으면서 리카는 마사후미에게 웃어 보였다. "30분 이상 걸리면 반액이 된다고 쓰여 있어서. 31분 걸리면 완전 득이잖아? 그런데 22분이었어. 당신이 전화를 끊은 뒤, 딱 22분."

"그렇게 쩨쩨하게 굴지 마, 피자 값 얼마 하지도 않는 걸 가지고." 마사후미도 웃으면서 대답했지만, 그런 말을 하고 싶은 게 아니었던 리카는,

"쩨쩨하게 구는 게 아니라, 그 시스템이 재미있다고 생각한 거야. 정말로 반액으로 주나 해서." 굳이 정정했다.

"그렇게 반액 반액 할 거면 피자 값 내가 낼까?"

마사후미는 웃고 있다. 그래서 리카는 마사후미도 처음 시킨 피

자 배달을 자신처럼 즐기고 있다고 생각했다. 그런 종류의 미소였다. "맛도 그럭저럭 나쁘진 않고, 편리하기도 하지만 사진보다 훨씬 못하네. 사진의 새우는 대하 정도 되지 않았어?" 하면서 즐거운 듯이 말하기도 했다.

정말로 눈앞의 피자는 전단의 사진과는 많이 달랐다. 브로콜리는 누렇게 변색했고, 양파는 말랐고, 살라미 소시지는 크기가 훨씬 작다.

좀 전까지 설레고 흥분됐던 기분이 급격히 시들어갔다. 어째서 이런 것에 설렜을까, 하고 리카는 테이블 위의 피자를 보았다. 상자에는 기름 얼룩이 있고, 달라붙은 치즈는 말랐다.

리카는 아키에게 전화를 하지 못하는 것은 시간을 신경 써서가 아니란 걸 인정했다. 아키처럼 하나라도 스스로 결정하고 움직이지 못하기 때문이다. 저기, 이제 아이는 포기하는 거야? 하고 마사후미에게 확인하지도 않은 채 1년이고 2년이고 지났고, 남편의 말에 위화감을 느껴도 그 진의를 마사후미에게 묻지도 못했다. 그저 어제와 똑같은 날을 답습하듯 살고 있다. 그런 자신의 하루하루를 아키에게는 도저히 얘기할 수 없다. 한 걸음, 한 걸음 착실하게 자신의 길을 가는 아키의 얘기도 들을 수 없을 것 같다. 그래서 답장도 못하고, 전화도 못 하는 것이다.

"왜 그래? 아직 몸이 안 좋아?"

눈앞에 걱정스럽게 들여다보는 마사후미의 얼굴이 있다. 무릎에 올려놓은 손등에 물방울이 떨어져, 자신이 울고 있다는 사실을 깨닫는다. 리카는 아이처럼 손등으로 두 눈을 문질렀다.

최근 2년, 우리 대체 무엇을 한 거지? 아이는 정말로 만들지 않을 건지, 이대로 둘이서 살아갈 건지, 어째서 얘기를 안 하는 거지? 으음, 그런 게 아니다. 당신이 먼저 하자고 하지도 않고, 내가 하자는 것도 거절하고. 우리 앞으로 줄곧 살을 부딪칠 일도 없이 살아가는 거야?

온갖 말이 몇 번이고 목까지 치밀어 올랐다가, 밖으로 나오지 못하고 내려갔다.

어째서 묻지 못하는 걸까, 어째서 말하지 못하는 걸까, 이렇게 중요한 일인데. 리카는 눈가가 얼얼할 정도로 세게 문질렀다.

"왜 그래? 머리 아파? 이런 것 먹어서 체했나. 누울래, 잠시? 걸을 수 있겠어?"

마사후미는 아기를 달래듯 다정한 목소리로 말하며 리카의 이마를 만졌다. 그러니 더욱 눈물이 쏟아져서 리카는 흐느껴 울었다. 마사후미는 리카를 일으켜 세워서 겨드랑이에 손을 끼워 부축한 자세로 계단을 올라가, 침실의 침대에 리카를 눕혔다. 리카는 단지 그것뿐인 스킨십이 자신도 당황스러울 만큼 기뻤다. 침실을 나가는 마사후미의 모습을 지켜보며, 리카는 어둠 속에서 머리와 겨드랑이 아래에 남은 체온을 사랑스러운 듯이 계속 느꼈다.

4월이 되어, 리카는 이노우에게 종일제로 일하겠다는 의사를 전했다.

아키와 전화로 얘기할 때, 2년 전 여름과 같다고 말하고 싶지 않왔다. 시간제에서 종일제 일이 바뀌었다고 해도, 아키에게는 별로 의미 없을 것이다. 하지만 그런 변화라도 좋으니, 얘기하고 싶었다. 리카는 전날을 똑같이 답습하지 않기 위해서는 오늘 전날과 다른 일을 해야 한다고 생각했다.

리카는 전에는 뒤적여보고 이내 되돌려놓았던 참고서를 사서, 일을 마치고 귀가하자마자 저녁 준비도 대충 하고 자격증 취득 공부를 시작했다. 수익증권이니 발행시장이니 기업내용개시제도니 전환사채 및 신주인수권부사채니, 낯선 데다 길기도 긴 한자만 나와서 과연 버거웠지만, 몇 달 지나면 점점 눈에 익숙해질 것이다. 뭔가 연호를 통째로 외웠던 세계사 시험 전날 같다고 생각하면서도 모르는 말을 노트에 베껴 적고 알아듣기 힘든 설명을 이해하려고 애썼다.

마사후미가 돌아올 시간이 가까워지면, 리카는 참고서도 노트도 서가에 보이지 않도록 감추고, 부랴부랴 저녁 식사 준비를 했다. 전보다 대충인 요리가 늘어나고 적당히 사오는 반찬도 섞이게 되었지만, 마사후미는 아는지 모르는지 거기에 관해서 불평을 하는 일은 없었다.

하지만 주말에는 거의 집안일로 보내고, 평일에는 저녁 준비까지 하고 한정된 시간에서의 공부는 생각보다 시간이 걸려서 리카가 증권외무원 특별회원 2종 자격을 간신히 취득한 것은 1994년이 되어서였다. 그해 2월부터 리카는 영업 종일제로 일하기 시작했다.

8시 45분에는 은행에 가서 제복으로 갈아입고, 5분 정도 아침 조회에 참가한다. 9시, 은행이 오픈하는 것과 동시에 거래처를 돌기 시작한다. 업무 내용은 시간제 사원이었을 때와 다름없다. 거래처를 돌고, 지시대로 이자와 서류를 갖다 주고, 보통예금에서 정기로 바꾸는 것을 하거나, 목돈을 맡기도 하고, 새로운 금융상품을 팔기도 한다. 낮에는 일단 은행으로 돌아와서 지하 식당에서 점심을 먹고, 오후에는 또 거래처 돌기. 4시 반에는 돌아와서 그날 하루의 일지를 적고 5시에는 일을 마친다. 전에는 연배의 남성 행원이 동행했지만, 종일제가 된 뒤로는 리카와 그리 나이 차가 나지 않는 사쿠라라는 남성 행원이 동행했다. 주에 한두 번은 사쿠라가 오지 않고, 리카 혼자 돌았다. 그것이 유일한 차이였다.

와카바 은행 스즈카케다이 지점 부근은 20년 전에만 해도 논밭과 산으로 가득한 시골 마을이었지만, 최근 10년 사이 주택개발을 하여 산이며 논밭을 깎아서 맨션과 건매 주택을 지었다. 따라서 고객은 산과 논밭을 판 자산가 노령자와 새로 이사 온 아직 젊은 부부로 확실히 나뉜다. 방문하는 거래처에 고령자가 많은 것은 리카뿐만이 아니라, 다른 영업사원들도 비슷하여, 리카는 누구나 자신과 같은 대우를 받는 줄 알았다. 고객들이 케이크를 사놓고 방문을 기다리고, 조림 반찬을 플라스틱 용기에 담아놓았다가 들려 보내고, 가치 있어 보이는 재즈 레코드를 들려주기도 하는 것은 예삿일이라고 생각했다.

하지만 모두가 그런 대접을 받는 건 아니라는 것을 종일제가 된 뒤에야 알았다.

"우메자와 씨하고 돌면 살찔 것 같아요" 하고 사쿠라가 농담처럼 말해서, 무슨 뜻인가 물었더니 "다들 우메자와 씨가 가면 과자를 내오잖아요. 남기고 올 수도 없고" 하고 웃었다. 물어보니, 차가 나오는 일도 그렇게 많지 않고, 차조차 주지 않는 것이 보통이라고 한다. 리카는 종일제 사원이 된 뒤 바로 고객 중 한 명인 히라바야시 고조라는 노인에게 자격 취득 축하 선물로 목걸이를 받았다. 그때는 포장의 내용물이 손수건이나 수건인 줄 알고 가볍게 받았는데, 집에 와서 풀어보니 브랜드 이름이 적힌 상자가 나와서 깜짝 놀랐다. 상자에 든 목걸이 가격을 짐작할 수는 없었지만, 고가인 것만은 분명했다. 다음 날, 고객을 방문하는 길에 히라바야시 가에 들러 도저히 받을 수 없습니다, 하고 돌려주었지만, 히라바야시 노인은 완강히 거절했다. 결국 그것은 상자째 화장대 서랍에 넣어두었다.

리카는 조심스럽게 사쿠라에게 그 사실을 말하고 어떻게 해야 좋을지 상담했다.

"그런 건 안 받는 편이 좋지만, 규칙이 있는 건 아닙니다. 계속된다면 넌지시 말할게요" 하고 사쿠라가 말했다.

어쩐지 자신은 다른 종일제 사원이나 행원들보다 호감을 사고 있고 대우를 받고 있는 것 같다. 그렇게 자각하고 리카는 점점 그들의 요망에 응하게 되었다. 새로 산 세탁기 사용설명서를 읽고 사용법을 설명하기도 하고, 5킬로그램들이 쌀을 부탁받아서 사다 주기도 하고. 그들이 리카에게 뭔가를 부탁할 때는 항상 사쿠라가 없는 날이어서, 리카도 사쿠라에게 그런 것은 보고하지 않았다.

리카는 왜 자신이 호감을 사는지 모른다. 이따금 60대, 70대인 그들이 자신의 나이 든 아버지나 어머니처럼 느껴질 때가 있다. 분명 그들도 자신이 좀처럼 찾아오지 않는 자식 같은 생각이 들 것이다. 그런 생각이 들게 하는 무언가가 자신에게 있는 걸까, 리카는 생각했다.

리카는 은행에서 일하게 된 뒤로 부모를 피했다. 전에는 해마다 마사후미와 함께 오봉(우리나라의 추석 같은 명절 – 옮긴이)이 끝날 무렵이면 친정에 갔지만, 최근에는 설에 마사후미의 본가에는 다녀와도 친정에는 가지 않았다. 아이는 어쩔 생각이냐고 묻는 것이 싫어서다. 뭐라고 대답할지 고민하는 것도 싫었다. 하지만 부모님을 찾아가지 않는 데 희미한 죄책감 같은 것은 항상 있었다. 고객의 긴 한탄에 맞장구를 치고 부탁받은 일을 해결하고, 조림 반찬이며 과자며 선물을 받고. 그런 행위들은 리카에게 부모에 대한 죄책감을 덜어주기도 했다.

리카는 종일제가 된 지 한 달이 지난 뒤, 월급 명세서를 받고 깜짝 놀랐다. 업무 내용은 그리 달라지지 않았는데 월급은 거의 배가 되었다. 전문대학 졸업 후, 첫 월급을 받았을 때 만큼이나 기뻤다. 아니, 어쩌면 그 이상 기뻤을지도 모른다. 자신이 이만한 일을 한다는 사실을 구체적인 숫자가 얘기하고 있다.

리카는 5시가 되자 일을 마치고 은행을 나가서, 전철을 타고 아오바다이로 향했다. 언제나처럼 곧장 집에 가서 저녁 준비를 하고 싶지 않았다. 전철에서 내린 리카는 총총걸음으로 백화점으로 향했다. 사실은 시부야나 신주쿠에 가고 싶었지만, 지금부터 시내에 나가기에는 시간이 너무 걸리고, 그렇다고 주말까지 기다릴 수도 없었다. 오늘 사고 싶었다. 무언가 기념이 될 만한 것을.

리카는 들뜬 마음으로 백화점 구석구석을 구경하며 걸었다. 가방, 액세서리, 손목시계, 옷. 뭐로 하지. 기념품이니 너무 유행에 좌우되지 않는 것이 좋다. 옷과 가방은 이내 유행에 뒤처지기 쉬우니, 액세서리로 할까. 아니면 비싼 외제 냄비나 커트러리로 할까. 에스컬레이터를 몇 번이나 탔다 내렸다 생각하다, 결국 리카는 손목시계를 사기로 했다. 한참 망설였지만 막상 사기로 결심하자 자기 것만 사는 것도 미안해서 마사후미의 생일이 머잖았다는 걸 핑계 삼아 커플용으로 샀다. 두 개 각각 선물용으로 포장하고, 지하에서 음식을 사가지고 서둘러 돌아왔다.

이거 조금 이르지만, 생일 선물. 리카는 그렇게 말하고 식사를 마친 뒤 리본이 달린 꾸러미를 소파 테이블에 올려놓았다. 소파에 앉아서 텔레비전을 보던 마사후미는,

"오옷?" 하고 과장스럽게 놀란 척해 보이더니, "열어 봐도 돼?" 하고 말한 뒤 리본을 풀었다. "오오오, 좋은 거네"라고 하면서 손목시계를 찼다.

"사이즈 안 맞으면 고쳐올게."

"조금 헐렁하지만, 이 정도면 됐어."

"실은 나도 커플로 샀어." 리카는 마사후미 옆에 앉아 왼쪽 손목

을 보였다.

"커플 시계네." 마사후미는 수줍은 듯이 웃으며 "사치스러운 것 아냐? 보너스라도 나왔어?"

"월급, 올랐어. 실은 말하지 않았는데, 은행 부담으로 자격증을 땄어. 그래서 일도 전보다 더 맡게 되었어."

"호오. 혹시 정사원 승격 시험 같은 걸 쳤다는 거야?"

"설마. 내가 정사원이 될 수 있을 리 없잖아. 열심히 애써도 기껏해야 계약사원이지."

"그럼 조금 고급 아르바이트라는 건가?"

"그렇지. 그런 느낌. 그런데 역시 월급이 올라서 기쁘네."

"어느 정도 올랐는데?"

"어느 정도라니, 그냥 조금 올랐지."

"뭐, 그렇겠지. 아르바이트니까. 시계 같은 것 안 사도 되는데. 더 싼 걸로 사든지."

"뭔가 기념이 될 만한 게 없을까 생각했어. 그리고 그렇게 고급 시계 아냐."

"그래도 갖고 싶었어. 골프 접대나 출장 때 차고 갈 수 있는 적당한 시계가. 이거라면 충분하네."

또 작은 위화감이 리카의 마음속에 퍼졌다. 하지만 리카는 그걸 말로 할 수 없었다. 무엇이 마음에 들지 않는지를 모르겠다. 그저 지속되고 있던 고양감이 피자 배달 때와 마찬가지로 푹 꺼져 들어가는 걸 느꼈다.

"나도 앞으로 바빠질 것 같아." 마사후미가 시계를 풀어서 테이블에 내려놓으며 말했다. "요전에 임원 면접이 있었는데, 희망 부서를 묻더라고. 혹시 이동이 있을지도 몰라. 그러면 지금보다 연수와 출장이 늘어날 거야."

마사후미가 지금 있는 부서는 판매촉진부지만, 장래에는 상품개발부에 가고 싶다고 결혼 당시부터 들었던 기억이 있다.

"나는 아이 문제도 생각하고 있어서, 혹시 지금 전근하는 건 안 좋지 않을까 했지만, 지금이 아니면 앞으로 몇 년 뒤가 될지 몰라서, 일단 희망 부서를 전했어. 일은 평생에 관련된 것이고, 당신 생활과도 관계 있는 거니까. 뭐, 후반기 성적이 어떻게 평가되는지에 달렸지만."

리카는 그렇다면 아이는 이제 포기하자는 건가, 라고 생각하다 웃음이 날 뻔했다. 포기고 뭐고 그런 짓조차 하지 않으면서.

"난 당신 바빠져도 괜찮아. 둘 다 열심히 일합시다."

"허락받으려는 거 아냐." 마사후미는 퉁명스럽게 말하더니, "자, 목욕이나 할까" 하고 일어섰다.

리카는 마사후미가 지금 무슨 소리를 했는지 몰라서, 마사후미를 멍하니 올려다보았다. 마사후미는 조그맣게 콧노래를 흥얼거리면서 복도로 이어지는 문을 열고 나갔다.

뭔가가 달라, 하는 기분과 마사후미의 말이 맞아, 하는 기분이 동시에 들었다. 리카는 잠시 생각하다 후자를 택했다. 확실히 내가 허락할 일은 아니다. 전근을 가도 상관없다고 말할 처지는 아니다. 그러니까 나중에 사과해야 한다. 잘난 척하는 말투로 들렸다면 미안해, 하고 사과해야지. 리카는 소파 테이블에 방치된 손목시계를 보며 생각했다. 머리로는 이해했는데 트림을 삼킨 것 같은 가벼운 불쾌함이 목 언저리에 남았다.

목걸이를 준 히라바야시 고조는 70대 중반의 노인으로 리카에게 아주 성가신 고객이었다. 히라바야시 가는 쓰마미노의 주택가에 있다. 100평 남짓한 부지에 기와지붕을 올린 2층짜리 주택과 어수선한 정원이 있다. 고조는 이 집에서 혼자 산다. 고조의 아내는 10년쯤 전에 세상을 떠났고, 그에게는 딸과 아들이 한 명씩 있지만, 각각 결혼해서 지방에 산다고 했다.

담당하는 대부분의 고령자들은 리카를 마음에 들어 해서 사무적인 용건뿐만이 아니라 세상 돌아가는 이야기 나누는 걸 좋아했지만, 그래도 역시 은행과 고객이라는 선이 있었다. 2, 3만 엔을 보통예금에 넣어달라고 하는 사소한 용무로 리카를 불러내는 일은 있었지만, 볼일도 없이 차 마시러 오라고 부르지는 않았다. 전구를 갈아달라고 부탁하는 일은 있어도 휴일에 놀자고 불러내지는 않았다. 그러나 고조는 달랐다. 얼른 와달라고 전화해서 달려가면 이렇다 할 용건도 없으면서 밑도 끝도 없이 얘기 상대나 하게 했다. 휴일에 식사하러 가자고 조르는 것은 한두 번이 아니었다. 리카의 생일에 원피스를 사줄 테니 백화점에 가자고 끈질기게 말한 적도 있었다. 딸이나 아들 가족이 온 것을 본 적이 없다. 리카도 처음에는 자식과도 왕래가 없고, 얘기 상대도 없어서 외롭겠다고 생각했다. 시간제 사원 시절에는 동행한 행원이 있으니 직접 말하지 않고, 리카가 은행에 돌아갔을 시간을 재서 전화를 걸어왔다. 물론 리카는 부재중인 척하고 전화를 받지 않았다. 직원들 사이에서 고조는 '구로짱'이라고 불렸다. 진상 고객을 가리키는 지점 내의 은어다. 리카가 종일제 근무로 바뀌며, 사쿠라의 동행 없이 히라바야시 가를 방문하게 되자 그는 걸핏하면 리카를 유혹했다. 외로워서 그렇겠지, 하는 동정도 성가심으로 바뀌어, 리카는 담당을 바꿔 달라고 상사에게 요청했지만, 점잖게 거절당했다. 고조는 리카가 담당을 맡은 뒤로 다른 은행의 예금을 모두 와카바로 돌렸고, 본인 소유의 맨션과 토지 임대료를 매달 정기 입금하고 있어서 은행으로서는 고객 중의 고객이다.

휴일이나 퇴근 후의 요청을 거절해도 고조가 기분 나빠 하는 일은 없다. 유감이네, 하고 웃을 뿐, 예금을 찾느니 마느니 하는 소리를 하진 않는다. 리카는 요컨대 일일이 거절하는 번거로움만 참으면 된다고 생각하기로 했다. 그래도 히라바야시 가를 방문하는 것은 내키지 않았다. 그날도 맡길 것이 있다고 호출을 받았지만, 족히 한 시간은 얘기 상대나 하다 오겠지 하고 조금 우울한 기분으로 스키미노 역에 내렸다.

일주일에 사흘 정도 도우미가 오는 것 말고는 고요가 감도는 히라바야시 가인데, 현관을 열자 낯선 스니커즈가 벗어 던져져 있었다. 평소와 다름없이 정원으로 난 다다미방으로 안내받아, 고조와 마주 앉아 고조가 늘어놓는 날씨 얘기며 물가 얘기에 맞장구를 쳐 주고 있는데, 2층에서 무슨 소리가 났다. 손님이 왔는가 생각했지만, 물어보긴 뭣해서 잠자코 있었다. 리카 씨, 차 한 잔 끓여주겠나, 하고 도우미가 없을 때는 언제나 부탁하는 고조의 말에 벌써 몇 번이고 드나든 주방에서 리카는 녹차를 끓였다. 2인분의 차를 끓여 주방을 나오다 2층에서 내려오는 한 젊은 남자와 마주쳤다. 리카는 깜짝 놀랐지만, 상대도 그랬는지 둘 다 겁먹은 고양이처럼 경직되어 서로를 빤히 바라보았다. 목둘레가 늘어난 티셔츠에 청바지 차림의 어디에나 있을 법한 젊은이였지만, 평소 고요가 감도는 히라바야시 가에서는 외계인 같아 보였다.

"아, 리카 씨, 손자, 손자." 고조가 다다미방에서 목만 내밀고 기쁜 듯이 말했다. "어이, 너. 소개해야지." 고조의 재촉으로, "아, 저기, 히라바야시입니다" 하고 젊은 남자는 머리를 숙였다.

"와카바 은행의 우메자와입니다. 할아버님께 신세를 많이 지고 있습니다." 이 집에서 고조의 근친을 보는 것은 처음이구나 생각하면서 리카도 머리를 숙였다.

"너도 이리 와서 차라도 마셔라."

고조는 큰 소리로 말했지만, 젊은 남자는 들어오지 않았다. 고조는 평소보다 더 기분이 좋아서 리카를 상대로 얘기를 계속했다. 고타라고 하는데, 저래 봬도 부모를 닮지 않아 공부는 잘해서 일류 고등학교에서도 전교권이었다. 아쉽게 국공립은 떨어졌지만, 그래도 톱6 대학 중에 하나를 바로 합격했으니 장해, 하고 손자 자랑을 펼치더니 언제까지고 그칠 줄 몰랐다. 한 시간 뒤, 오늘도 얘기 상대로 끝나는가 생각하면서 이제 돌아가지 않으면 상사한테 혼난다고 말하며 리카가 일어서려 하자, 고조도 아쉬운 몸짓으로 갈색 봉투를 탁자에 올리며 말했다. 달러 예금으로 해둬, 라고.

돌아오는 길, 아직도 군데군데 논밭이 남은 주택가를 걸어가다가 저 앞에 아까 본 젊은 남자를 발견했다. 메모지인지 뭔지를 보면서 천천히 걷고 있어서, 리카가 걸음을 늦추지 않으면 추월하게 된다. 잠자코 뒤를 따라 걸어가는 것도 부자연스러워서 딱히 나눌 말은 생각나지 않았지만, 일단 리카가 앞서 가며 "아까는 반가웠습니다" 하고 말을 걸었다.

고타라는 손자는 또 고양이처럼 움직임을 멈추고 리카를 보더니, 아아, 하고 입속으로 조그맣게 말하고 들고 있던 메모지를 주머니에 넣었다.

"히라바야시 씨한테 손자 분이 있는 줄 몰랐어요. 아드님과 따님은 전부 지방에 사신다고 들어서."

"지방이랄까." 고타는 입술을 일그러뜨렸다. 웃으려고 한 건지 그렇지 않은 건지 알 수 없었다. 그 말만 하고 입을 다물어서,

"고타 씨도 지방에 사세요?" 리카는 별로 흥미도 없었지만 물어보았다.

"난 도쿄입니다." 고타가 나직하게 대답했다.

"아, 대학생이군요. 혼자 사세요?"

"네, 뭐."

"히라바야시 씨가 공부를 잘한다 그러시더군요. 할아버지의 자랑인 손자시네요."

고타는 이번에는 확실히 웃었다. 그렇지만 유쾌해서 웃는 건 아닌 것 같았다. 자조하는 듯한 무시하는 듯한 웃음이었다.

8월 초여서 주택가 길 끝이 아지랑이로 흔들렸다. 선명한 나무들의 그림자가 부드러운 바람에 맞춰 천천히 흔들렸다. 걸어가는 사람의 모습은 둘뿐이어서 시간이 멈춘 듯 고요했다. 흘끗 옆을 보니, 고타의 관자놀이에서 땀이 흘렀다. 손수건이 없는지, 고타는 그걸 닦지도 않아서 턱까지 주르륵 떨어졌다. 귀밑머리에서 땀이 떨어지는 것을 보고, 리카는 어린아이에게 해주듯 손수건으로 얼굴을 싹 닦아주고 싶었다. 리카는 살짝 손수건을 꺼내서 대신 자신의 이마를 닦았다.

"그 사람, 엄청나게 돈을 많이 예금하고 있죠." 고타가 느닷없는 말을 했다. "그 안에도 현금이 들어 있어요?" 리카가 들고 있는 큼직한 가방을 가리키며 물었다.

뭐라고 대답해야 좋을지 몰라서, 리카는 모호하게 웃어넘겼다. 어쩐지 이 손자는 히라바야시 고조를 싫어하는 것 같다고 막연하게 생각했다. 고타가 그러고는 아무 말도 하지 않아서 리카도 묵묵히 걸었다. 뭔가 말을 걸고 싶었지만, 젊은 사람이어서라기보다 옆에 걸어가는 고조의 손자가 무슨 얘기를 싫어하고, 무슨 얘기를 해도 되는지 전혀 알 수 없어서 아무 말도 꺼낼 수 없었다.

"재수 없는 노인네지만, 잘 부탁합니다."

역 앞 건널목의 빨간 신호에서 발을 멈추고 고타가 느닷없이 말했다.

"그렇지 않아요." 리카는 웃었다.

"아뇨, 압니다. 재수 없는 노인네여서 다들 가까이 다가가지 않는 걸요. 우리 부모님 죽었는지 어쨌는지 보고 오라는 전화를 아무렇지도 않게 걸어요." 고타는 웃었다. 이번에는 나이에 어울리는 천진한 웃음이어서 리카는 마음이 놓였다.

"그래서 죽었는지 어쨌는지 보러 왔어요?" 리카는 농담처럼 물었다.

"아뇨, 좀 찾을 게 있어서 들렀는데. 그런데 우메다 씨가 와주어서 다행이었어요. 둘이 있으면 좀 불편하거든요."

"우메자와예요."

"앗, 미안합니다. 우메자와 씨였지, 참."

신호가 파란색으로 바뀌었다. 하늘은 맑고 넓었다. 리카와 고타는 나란히 신호를 건넜다.

"이번에는 우메자와 씨가 올 때 맞춰서 와야지. 혼자 그 사람을 상대하고 있으면 진심으로 살의를 느끼거든요."

어느새 고타는 꽤 마음을 열고, 그런 말을 하며 웃었다. 시부야 방면까지 간다고 하는 고타와 두 역만 함께 탔다. 빈 전철 안에서 "명함 있어요?" 하고 고타가 물었다. 리카는 가방에서 명함을 꺼내 건넸다.

"혹시 또 그 집에 갈 일이 생겼을 때, 연락해도 돼요?" 물었다. 웃지 않았다. 진심으로 자신의 할아버지에게 살의를 느끼는 걸까, 리카는 가벼운 불안을 느꼈다.

"난 영업이어서 자리에 없을 때도 많지만."

전철이 역으로 미끄러져 들어갔다. 리카가 일어서자 고타도 일어서서 고마웠습니다, 하고 예의 바르게 머리를 숙였다.

요즘 젊은 사람은 알다가도 모르겠네, 하고 리카는 은행으로 돌아오면서 생각했다. 고타는 순수해 보이지만, 느닷없이 살의라는 말을 쓰기도 했다. 거리낌없이 얘기하는 것 같다가도 얘기하고 싶지 않은 것은 갑자기 입을 다물어버린다. 아, 그런가. 오늘 '구로짱'은 자기 손자를 내게 보여주고 싶었던 건가. 리카가 고타에 관해 생각한 것은 그 정도였다. 더 만날 일은 없을 거라고 생각했고, 히라바야시 가의 가정사에 끼어들 생각은 털끝만치도 없다. 리카는 그날 손자가 있었던 덕분에 끈질긴 유혹이 없었던 것에 안도했다.

와카바 은행 스즈가케다이 지점에는 환송영회, 기말 쫑파티, 크리스마스 파티, 쇼키바라이(더위 떨치기 - 옮긴이) 회식 등이 있다. 마치다나 시부야에 있는 선술집이나 레스토랑을 통째로 빌려서 한다. 환송영회나 송년회에는 참석했지만, 그 밖의 모임에 리카가 가는 일은 좀처럼 없었다. 그날, 리카가 시부야의 비어홀에서 열리는 회식에 참가하기로 한 것은 마사후미의 귀가가 늦다는 것을 미리 알았기 때문이었다. 복사한 지도를 나눠주고, 일을 마친 사람부터 차례대로 모임 장소에 가기로 되어 있었다. 리카는 여러 명의 시간제 사원 동료와 행원들과 함께 시부야행 전철을 탔다. 어느 지점에서나 이런 식으로 회식이 있는가 했는데, 그렇지도 않다는 걸 전철 안에서 아직 이십 대인 여행원에게 들었다.

"우리는 지점장이 회식을 즐기고, 다들 사이가 좋아서예요." 창구 업무를 하는 그녀가 말했다.

"사이가 나쁜 곳도 있어?" 리카가 물었다.

"다른 지점에 간 동기와 얘기를 해보면 우리는 좀 특수한 것 같아요. 더 날이 서 있고, 비즈니스 식인 곳도 많나 봐요."

"그렇지만 이런 회식에서도 행동 체크한다는 말이 있던데요." 올해 갓 입사한 신입 행원이 그녀에게 물었다.

"행동 체크?" 리카가 놀라서 그를 보았다.

"그렇게 예민한 짓은 안 해. 그렇지만 너무 분위기 타서 이 소리 저 소리 떠들지 않는 편이 좋아. 휴일에는 경마를 간다든가 롤렉스를 할부로 샀다든가 하고." 창구 업무를 하는 그녀는 놀리는 듯한 어조로 말했다.

"어, 경마는 학교 다닐 때 간 적이 있다고만 했잖아요. 게다가 롤렉스 같은 것 안 샀어요. 갖고 싶다고 생각만 한 거지." 아직 학생 같은 신입은 진지하게 항의했다.

"단순한 회식이 아냐?" 리카가 의아한 듯이 묻자, 그녀는 재미있는 듯이 대답했다.

"단순한 회식이에요. 그런데요, 우리 같은 직장은 상사와 부하가 별로 얘기할 기회가 없잖아요? 우린 모두 사이가 좋아서 뭔가 동네

면사무소 같은 분위기지만, 그래도 돈을 다루는 일을 하니 행실이나 돈 씀씀이 같은 건 무심코 보게 되죠."

"그러고 보니 면접시험 때 아이가 다니는 학교며 학원에 관해 묻던데, 그것도 그런 거야?" 하고 얘기에 끼어든 것은 반년 전에 시간제 사원으로 들어온 삼십 대 여성이다.

"어머, 뭐라고 물었는데?" 리카는 그 시간제 사원에게로 시선을 옮겼다.

"우리 큰애가 내년에 중학교 들어가는데 사립에 보내느냐, 학원을 어디어디 보내느냐, 수강료는 비싸냐 그런 것."

시간제 사원이 리카에게 설명하는 동안, 창구 업무를 하는 그녀는 다른 동료와 얘기하느라 거기에는 대답하지 않았다.

회식 장소인 비어홀은 미야마스자카 도중에 있었다. 빌딩 지하에 있는 독일 맥주 가게로, 구석진 특별룸을 총무의 이름으로 예약해두었다. 일찍 도착한 리카네는 먼저 건배를 하고 마시기 시작했다. 자연스럽게 시간제 사원은 시간제 사원끼리, 행원은 나이가 비슷한 사람끼리 앉았다. 리카네 테이블에는 종종 말을 나누는 사람, 낯선 사람 등 시간제 사원 여성들만 둘러 앉아서 맥주를 한 손에 들고 화장품, 맛집, 텔레비전 드라마 같은, 누구와 나누어도 무방한 얘기들을 신나게 펼쳐놓고 있었다.

함께 거래처를 도는 사쿠라에게 얘기를 들어, 은행원 특유의 금기가 있음을 알고 있었다. 이를테면 카드 회사에서 일할 때는 근무 태도만 조심하면 됐다. 지각은 하지 않는지, 복장은 화려하지 않은

지, 일은 성실하게 하는지. 하지만 은행에서는 거기에 더해 아니, 혹시 그 이상으로 경제적인 면을 주시한다. 돈 씀씀이가 헤프지 않은지, 돈 때문에 곤란을 겪고 있지 않은지, 문란한 생활을 하고 있지 않은지……. 우리는 정사원이 아니니 별로 관계없겠지만, 이런 회식 자리에서도 화제에 주의해야 한다니 은행원은 여간해서 긴장을 풀지 못하겠구나, 하고 리카는 동정했다.

7시 반에는 전원이 모여 본격적으로 흥청거리는 회식이 시작되었다. 자리는 점점 뒤섞이고, 환송영회에서 꼭 부른다는 지점장의 아카펠라가 있었지만, 늘 있는 일인지 아무도 귀를 기울이지 않고 각자 정신없이 수다에 빠졌다. 피처가 연달아 비고, 새로운 맥주가 나오고, 젊은 행원이 빈 잔을 채우면서 돌았다. 감자튀김과 고기 요리 접시가 테이블을 오가고, 상대의 입에 귀를 가까이 대지 않으면 소리도 알아들을 수 없을 정도로 시끄러웠다. 도저히 회식 중에 행동 체크를 한다고는 볼 수 없었다. 그 흥청거림과 밝음은 리카에게 마음 편한 학창 시절을 떠올리게 했다.

9시가 지나 1차가 끝났다. 2차는 근처 노래방이라고 했다. 이런 식으로 외식하는 일은 좀처럼 없었던 리카는 아직 그 흥청거림 속에 있고 싶은 마음도 들었지만, 노래방이라면 내키지 않았다. 리카는 남은 멤버에게 인사를 하고 그냥 집에 가는 시간제 사원 동료 몇 명과 역을 향해 언덕길을 걸어갔다.

우메자와 씨, 하고 누군가가 부른 것은 언덕길을 다 내려가기 직전이었다. 리카는 돌아보았지만, 거기 서 있는 티셔츠 차림의 젊은 남자가 누군지 바로는 알아보지 못했다.

"히라바야시입니다. 쓰키미노의 집에서 만났던" 하고 젊은 남자가 말해서, 리카는 그제야 그가 고조의 손자란 걸 떠올렸지만, 이름이 생각나지 않았다. "한잔했어요?"

"네, 좀. 회식이 있어서." 함께 언덕을 내려온 여러 사람이 몇 미터 앞에서 리카를 기다리고 있었다. 그러나 그는 아랑곳하지 않고 물었다.

"지금 돌아가는 참인가요? 아니면 2차를 가는 길?"

"다들 2차에 갔지만 우리는 돌아가는 길이에요." 리카는 기다리는 여성들에게 눈짓했다. 그녀들은 그 눈짓을 먼저 돌아가라는 메시지로 착각했는지, "그럼 먼저 갈게. 우메자와 씨, 월요일에 봐", "안녕" 하고 저마다 손을 흔들며 리카에게 등을 돌렸다.

"저기, 지금 가야 해요?"

"네?" 리카는 무슨 소릴 하는지 몰라서 눈앞의 젊은 남자를 바라보았다. 비는 내리지 않았지만, 푹푹 찌는 더위만으로 축축한 냄새가 옅은 어둠 속에 가득 찼다. 순간, 리카는 눈앞에 서 있는 남자가 자신과 몹시 친밀한 관계가 있고, 뭔가 절박한 이유로 자신을 붙잡고 있다는 그런 착각을 느꼈다.

"아뇨, 저기, 이것도 인연인데, 잠깐, 마시지 않을래요." 그렇게 말하면서 그는 왠지 난감한 듯이 웃었다. 제안을 받고 거절할 이유를 찾지 못하겠다는 듯이. 제안을 한 건 자기면서.

리카는 흘끗 손목시계를 보았다. 마사후미와 커플로 산 손목시계. 두 번의 출장과 다섯 번의 골프에 마사후미는 정말로 그 시계를 차고 갔다. 리카는 난감한 듯한 얼굴로 자신을 보고 있는 남자를 향해, "잠깐이라면" 하고 대답했다.

이쪽에 가게가 있다며 앞장선 그의 뒤를 몇 걸음 따라가다, 리카는 드디어 남자의 이름을 떠올렸다. 히라바야시 고타. 그렇다, 히라바야시 고타다. 그는 이름을 불리기라도 한 듯이 돌아보며 리카를 향해 웃었다. 가슴이 덜컹했다. 아까의 착각이, 착각이 아니라고 생각될 만큼 그것은 친밀한 미소였다.

고타가 데리고 간 곳은 술집 지하에 있는 바였다. 담배 연기로 가득한 어두컴컴한 가게 안은 큰 소리로 록을 틀어놓았다. 제각기 디자인이 다른 소파와 테이블이 플로어에 흩어져 있고, 각각의 자리는 천장에서 내려온 엷은 천으로 칸막이를 해놓았다. 소파는 거의 차 있었다. 어두워서 잘 보이지 않지만, 아까 리카가 함께 있었던 사회인 그룹이 아닌 것만은 확실했다. 아주 젊은 남녀들만 있는 것 같았다. 고타와 리카는 수행승처럼 마르고 머리가 긴 점원에게 카운터로 안내받았다. 고타는 맥주를 주문하고, 리카는 조금 망설이다 진토닉을 주문했다.

"갑자기 술 마시자 해서 미안해요. 아르바이트 끝나고 돌아가는 길에 좀 마시고 싶었는데, 혼자 마시는 것도 좀 그래서요."

"아르바이트 하는구나. 무슨 아르바이트예요?"

"아, 노래방입니다. 바로 요 근처에 있는. 가교랑 노래방 알바 둘 다 해요. 난 고학생이거든요."

"가교? 아, 가정교사."

"공부할 시간이 없어요."

고타가 웃었다. 양쪽 옆으로 커플이 앉아서 공간이 좁고, 게다가 음악이 시끄러워서 서로 소리 지르듯이 얘기를 해야만 했다. 이따금 고타는 "네?" 하며 귀를 리카의 입에 바짝 갖다 댔다. 리카는 몇 가지 질문을 하고, 고타는 거기에 답했지만, 반밖에 알아듣지 못했다. 그래도 리카는 알아들은 것처럼 크게 끄덕였다.

리카는 잔을 입에 가져갈 때마다 놀랍도록 몸이 가벼워져가는데 놀랐다. 정확하게 말하면 가벼워진 것은 기분이었다. 하지만 리카는 그 가벼움을 몸으로 느꼈다. 축축하고 묵직해진 불쾌한 옷을 벗어 던지고, 청결한 배스 타월로 몸을 감싼 것 같았다. 재미있는 건 하나도 없는데 리카는 몇 번이나 소리 내어 웃었다. 리카는 자신이 웃으면 안도한 듯이 고타도 따라 웃는다는 사실을 깨달았다. 그래서 더욱 크게 웃었다.

좁은 공간에서 고타의 오른팔과 자신의 왼팔이 스치지 않도록 좀 전까지는 신중하게 몸을 비꼈지만, 이제 아무래도 상관없어졌다. 웃고 말하고 할 때마다 리카는 왼쪽 팔에 고타의 건조한 체온을 느꼈다. 리카가 느낀 경쾌함 속에서 그 감촉은 황홀할 정도로 기분 좋았다. 리카는 아까 끝난 회식의 여운이 남아 있는 거라고 생각했다. 학생처럼 즐겁게 법석을 떨었던 여운이 이렇게 자신을 가볍게 만들었구나 생각했다. 그리고 리카는 깨달았다. 왁자지껄한 회식 속에서 문득 학생 시절을 떠올렸지만, 사실은 다르다. 나는 학생 시절에도 그런 식으로 떠들었던 기억이 없다. 기분 좋게 취해서 웃기만 했던 기억밖에 없다. 나는 학생 시절을 떠올린 게 아니라, 학생 시절 상상했던 풍경을 떠올렸을 뿐이다. 나 이외의 학생은 남자나 여자나 하나가 되어 이런 식으로 즐겼을 것이다. 나는 그런 상상밖에 하지 못하는 학생시절을 보냈던 게 아니었을까. 얌전하고 성실하게. 부모님이나 친구나 남학생들이 내게 기대하는, 그런 내 안의 일부를 연출했을 뿐인 2년이 아니었을까. 리카는 문득 떠오른 그런 생각을 머릿속에서 쫓아내듯이 웃으며 고타에게 말했다.

"그런데 잘도 알아봤네요. 딱 한 번, 그것도 몇 분밖에 못 봤는데."

"처음 만났을 때, 좋구나, 하고 생각했거든요."

고타는 말하고, 카운터 안쪽에 있는 몸이 마른 점원에게 맥주를 추가 주문했다. 고개를 옆으로 돌린 고타의 귓불이 빨갛다. 리카는 황급히 진토닉 잔을 뺨에 갖다 댔다. 놀라울 만큼 뺨이 뜨거웠다. 한 잔 더 하시겠습니까? 점원이 리카에게도 물어서, 그럼 나도, 하고 리카는 잔에 남은 것을 들이켰다.

"좋구나, 하고?" 의미를 몰라 되풀이했다. 겨우 깨달았다. 리카가 좋구나, 라고 생각했다는 말이다. "빈말도 잘하네요." 리카는 고타의 팔을 쿡 찌르며 웃었다.

"아뇨, 빈말 아닙니다." 고타는 화가 난 듯이 말했다.

"아줌마한테 그런 말 해서 좋을 것 하나도 없어요."

고타는 아무 말도 하지 않고 카운터에 놓인 맥주를 들고 마시더니, 리카를 보지 않고 말했다.

"굳이 자기를 아줌마라고 할 건 없는데."

리카는 아무 말도 하지 않았다. 신선하고 기분 좋은 시간을 망쳤나 하는 생각이 들었다. 젊은 남자와 카운터에 붙어 앉아 친밀하게 술을 마신다. 그 사실에 들떠 있는 자신을 본 것 같아서 순간 부끄러워졌다. 젊은 남자가 좋아한다고 말한 것도 아닌데.

"전화했었어요, 실은." 고타는 좀 전까지 보였던 웃는 얼굴로 돌아와서 리카에게 말했다.

"네?"

"명함을 보고 전화했었다고요."

"어머, 무슨 일 있었어요? 나 영업이어서 거의 밖에……."

"그냥 얘기하고 싶어서 큰 맘 먹고 전화했는데." 고타는 그다음 말도 계속했지만, 옆자리 여성 손님이 등을 젖히며 웃어서, 그 웃음소리에 지워져 리카에게는 들리지 않았다.

"그만 가봐야겠네."

리카는 두 잔째의 진토닉을 다 마시고 스툴에서 일어섰다. 역까지 데려다 주겠다고, 아주 예의 바르게 말하며 고타도 일어섰다. 고타는 리카보다 먼저 나가 계산대로 갔다. 뒷주머니에서 지갑을 꺼냈다.

"제가 낼게요." 리카는 그를 밀어내고 계산대 앞에 섰다.

"그래도 제가 오자고 했는데."

"그렇지만 고학생이라면서요." 리카는 5천 엔짜리 지폐를 내고 잔돈을 받았다.

"죄송합니다. 제가 오자고 했는데, 잘 먹었습니다." 고타는 정중하게 머리를 숙였다.

가게가 시끄러웠던 탓인지, 밖으로 나오니 갑자기 정적이 감도는 것처럼 느껴졌다. 네온사인에 비쳐 밤하늘은 포도색이었다. 축축한 냄새가 아까보다 짙어졌지만, 포도색 밤하늘에는 달이 떠 있었다. 11시 가까운데 미야마스자카는 휴일 낮처럼 사람이 많았다.

"연락해도 괜찮아요?" 옆에 걸어가던 고타의 말에 리카는 그를 올려다보았다.

"어째서요?" 리카가 물었다. 어째서 고타가 자신에게 연락할 필요가 있는지 몰랐다.

"어째서라니요?" 고타가 당혹스러운 듯이 웃었다. "이렇게 술 마시고, 밥 먹고."

"어째서? 어째서 나하고? 친구, 많잖아요, 학생이니까." 리카가 또 한 번 물었다.

"귀찮으면 안 하겠지만요." 뾰루퉁해져서 말했다. 그러고는 입을 다문 채, 청바지 뒷주머니에 양손을 찔러놓고 리카 옆을 걸어갔다. 리카는 마치 엄마한테 혼난 어린아이 같다고 생각했다.

리카는 어쩐지 자기보다 열두 살이나 연하인 이 청년은 놀리는 것도 아니고, 빈말도 아니고, 자신에게 뭔가 매력을 느낀 것 같다는 걸 그제야 깨달았다. 어째서 하필, 지루한 얘기밖에 못하는데, 공유할 수 있는 건 아무것도 없는데, 나이 차이가 얼마나 나는데, 하는 수많은 의문을 지금만큼은 의식적으로 옆으로 치워두기로 했다. 기뻤다. 3등급이었던 성적이 2등급으로 오른 것 같은, 선발팀으로 뽑힌 것 같은, 누군가에게 인정받은 것 같은 기쁨이었다.

"고마워요."

리카는 멈춰 서서 고타에게 머리를 숙였다. 기쁨에 대한 인사였다. 고타는 놀란 듯이 큰소리로,

"잘 먹었습니다."

말하고 자기도 얼른 머리를 숙였다. 머리를 든 고타와 눈이 마주쳤다. 어느 쪽이 먼저랄 것도 없이 웃음을 터트렸다.

역에서 헤어져, 리카는 하행 전철을 탔다. 전철은 귀가하는 직장인들로 붐볐다. 차량 전체에 술 냄새가 진동했다. 리카는 필사적으로 손잡이를 잡고, 두 다리를 앙 버티고 섰다. 전철이 흔들려 손잡이에서 손이 떨어졌다. 리카가 비틀거리자, 등 뒤의 남자가 혀를 찼다. 다시 손을 뻗쳐 빈 손잡이에 매달렸다. 사람들 틈으로 차창이 보였다. 지하철의 어둠이 달라붙은 창에 자신의 얼굴이 비치는 걸 발견했다. 그 얼굴의 입가에 희미하게 미소가 걸린 것도.

그날, 사쿠라는 리카와 동행하지 않았다. 오전 중에 주오린칸과 미나미마치다 지역의 고객을 방문하고, 낮에 은행에 돌아와서 주문해둔 도시락을 먹고, 오후에 아오바다이, 다나, 다마 플라자 고객을 찾아갔다. 다나의 하야시타 부부는 얘기가 길어지기 때문에 시간을 넉넉히 잡아서 갔지만, 그날은 언제나 붙드는 아내가 외출 중이어

서 리카는 평소보다 훨씬 일찍 해방되었다. 다만 플라자 고객을 마지막으로 시간을 확인하자, 아직 3시밖에 안 됐다. 일단 은행에 돌아가서 내일 제출할 예정인 서류 확인을 마치도록 하자. 리카는 그렇게 생각하고, 빠른 걸음으로 역 앞 백화점에 들어갔다. 백화점 뒤쪽 현관으로 들어가 1층을 가로질러 정면 현관으로 나오면, 백화점 건물을 돌아 나오는 것보다 훨씬 지름길이어서 리카는 언제나 그렇게 하고 있다. 백화점 안을 가로질러 가면 1, 2분이긴 하지만, 냉방도 쐴 수 있다. 9월도 중순이 지났는데, 아직 땀이 줄줄 흐르는 늦더위가 남아 있다.

"피부 상태 무료 진단합니다."

줄줄이 늘어선 화장품 매장을 지나가려고 할 때, 매장 점원이 말을 걸어와서 리카는 문득 걸음을 멈추었다. 어째서 그때 걸음을 멈추었는지, 그때도 그 후에도 리카에게는 도저히 설명이 되지 않았지만, 어쨌든 걸음을 멈추었다. 그리고 손짓하는 대로 그 화장품 카운터에 다가갔다.

"5분 정도면 끝나니까 한번 시험해보시지 않겠습니까? 피부 나이, 보습 정도, 겉으로는 아직 나오지 않은 기미 상태까지 알 수 있답니다."

빈틈없는 화장을 한 탓에 마네킹처럼도 보이는 점원이 상냥하게 말했다.

영업시간에 백화점에 들르는 일은 그때까지 한 번도 없었다. 강제는 아니지만, 영업 중에 지름길로 음식점이나 쇼핑몰을 지나가는 것은 암묵적으로 금지되어 있다. 점심시간조차, 되도록 지점에 돌아오는 것이 바람직하다. 시간제 사원 동료 중에는 몰래 세일에 다녀왔다고 말하는 강심장도 있었지만, 리카는 교칙을 지키는 마음으로 지름길로 가느라 백화점 안이나 빌딩을 통과하는 일은 있어도, 볼일이 끝나면 곧장 은행으로 돌아왔다.

그런데 이날은 5분쯤이면 어때, 하는 마음으로 화장품 가게 카운터에 갔다. 오늘은 생각보다 일찍 끝났으니, 무료진단을 받고 샘플만 받아가면 되지 않을까.

리카는 권하는 대로 카운터의 스툴에 앉아, 점원이 손에 든 펜 라이트 같은 도구로 얼굴을 누르는 대로 맡겨두었다.

"손님, 바깥을 걸어 다니는 시간이 많으세요? 자외선으로 피부가 거칠어지셨네요. 티존에는 피지가 나와 있지만, 뺨이 건조해서 모공이 확대되셨어요. 지금은 괜찮아 보이지만, 잠재적인 기미가 피부 안쪽에 이만큼 있습니다. 이건 충분한 케어를 하지 않으면 전부 위로 올라와 버린답니다."

점원은 소형 컴퓨터 화면을 리카 쪽으로 돌렸다. 피부에 댄 펜 라이트와 화면이 연결되어 있는 듯, 확대해서 달 표면처럼 보이는 피부가 화면에 떴다. 화면이 흑백으로 바뀌자, 얼굴에는 크고 작은 다양한 반점이 떠올랐다. 그것이 점원이 말하는 '잠재적인 기미' 같았다. 리카는 그 화면을 자세히 보았다. 피부 속에 있다고 하는 그것들이 일제히 얼굴에 드러난 모습을 상상하자 소름이 끼쳤다.

"케어란 자외선 차단 크림을 말하는 건가요?"

"자외선 케어도 물론입니다만, 아침과 저녁에 정기적인 보습과 미백 크림 등도 같이 사용하시면 효과가 업된답니다" 하고 점원은 부탁도 하지 않았는데 몇 개의 병과 용기를 꺼내 카운터에 늘어놓고, 리카에게 오른손 손등을 내밀게 해서 화장수를 패팅해 주기도 하고, 로션을 발라주기도 하며, "어떠세요? 피부에 그대로 스며들죠?", "전혀 끈적거림이 없답니다. 만져보세요" 등등 빠르게 말했다. 점원의 말을 멍하니 들으면서 리카가 생각했던 것은 어째선지 며칠 전 밤에 시부야에서 만난 고타였다. 고타의 표정과 말을 떠올린 게 아니라, 그의 피부를 떠올렸다. 주름도 얼룩도 없는 매끈한 어린아이 같은 뺨. 그 아이는 젊었어. 리카는 새삼 생각했다.

정신을 차리고 보니 리카는 눈앞에 줄줄이 늘어놓은 화장품을 가리키며 "이거 다 살게요"라고 말하고 있었다. 남의 말처럼 들렸다.

60,900엔입니다, 라고 해서 리카는 당황했다. 그렇게 비싼가.

"지금 수중에 5만 엔밖에 없는데요. 한 가지 빼주시겠어요? 다시 사러 올게요."

리카는 말하면서 지갑을 꺼냈다.

"그럼 팩과 아이크림을 뺄까요. 그러면 47,250엔이네요."

미안합니다, 리카는 말하면서 지갑을 꺼내보고, 머릿속이 하얘졌다. 5만 몇 천 엔이 들어 있다고 생각했던 지갑에는 천 엔짜리 두 장만 달랑 들어 있었다. 아, 그렇지, 5만 엔 넣은 건 이번 주가 아니라 지난 주였지, 하고 생각났다.

아까 고객에게 맡은 현금 봉투에 바로 손이 갔다. 리카는 가방 속에 손을 넣어 봉투에서 지폐 다섯 장을 꺼내 가지런히 카운터에 올려놓았다. 아무 생각도 하지 않았다. 망설임도 없었다. 점원이 그걸 들고 계산대로 간 뒤, 리카는 그제야 자신이 지금 무슨 짓을 했는지 깨달았다. 그래도 신기하게 죄책감은 없었다. 역에 은행 현금자동 입출금기가 있다. 돌아가는 길에 5만 엔을 찾아서 원래대로 돌려놓으면 된다고만 생각했다.

점원이 잔돈을 들고 돌아와서 리카에게 건넸다. 리카는 잔돈을 받아들어 지갑에 넣고 백화점을 나왔다. 순간, 푹푹 찌는 습기찬 열기가 리카를 감쌌다. 리카는 빠른 걸음으로 역으로 향했다.

은행 현금입출금기 부스에 들어가서 자신의 계좌에서 현금 5만 엔을 찾았다. 리카는 흘끗 뒤를 돌아본 뒤, 가방에 손을 넣어 봉투에 5만 엔을 되돌려 놓았다. 그리고 아무 일도 없었던 것처럼 부스를 나와 역 보관함에 종이가방을 넣고, 동전을 넣었다. 열쇠를 가방의 주머니에 넣고, 그대로 개찰구를 들어가 플랫폼으로 내려갔다. 평소와 전혀 다름없는 행동이었다.

리카는 전철을 타고 문 옆에 서서 조금 전에 산 화장품을 떠올렸다. 침실 화장대에 그걸 늘어놓고 새로운 기초화장품을 바르는 상상을 한다. 기분이 밝아졌다.

조금 비쌌지만, 그래도 괜찮아. 리카는 자신을 달래듯이 생각했다. 지금까지 줄곧 슈퍼에서 파는 싸구려 화장수와 로션으로 보냈는걸. 이십 대 때는 그래도 괜찮았을지 모르지만, 삼십 대가 됐으니 제대로 된 것을 써야지. 게다가 남편의 돈으로 산 게 아냐, 내가 일해서 번 돈으로 산 거야. 이 정도 사치를 해도 전혀 상관없어.

리카가 분주하게 생각한 것은 생각보다 고가였던 쇼핑에 대한 변명뿐이었다. 훗날, 이 늦더위의 잔혹함, 푹푹 찌는 하루를 몇 번이고 떠올리게 되리라고는 상상조차 하지 못했다.

그 주 토요일, 마사후미는 점심시간이 지나도 일어날 기미가 없었다. 평소와 다름없이 일어난 리카는 오전 중에 청소와 빨래를 마치고, 2인분의 점심을 준비해서 혼자 먹었다. 도중에 화장실에 가려고 일어난 마사후미는 "피곤해서 좀 더 잘래" 하고 다시 침실로 향했다. 마사후미의 점심을 랩으로 싸서 냉장고에 넣은 뒤, "잠깐 나갔다 올게" 하는 메모를 남기고 리카는 집을 나왔다.

전철을 타고 백화점으로 향했다. 카드를 만들 생각이었다. 요전처럼 가게에서 수중에 돈이 없어서 당황하는 일은 딱 질색이다. 리카의 기억 속에서 그때의 5만 엔은 이미 자신의 돈이었다. 지갑에 2천 엔밖에 들어 있지 않았던 게 아니라, 리카는 5만 엔밖에 갖고 있지 않았던 것을 부끄러워했다.

개찰구를 나와서 사람들이 많이 오가는 건널목을 건너 백화점으로 들어가려고 보니, 입구에서 카드 홍보를 대대적으로 하고 있었다. 미니스커트를 입은 캠페인 걸이 전단을 나눠주고, 그 뒤에는 백화점 제복을 입은 여성들이 긴 책상에 앉아서 손님을 기다리고 있었다. 지금 신청하면 즉석에서 카드를 임시 발행해드립니다, 오늘부터 5퍼센트 할인하여 쇼핑을 즐기실 수 있습니다, 하고 마이크를 든 남성이 안내를 되풀이해서 리카도 다른 손님과 마찬가지로 카드를 신청하려고 책상에 앉았다. 전에는 신용카드를 당연한 듯이 갖고 있었지만, 결혼을 계기로 해지했다. 자동이체를 남편의 통장으로 변경하는 것이 찜찜했기 때문이다.

얇은 임시 카드를 받아들자, 리카는 쇼핑을 하지 않으면 손해인 듯한 기분이 들어 백화점으로 들어갔다. 토요일의 여성복 층은 혼잡했다. 리카는 가족끼리 온 사람들이며 여성들 무리에 섞여 플로어를 돌아다니면서, 세일 표시가 붙은 여름 옷과 세일 제외품이라고 쓰인 진열장의 가을 옷을 둘러보았다. 아직 바깥은 늦더위가 남아 있는데, 터틀 니트며 긴 팔 니트가 즐비한 가게 안은 이미 가을이다. 새 옷을 보다 보니, 2년 전에 산 반소매 블라우스에 감색 플레어 스커트를 입은 자신이 점점 초라해 보였다. 철 지난 옷을 입고 있어서 나이보다 늙어 보인다는 사실이 초조해지기 시작했다. 그 초조함에 등을 떠밀리듯이 리카는 한 매장에 들어가서 블라우스와 스커트와 니트를 구경했다. 거울 앞에서 옷을 대보고 있던 자신에게 점원이 시착을 권해, 시키는 대로 시착실에 들어가 시착을 하고 나왔다. 거울 앞에 서서 자신을 바라보며, 잘 어울리세요, 손님 스타일이 좋으셔서, 하는 점원의 말에 기분이 날아갈 것 같았다.

퍼뜩 정신을 차렸을 때는 종이가방을 든 점원이 밖에까지 나와서 배웅을 해주고 있었다. 좀 전에 느낀 초조함이 거짓말처럼 사라졌다. 대신, 흥겨운 경쾌함이 내려앉았다. 리카는 잇따라 가게에 들어가, 눈에 띄는 옷을 가슴에 대보기도 하고 시착도 해보다가, 마음에 드는 것은 선뜻 사기도 했다.

좋구나, 하고 생각했거든요. 이따금 그 목소리가 귓속에 들렸다. 고타가 한 말이었지만, 리카는 고타의 말로서가 아니라, 단순히 자신을 향한 누군가의 말로 계속 들렸다. 리카는 자신이 계산대로 가져가는 것은 갖고 싶은 옷이기보다 불특정의 누군가에게 좋구나, 하고 생각될 만한 옷뿐이라는 사실을 한참 쇼핑을 한 뒤에야 깨달았다. 그것은 이를테면 검은색이나 갈색 같은 돌려 입기 편한 무난한 색의 옷이 아니라, 세탁기로 편하게 빨 수 있는 옷이 아니라, 여름용 세일 딱지가 붙은 옷이 아니라, 보기에도 비싸 보이고 광택이 나며 색깔도 선명하거나 화려한, 지금까지 좀처럼 사본 적 없는 옷뿐이었다.

한 매장에서 종이가방을 들고 통로로 나왔을 때, 리카는 비로소 정신을 차렸다. 대체 얼마나 산 건가, 하고 두 손에 든 네 개의 종이가방을 보며 생각했다. 통로를 걸으면서 대충 계산해보니 6만 엔 정도 됐다. 지금까지 몇 시간 동안에 그런 금액을 써본 적이 없다. 리카는 약간 죄책감을 느꼈지만, 플로어 중앙의 계단통에서 아래층을 내려다보며, 어째서 죄책감을 느낄 필요가 있는지 자신에게 물었다. 내가 일해서 번 돈이고, 오늘 하루 동안 가을 옷을 한꺼번에 샀을 뿐이다. 게다가—하고, 아래층을 오가는 사람들을 눈으로 좇으며, 리카는 생각했다—저렇게 많은 사람들이 쇼핑하고 있다. 이 사람도 저 사람도, 저렇게 많은 종이가방을 들고 있다. 지금까지 내가 너무 절약했다. 내 옷차림에 너무 무신경했다. 그런 식으로 생각하니 좀 전에 끓어올랐던 죄책감은 순식간에 사라졌다. 리카는 가벼운 기분으로 지하 식료품 매장으로 향했다.

메뉴를 구상하면서 반찬 매장과 같이 있는 슈퍼를 돌아보았다. 어느새 메뉴가 아니라 방금 산 옷을 어떻게 입을지 생각하고 있다. 갖고 있는 옷을 떠올리며, 좀 전에 산 것과 맞춰보기도 하고, 산 것끼리 맞춰보기도 한다. 손가락 끝까지 스멀스멀 행복감이 차올랐다.

그 행복감은 전철 역에 도착할 때까지 이어졌다. 역에서 집을 향해 걸어가다 리카는 문득 생각했다. 이 종이가방을 마사후미가 보면 뭐라고 할까. 물론 잔소리는 하지 않을 것이다. 그의 돈을 허락 없이 쓴 게 아니니까. 그러나 뭐라고든 하겠지. 제법 많이 샀네, 라고 할지도 모른다. 뭘 그렇게 샀어? 라고 물을지도 모른다. 아니, 쇼핑 다녀왔어? 하고 가볍게 물을지도 모른다. 그 어느 질문도 싫다. 무슨 말을 해도 기분 나쁠 것 같다. 그것이 왜인지 생각하기보다 먼저 리카는 발걸음을 돌려 역의 보관함에 옷이 든 종이가방을 쑤셔 넣었다. 300엔을 밀어 넣고 빼낸 열쇠를 가방 구석에 넣었다. 월요일에 퇴근하고 오는 길에 찾으면 된다. 그렇다면 마사후미에게 보일 일도 없을 것이다.

리카는 다시 집을 향해 걸었다. 좀 전까지는 땀이 밸 정도로 더웠는데, 해질녘이라 제법 서늘했다. 마사후미는 몸이 늘어진다고 했는데, 감기라도 걸린 걸까. 앓아누울 정도는 아니지만, 마사후미는 환절기면 곧잘 몸이 안 좋았던 사실을 떠올렸다. 빨리 돌아가야지. 빨리 돌아가서 따뜻한 것을 먹이고 일찍 자라고 해야지. 리카는 걸어가면서 좀 전에 건성으로 산 음식과 음식 재료를 확인하며 재빨리 메뉴를 생각했다. 국과 세 가지 반찬의 메뉴가 무사히 정해졌을 무렵에는 지금 막 보관함에 넣어두고 온 옷도, 하루 동안 쓴 돈도, 마사후미에게는 아무 말도 듣고 싶지 않다고 생각한 것도 까맣게 잊고, 그저 빨리 돌아가고 싶다는 생각만 하고 있었다.

고타에게 연락이 온 것은 그다음 주였다. 오후 4시 40분, 은행에 돌아가 일지를 쓰고 있는 리카에게 내선 전화가 울렸다.

"부탁하고 싶은 게 있는데요" 하고, 전화 너머에서 목소리는 말했다.

"뭔데요?" 되도록 어색한 대응이 되지 않도록 주의하며 말했다.

"저기, 좀 복잡한 얘긴데요."

고타가 그렇게 말했을 때, 얼핏 불길한 예감이 들었다. 리카는 뭔가 골치 아픈 일을 부탁하는 게 아닐까 하고 잔뜩 방어 태세를 갖추었다.

"혹시 얘기가 길어질 것 같으면 나중에 다시 걸 테니, 번호를 가르쳐줄래요?"

주위 사람들의 눈을 의식하면서 목소리를 낮추었다.

"어, 그래도 괜찮지만, 나 그리로 갈까요? 지금 저기, 마치다인데 바로 갈 수 있어요." 리카가 잠자코 있자, "5시 반에 역 개찰구에서 만나면 안 될까요?" 하고 말했다.

"여기보다는 주오린칸 역 쪽이." 리카는 목소리를 더 낮추어서 말했다.

"알겠어요. 그럼 주오린칸 역에서. 덴엔토시선 쪽 개찰구에서 기다릴게요."

전화는 어이없이 끊겼다.

수화기를 돌려놓고 리카는 허공을 멍하니 보며 바에서 보낸 시간을 떠올렸다. 그 애, 혹시 뭔가 계략이 있어서 나를 유혹하는 게 아닐까. 그래서 좋구나 생각했다는 말을 한 게 아닐까. 그러고 보니 자기 할아버지에게 어느 정도 예금이 있는지 그런 걸 묻기도 했다. 별의별 생각을 하며 리카는 전철을 탔다. 약속 시각보다 10분 정도 일찍 도착했지만, 고타는 이미 개찰구에 서 있었다. 미안해요, 갑자기 전화해서. 고타는 만면에 미소를 지으며 다가왔지만, 리카는 굳은 표정으로 고타보다 앞장서서 걸어 역 빌딩의 에스컬레이터를 탔다.

"여기 은행 사람들 환승하느라 많이 지나가니까. 위층의 커피숍 괜찮아요?" 리카가 앞을 향한 채로 말했다.

"이야, 다행이다, 오늘은 전화가 연결돼서. 완전 긴장했는데."

실제로 긴장했는지 고타는 큰 소리로 말하고 큰 소리로 웃었다.

음식점이 있는 층에서 에스컬레이터를 내리자, 고타는 "가볍게 한잔하지 않을래요? 나 배고파요" 하고 천진난만하게 말하며, 이번에는 자기가 앞장서서 선술집 분위기의 가게로 성큼성큼 들어갔다. 리카는 고개를 숙이고 뒤를 따랐다.

아무리 생각해봐도 고타의 '복잡한 이야기'라는 것은 돈 문제 이외에는 없다. 그렇게 생각했던 리카는 맥주를 한 잔 다 마시고 그새 추가 주문한 고타가 귀를 빨갛게 하고 영화에 출연해주었으면 좋겠다는 말을 꺼냈을 때, 무슨 소릴 하는지 도통 이해할 수 없었다. 도통 이해할 수 없어서 어눌한 그의 이야기에 그저 귀를 기울일 수밖에 없었다.

고타는 일찌감치 유급이 결정된 대학 4학년으로 영화제작 동아리에 속해 있으며, 자신들이 각본도 쓰고 감독도 하고 있다. 지금은 그 길로 나갈 생각밖에 없어서 당연하지만 취직활동 계획도 없고, 차라리 중퇴하는 편이 낫지 않을까 진지하게 생각하고 있다고 했다. 이번에 이미 각본을 다 써놓고 촬영을 기다리는 영화가 있는데, 그 영화에 리카가 꼭 출연해주길 바란다는 것이 그의 이야기였다. 고타의 이야기는 여기저기로 튀었다. 중학시절에 보고 감동했던 영화 이야기에서, 너무나도 막연한 장래의 꿈 이야기로 옮겨가는가 싶더니, 대학 강의가 얼마나 시시한지 한탄하다가 지금 만들려고 하는 영화에 대한 장대한 계획 발표로 맥락 없이 이어졌다. 리카는 맥주를 찔끔찔끔 마시며 귀가 빨개진 채 얘기에 열중한 고타를, 마치 신기한 동물을 만난 듯이 바라보았다. 이번 영화를 아마추어 영화제에 출품할 예정이라느니, 거기서 상을 받으면 해외 영화제의 아마추어 부문에 초대받는다느니, 그대로 신진 감독으로 세상에 인정받을 예정이라느니, 고타의 바람과 꿈과 공상이 뒤섞인 얘기에 리카는 전혀 현실감을 느끼지 못했다. 또한 그의 흥분도 이해할 수 없었다. 이 아이는 자신과 전혀 다른 세상에 살고 있다는 걸 실감하면서 리카는 고타의 얘기에 적당히 맞장구를 쳐주었다.

"그래서 저기, 출연료도 없고, 코디도 없지만, 도와줄 수 없나 해서요." 고타는 빈 조끼를 두 손으로 감싸듯이 하고 말했다. 리카는 웃음이 터졌다.

"난 연기 같은 거 한 적도 없고, 원래 학생들끼리 만드는 거죠?"

"학생이라니요, 우린 학예회를 하는 게 아닙니다." 고타는 정색하고 말했다.

"그런 게 아니라, 나 같은 사람이 한 명 섞이면 이상하지 않을까 해서요. 너무 아마추어인 데다 그렇게 사람들 앞에서 울고 웃고, 못 해요." 게다가 아줌마고, 라고 덧붙이려다 그건 말았다. 굳이 아줌마라고 할 필요 없는데, 하던 화난 듯한 고타의 목소리가 떠올랐기 때문이다.

"울고 웃고 하지 않아도 돼요. 우메자와 씨가 나와주는 것만으로 이미 영화의 완성도가 완전히 달라질 겁니다. 부탁해요. 날짜와 시간은 무조건 우메자와 씨 사정에 맞추겠습니다. 부탁합니다." 고타는 테이블에 이마가 닿도록 머리를 숙였다.

이 아이는—리카는 고타의 윤기 나는 검은 머리와 테이블에 올린 뼈가 앙상하고 긴 손가락을 보며 생각했다. 이 아이는 정말로 자신이 원하는 대로의 방향으로 원하는 방법으로 곧장 갈 수 있을 거라고, 한 치의 의심도 없이 믿고 있는 걸까. 그런 게 가능할 리 없을 텐데.

"주말이어도 돼요? 몇 시간 정도 필요할까." 리카의 말에 고타는 얼굴을 번쩍 들고, "고맙습니다!" 하고, 리카가 부끄러울 정도로 큰 소리로 말했다. "우메자와 씨의 시간이 괜찮을 때 각본을 들고 가겠습니다. 읽어도 되고 안 읽어도 됩니다. 읽어주면 고맙겠지만, 별로 부담스러운 부탁은 안 할 거니까요. 반나절 정도면 됩니다. 반나절 정도 시간이 자유로울 때, 연락주세요. 직전이어도 좋습니다. 맞추겠습니다. 이건 내 연락처입니다. 혹시 안 받더라도 자동응답에 메모 남겨주면 바로 다시 걸겠습니다. 정말로 뻔뻔스러워서 죄송합니다. 아, 그래도 살았어요. 정말 살았어요. 고맙습니다. 맥주 한 잔 더 어떠세요? 시간 괜찮으세요?"

고타는 들떠서 말하며, 지나가던 종업원에게 맥주를 추가 주문하고, 테이블에 차려진 채 식어가던 요리를 기세 좋게 먹기 시작했다. 리카는 테이블 아래로 손목시계를 흘끗 보았다. 오늘 마사후미는 늦는다는 말을 하지 않았다. 이제 슬슬 돌아가는 편이 좋다. 그렇게 생각하면서도 리카는 좀처럼 일어설 수가 없었다. 어깨의 짐이 내려졌는지, 아까와는 완전히 딴판이 되어 편안한 모습으로 영화에 관해, 자신에 관해, 장래에 관해 얘기하는 고타에게, 그저 계속 맞장구만 쳐주었다. 그의 이야기에 여전히 현실감도, 공감도 느끼지 못한 채.

8시가 지나, 고타가 화장실에 간 사이 리카는 계산을 마쳤다. 돌아온 고타에게, "미안, 이제 그만 가봐야 해요"라고 말하자, 고타는 순간 울상이 되었다. 허겁지겁 청바지 뒷주머니에서 지갑을 꺼내는 고타에게 리타가 "벌써 계산했어요"라고 하자, 또 울상을 지으며 말했다.

"내가 오자고 했으니까 내가 계산하게 해주세요. 얼마였어요?"

"됐어요, 됐어. 자, 갈까요." 리카는 앞장서서 걷기 시작했다.

"미안해요, 또 얻어먹어서. 밥을 얻어먹을 생각은 아니었는데. 그냥 즐거워서."

리카의 등 뒤에서 고타가 조그맣게 말했다.

"괜찮다니까요, 그런 건." 리카는 웃으며 시부야까지 간다고 하는 고타와 함께 전철을 탔다. 상행 전철은 한산했다. 달리기 시작한 전철 창에 나란히 앉은 자신들의 모습이 비쳤다. 리카는 그걸 보며 우리는 어떤 관계로 보일까 상상했다. 누나와 동생일까. 교사와 학생일까. 아니면 그냥 우연히 나란히 앉은 남일까.

"저기." 전철이 지하 터널을 빠져나오자, 고타가 앞을 보면서 굳은 목소리로 말했다. "그 얘긴, 할아버지한테 하지 말아주세요."

"비밀이에요? 영화 동아리 얘기?" 물론 말할 리도 없을 거라고 생각하면서 리카는 물었다.

"그 사람한테는 무슨 말을 해도 모르고, 공부 안 한다고 잔소리만 할 거니까요."

"그래도 히라바야시 씨 댁에는 종종 가죠?"

"좀처럼 안 갑니다." 고타는 무뚝뚝하게 대답했다.

고타가 감정을 바로 드러내는 탓에, 또 그 감정이 아주 알기 쉬운 것인 탓에, 리카는 그와 말을 나누는 데 긴장도 주저도 느끼지 않게 되었다. 오히려 재미있었다. 이렇게 말하면 이런 반응을 하겠지 상상하면, 거의 그 상상대로의 반응이 돌아온다. "그럼 그때는 엄청난 우연으로 나는 당신을 만났군요." 그래서 리카는 일부러 그런 식으로 말했다. 고타는 또 수줍어할 게 분명하다고 생각했다. 상상대로 고타는 리카를 보지 않고 고개를 숙인 채, 의미 없이 손톱을 박박 문질렀다. 그리고 불쑥 말했다.

"돈 빌리러 갔었어요. 그 영감, 구두쇠여서 빌려주지 않을 줄 알았지만, 아니나 다를까 빌려주지 않아서 진심으로 살의를 느꼈어요. 그렇지만 죽이지 않고 끝났고, 우메자와 씨까지 만났네요."

고타는 손톱을 문지르면서 혼잣말처럼 말하고, 리카를 흘끗 보더니 살짝 웃었다.

그 웃는 얼굴을 보았을 때, 리카의 두 팔에 소름이 돋았다. 살의 운운하는 말에 공포를 느낀 것이 아니다. 돈을 빌리러 갔다는 사실에 조금 놀라긴 했지만, 충격을 받은 것도 아니다. 스르르 온몸을 달리듯이 전율이 일었던 까닭은 무엇일까. 리카는 알 수 없었다. 아직 틀어놓은 냉방이 너무 세서라고, 리카는 엉뚱한 이유로 정리했다. 전철이 나가쓰타 역에 다 와가서 리카는 자리에서 일어섰다. 고타도 따라 일어나서 "오늘 고마웠습니다" 하고 머리를 숙였다. 리카가 전철에서 내리자, 출입구 난간에 기대 서서 자신도 같이 내리고 싶은 얼굴로 리카를 보고 있다. 문이 닫히고, 전철은 천천히 지나갔다. 고타는 엄마에게서 떨어진 아이처럼 언제까지고 리카를 보고 있었다.

3

우메자와
리카

―――

마사후미의 전근이 결정된 것은 10월 중순이었다. 아직 타진한 것
뿐이지만, 내년에는 전근이 확실하다고 한다. 그래도 상하이와 베
이징에 식품 가공 공장을 짓게 되어, 상품개발부로 이동하게 되는
마사후미는 연수라는 명목으로 국내 출장뿐만 아니라, 해외 출장
도 명령받게 되었다. 고타가 부탁한 학생영화에 출연할 생각은 눈
곱만치도 없었지만, 10월 말부터 연말에 걸쳐 주말에 몇 번인가 촬
영 현장에 간 것은 그런 이유도 있었다. 마사후미의 부재는 나가도
된다는 허락처럼 느껴졌다. 혹은 고타의 유혹에 어울리라는 뭔가
의 계시처럼 느껴졌다.

　마사후미가 없는 주말, 리카는 고타에게 연락해서 그가 지정한
도내의 한 역으로 향했다. 고타는 언제나 리카보다 먼저 역에 와 있
다가, 리카를 발견하자마자 항상 빙그레 웃었다. 만든 미소가 아니
라, 저절로 쏟아지는 미소여서 리카는 볼 때마다 놀랐다. 이렇게도

무방비한 표정을 보이는 남자가 있었던가 하고. 물론 출장에서 돌아온 마사후미에게 그가 없는 주말을 어떻게 보냈는지는 얘기하지 않았다. 물으면 청소와 빨래로 하루를 보냈다고 시시한 듯이 대답하려고 생각했지만, 마사후미가 그런 질문을 하는 일은 없었다.

도내 역에서 기다리고 있던 고타가 리카를 데리고 간 곳은 폐허 같은 민가와 동아리 부원의 하숙집, 인적 없는 공원과 밤의 대학 구내로 요컨대 그곳이 촬영 장소였다. 카메라를 담당한 동아리 부원이 들고 있는 기재는 전문가용으로 보였지만, 조명도 음향도 없고 감독인 고타는 텔레비전에서 흔히 보는 슬레이트조차 없이, 스타트, 컷하고 말할 때는 손뼉을 짝 쳤다. 고타는 콘테스트니 해외 영화제니 하고 말하지만, 아무리 후하게 봐도 학생들의 소꿉놀이로밖에 보이지 않았다. 그래도 고타를 포함해서 그 자리에 모인 여러 명은 진지함 그 자체로, 그들이 자아내는 긴박감 넘치는 공기는 리카가 전혀 모르는 종류의 것이었다.

리카는 영화에 출연해주었으면 좋겠다고 하는 고타의 부탁을 웃으며 흘려들었다. 그래도 고타에게 연락해서 휴일에 촬영 현장을 보러 간 것은 지금까지 전혀 모르고 살아온 그 분위기를 접하고 싶어서였다. 물론 그런 걸 말로 표현하진 않았지만. 오는 주말, 마사후미가 출장이란 걸 알고 그럼 고타에게 연락을 해볼까, 하고 아주 자연스럽게 떠올린 것이다. 그리고 리카는 나가는 날, 왼손 약지의 결혼반지를 뺐다.

촬영이 끝나면 그들은 대체로 선술집이나 근처에 사는 동아리

멤버의 하숙집에 모여서, 그날 촬영에 관해 열심히 대화를 나누었다. 그 분위기도 역시 신선해서 리카도 세 번에 한 번은 같이 어울렸다. 빈 잔에 소주를 따르고, 가득 찬 재떨이를 버리면서, 젊은 남녀가 나누는 거의 의미를 알 수 없는 대화에 귀를 기울이고 있으면 자신이 대체 어디 사는 누구인지 알 수 없어졌다. 몇 살이며 어떤 이력을 가지고 어디에 살며 무엇을 하는지. 아직 사회에 나가지 않은 그들과 동세대인 양 이 영화놀이에 진지하게 어울리며, 영화가 상을 받거나 해외에 초대되리라고 진심으로 믿고 있는 사람 중 하나가 된 듯한 착각을 몇 번이나 하고서야, 리카는 정신을 차렸다. 나는 일이 그렇게 쉽게 진행되지 않으리란 걸 이미 알고 있는, 그들보다 연상인 제3자라고 자신을 나무랐다. 하지만 그들이 자아내는 혼잡하고 와자지껄하고 젊은 에너지로 넘치는 공간은 리카에게 거역하기 어려운 매력이 있었다. 그것은 전문대학에 다니던 시절의 리카가 공상했던, '나 이외의 학생들'의 일상이었다. 공상하고, 동경하고, 동경하면서도 경멸하며, 자신이 멀리했던 것이었다. 만약 내가 지금 그들과 같은 나이였다면, 하고 리카는 열띤 토론을 하는 그들을 보면서 상상했다. 그들처럼 빠져들 수 있을까. 취직이나 결혼 같은 것 생각하지 않고, 이렇게 담배 냄새 나는 공간에서 남자도 여자도 같이 섞여 아침까지 보낼 수 있을까. 그런 일은 없겠지. 리카는 얘기에 빠져 있는 학생들을 보면서 바로 결론을 내렸다. 만약 지금 내가 그들과 같은 나이였다면 이런 곳에는 없었을 테지. 나는 역시 예전의 내가 그러했듯이 통금 시간을 지켜서 귀가하고, 선술집이나 남자 하숙집에서 날이 밝아오는 걸 보는 짓은 하지 않았을 것이다.

처음에는 갑자기 고타가 데려온 특이한 여자를 보고 당혹스러웠는지, 아무도 리카에게 말을 걸지 않았지만, 시간이 지나고 취기가 돌기 시작하면서 우메짱 하고 리카를 편하게 부르며 익살을 떨었다. 리카는 그런 것도 기뻤다. 누군가가 고타의 여자친구라고 하면 리카는 황급히 부정하고, 고타가 동경하는 사람이라는 말이 귀에 들어오면 일부러 못 들은 척했다. 그런 대우 속에서 자신이 누군지 알 수 없어지는 순간이 리카에게는 불안이 아니라 확실한 쾌감이었다.

리카가 고타와 관계를 한 것은 촬영 현장에 놀러 가기 시작한 지 3개월 정도 지난 후의 일이다. 새해가 밝아오고, 설날을 함께 보낸 마사후미는 전 일본이 전대미문의 지진으로 동요하는 1월 중순에 또 출장을 떠났다. 그 주말, 리카는 고타에게 연락할 계획 없이 밀린 집안일이나 하려고 생각했다. 청소는 연말 이후 하지 않았고, 정원 손질도 한동안 하지 못했다. 드라이클리닝도 한꺼번에 갖다 주고, 평일을 위해 요리도 만들어두고 싶었다. 그렇게 생각하면서 텔레비전을 켜서는 날이 갈수록 명확해져 가는 간사이의 지진 피해를 넋 놓고 보았다. 그래서 만약 그날, 고타에게 연락이 없었더라면 리카는 나가지 않았을 것이다. 오후에 울린 그 전화를 받지 않았더라면, 그 후로 자신의 인생이 완전히 달라지지 않았을 텐데, 하고 훗날 리카는 전화 벨 소리와 쏟아지는 겨울 햇살과 함께 멍하니 그날을 떠올렸다.

드물게 전화를 걸어온 고타는 오늘 혹시 시간 있으면 나오지 않겠는가 물었다. 마치 지진 따위 일어나지 않은 것처럼. 약속 시각을 정하고, 리카는 하던 집안일을 팽개치고 몸치장을 시작했다. 샤워를 하고, 화장을 하고, 머리를 매만지고, 이것도 아냐, 저것도 아냐 하며 옷을 갈아입었다. 그러고 있으니 술렁거리던 불안감도 스러졌다.

영화 동아리 모임에 얼굴을 내밀게 된 뒤로, 리카의 옷은 취향이 뚜렷하게 바뀌었다. 점잖은 것보다 밝은 색조나 디자인으로, 젊어 보이는 옷만 즐겨 사게 되었다. 그러나 젊은이 대상의 가게에서 젊은 사람을 위한 옷을 사 입으면 너무 싸구려 같아 보인다. 브랜드 가게에서 젊어 보이는 옷을 골라야 한다. 그러려니 또 상당한 돈이 든다. 리카의 월급 절반은 옷과 화장품값으로 사라지게 되었다. 물론 새로 산 옷은 옷장에 넣어두고 마사후미와 있을 때는 전에 입던 옷만 입었다. 젊게 꾸민다고 놀리는 것도 부끄러웠고, 월급을 옷에 다 쓰는 것도 되도록 숨기고 싶었다.

고타는 아무 말도 하지 않았지만, 리카는 영화 동아리 신년회 같은 걸 하는 게 아닐까, 멋대로 추측하고 청바지와 스웨터에 코트를 걸치고 집을 나갔다.

약속 장소인 신주쿠의 한 빌딩 앞에서 고타와 만났다. 그러나 그는 갈 곳을 아직 정하지 않았다고 했다.

"신년회 아냐?" 리카가 묻자, 고타가 진지한 얼굴로 대답했다.

"둘이서만 하는 건 신년회라고 안 하죠."

리카는 엉겁결에 웃으며, "그럼 뭐 맛있는 것 먹으러 가" 하고는 차도로 나와 빈 택시를 향해 손을 들었다. 운전사에게 아오야마라고 말했다. 리카가 도심에서 아는 곳은 전에 마사후미를 따라갔던 초밥집뿐이다. 고타와 함께 귀와 코끝이 빨갛게 얼어서 거리를 돌아다니며 가게를 찾을 마음은 들지 않았고, 오늘만큼은 고타와 동아리 동료들이 언제나 가는 싸구려 선술집에 가고 싶지 않았다. 고타는 용기를 내어 나를 불러내주었다. '둘만의 신년회'에. 좀 더 분위기 있는 곳에서 식사하고 싶었다. 그리고 리카는 그 가게밖에 몰랐다.

기억을 더듬어 어두워진 거리를 걸어, 초밥집 문을 열었다.

"예약은 하지 않았는데, 두 명 자리 있어요?" 묻자, 입구에 가까운 카운터 자리로 안내해주었다. 가게에 들어선 순간, 고타가 긴장한 것이 느껴졌다. 그날 나도 이런 식이었지 않을까, 하고 리카는 마사후미와 함께 이곳에 왔을 때를 떠올렸다. 카운터 자리에 앉아 고타의 맥주와 자신의 청주를 주문하고, 마사후미가 그랬듯이 주방장 특별 코스로 부탁합니다, 라고 했다. 고타는 아무 말도 하지 않고 있다가, 맥주가 나와서 얇은 잔에 따라주자, 그걸 단숨에 마셨다.

안주로 나온 삶은 문어를 먹고 청주를 마시고, 그 고급스러운 맛에 황홀해하며 리카가 말했다.

"둘만 만나는 줄 알았으면 좀 더 멋을 내고 올 걸 그랬네."

고타는 아무 말도 하지 않고 눈 깜짝할 사이에 문어를 먹어치웠다. 이어서 곤부지메(다시마 사이에 식초에 절인 생선살을 넣어 냉장고에 한 시간 정도 넣어둔 다음 먹는 방법 – 옮긴이) 흰살 생선회와 고모치곤부(청어가 다시마에 산란한 것 – 옮긴이)가 눈앞의 접시에 놓였다.

"전화로 말해주지 그랬어. 둘이서 식사하는 일은 좀처럼 없으니, 예쁘게 차려입고 왔더라면 좋았을걸. 그렇지만 그런 차림도 보기 괴로울지 모르겠네."

웃으며 고타를 보았지만, 여전히 아무 말도 없다. 고타의 접시에서 생선회와 고모치곤부가 또 순식간에 사라졌다. 혹시 뭔가 화난 걸까. 가고 싶은 가게를 점찍어 두었는데, 멋대로 아오야마로 데리고 와서 기분이 상한 걸까.

"초밥, 안 좋아해?" 얼굴을 들여다보며 묻자, 고타는 깜짝 놀란 듯이 얼굴을 들고 리카를 보더니, "엄청나게 맛있어요. 정신을 잃을 정도로 맛있어요" 하고 진지한 얼굴로 말했다. 리카가 등을 젖히며 웃자, 고타도 그제야 웃었다.

그렇게 많이 마신 것 같지도 않은데 가게를 나올 때는 허공을 걷는 듯한 기분이었다.

"잘 먹었습니다." 가게를 나오자마자 바로 고타가 머리를 숙였다. "정말 그렇게 맛있는 초밥 먹어본 적이 없어요. 리카 씨, 고맙습니다. 만날 얻어먹기만 해서 부끄럽지만, 그래도 그렇게 맛있는 게 세상에 있는지 몰랐어요. 안다 해도 아마 사주지 못했을 테고." 도중에 청주로 바꾸어서 고타도 취했는지, 평소보다 빠른 어조로 재잘재잘 떠들었다. 좀 더 마시고 갈까, 하고 제안한 것은 리카였다. 즐거웠다. 마사후미와 여기서 식사를 할 때보다 훨씬.

리카는 지금까지 정신을 차리고 보니, 라는 것은 취객의 변명이라고 믿고 있었다. 기억하지 못한다, 정신을 차리고 보니 거기 있더라, 그런 일은 있을 리 없다. 기억하고 있지만, 그 기억이 부끄러워서 그렇게 얼버무리는 것이다, 그렇게 생각했다. 예를 들면 정신을 차리고 보니 모르는 남자 집에 있더라, 하는 식으로.

리카가 바로 그 정신을 차리고 보니 모르는 방에 자고 있었다. 코트는 벗고 있었지만, 스웨터와 청바지는 입은 채였다. 아오야마의 바에서 나와, 무언가가 웃겨서 고타와 서로 등을 치며 웃었던 게 마지막 기억이다. 무엇이 우스웠는지도, 그리고 어떻게 이곳으로 이동했는지도 생각나지 않았다. 생각나지 않는데, 거기가 고타의 방이라는 것은 바로 알았다.

등색의 알전등에 비친 방 벽에는 책장이 있고, 스테레오 세트가 있고, 14인치 텔레비전이 있었다. 반대쪽 벽에는 체크무늬 커튼이 처져 있고, 그 아래에는 잡지가 쌓여 있다. 벽에는 옛날 프랑스 영화 포스터가 붙어 있다. 리카가 누워 있는 곳은 얇은 매트리스에 축축하고 묵직한 이불이 있고, 방구석에 고다쓰(네모난 좌탁 모양의 일본식 난방 기구 – 옮긴이)가 있다. 먼지 냄새가 코를 찔렀다. 고타의 모습을 찾았지만, 보이지 않았다. 닫힌 문틈으로 가늘게 빛이 들어오는 걸로 보아, 옆에도 방이 있는 것 같았다. 리카는 살며시 일어나 소리가 나지 않도록 이불을 갰다. 벽장을 멋대로 열어도 될지 어떨지 몰라, 갠 이불을 구석에 둔 채 살그머니 문을 열었다. 눈이 부셔서 얼굴을 찡그렸다.

문 너머에는 다다미 4조 반 정도 넓이의 부엌이 있었다. 커튼을 치지 않은 창이 하얗게 빛을 발했다. 시계를 확인하니, 새벽 5시가 막 지난 참이었다. 고타는 박스와 종이가방이 마구 흐트러진 리놀륨 바닥에서 담요를 둘둘 감고 자고 있었다. 리카는 마치 길고양이처럼 동그랗게 몸을 말고 잠든 고타에게 가까이 다가가 구부리고 앉아 그 얼굴을 들여다보았다. 그 순간, 고타가 팔을 뻗어 리카의 목을 감쌌다. 자다 깬 천진한 얼굴과는 반대로 강한 힘으로 끌어당겼다. 고타는 눈을 뜨고 리카를 빤히 바라보더니, 조르듯이 입술을 갖다 댔다. 고타는 리카의 목에 팔을 감은 채 혀를 넣고, 맛보듯이 천천히 리카의 입속을 빨았다. 술 냄새가 심하게 풍겼다. 고타는 목에 두른 팔을 풀고, 리카의 스웨터를 걷어 올려 가슴을 만졌다. 기어가듯이 손가락을 등으로 돌려 브래지어 후크를 풀었다. 그리고 눈을 감고 드러난 리카의 유방을 입에 물었다. 부엌 바닥은 차갑고 불쾌했다. 집은 보기에도 날림으로 지은 건물로 소리를 내면 옆방에도 들릴 것 같았다. 하지만 리카는 고타의 움직임을 제지하지 않고, 아무 말도 없이 조용히 고타와 몸을 섞었다. 처음부터 정해졌던 일처럼 그랬다.

누군가가 몸을 만져주는 것은 오랜만이었다. 리카는 고타가 이런 일에 익숙한지 어떤지 모른다. 하지만 그 손이 등과 겨드랑이와 유방과 목덜미와 두 팔과 배와 허리뼈를 더듬을 때, 마비되는 듯한 쾌감이 있었다. 사람의 손이, 누군가 만져주는 것이, 이렇게도 기분 좋은 일이었던가. 리카 자신도 놀랍게 너무나 좋아서 눈물이 쏟아졌다. 천장을 보고 누운 리카의 두 눈에서 흘러내린 물방울은 좌우로 흘러 귀를 간질이듯이 떨어졌다. 뭐야, 울고 있어, 하고 리카는 속으로 중얼거리듯이 생각했다. 기분이 너무 좋아서 울고 있다.

아니, 그게 아니다. 리카는 인정했다. 그렇다, 줄곧 기다렸다. 줄곧 이렇게 애무 받고 싶었다. 소중한 것을 다루듯이 아름다운 것을 어루만지듯이 이렇게 만져주길 바랐다. 줄곧 기다렸다. 줄곧.

자신의 안으로 파고드는 고타의 성기를 느끼면서, 리카는 굳이 착각해본다. 자신이 그들과 같은 20대의 입구에 있는, 미래에 대책 없는 희망을 품고 아무것도 가지지 않았으면서, 아무것도 갖고 있지 않다는 사실조차 깨닫지 못하고, 쉽게 사람을 좋아하고 쉽게 사랑에 빠지고, 쉽게 몸을 허락하고 쉽게 미래를 약속하는, 이름 없는 누군가라고 착각해본다. 오랜 세월 남편의 손길을 받은 적 없는 불쌍한 아내가 아니라, 앞으로 실컷 성을 구가할 분방한 젊은이라고 착각해본다. 고타의 어깨를 안은 왼손 약지에 반지라곤 껴본 적도 없다고 착각해본다.

행위가 끝나자 리카는 묵묵히 옷을 입고, 시간을 확인하고, 구두를 신고 밖으로 나왔다. 하늘이 연푸른색이었다. 고타가 황급히 따라 나왔다. 리카는 아무 말도 하지 않고 역으로 가는 길을 더듬으며 걸었다. 고타는 몇 미터 뒤에 걸어오고 있었다.

"저기, 미안해요." 등 뒤에서 약하디약한 소리가 들려왔다. 리카는 아무 말도 하지 않았다. 드디어 착각이 착각이었다는 것을 깨달았지만, 아직 착각 속에 있고 싶었다.

"이제 만나주지 않는 거 아니죠?"

리카는 돌아보았다. 까치집을 지은 터벅한 머리에 껑충하게 큰 남자아이가 조심스럽게 리카를 보고 있었다. 이 아이는 내가, 내가 생각하는 내가 아니란 걸 어떤 식으로 깨닫게 해줄까, 리카는 생각했다. 불안스럽게 자신을 바라보는 고타와 마주 서 있자, 마치 리카는 자신이 이 아이에게 간단히 뭔가를 빼앗을 여자처럼 느껴졌다. 자존심이며 자신감이며 허세며, 그런 것을 한순간에 빼앗을 것처럼. 누군가에게 그런 것을 빼앗을 사람이 절대 아닌데.

"다음에 또 봐." 리카가 웃으며 말하자, 고타는 그제야 안심한 듯이 얼굴이 환해졌다.

얼마나 무방비하게 감정을 드러내는 아이인가. 그렇게 생각하니 왠지 모르지만 울고 싶어졌다. 리카는 얼른 고타에게 등을 돌려 걷기 시작했다.

"역까지 갈게요." 따라오는 고타에게 "혼자여도 괜찮아" 하고 돌아보지도 않고 말했다.

"그렇지만 길 잘 모르잖아요."

"이리로 곧장 가면 역이지?"

"인적이 없어서 위험할 텐데."

"벌써 아침이야. 봐, 신문 배달." 리카는 마침 옆을 지나간 신문 배달 자전거를 가리키며 웃었다. "그럼 이만. 또 연락할게." 타이르 듯이 말하고, 빠른 걸음으로 걸어갔다. 한참 뒤에 돌아보니 고타는 푸른빛이 더해진 하늘을 배경으로 우두커니 서 있었다. 리카가 돌아보는 것을 알고, 오른손을 크게 흔들었다. 리카는 조그맣게 손을 들어 흔들고 역을 향해 총총걸음으로 달려갔다.

역의 플랫폼에는 사람이 없었다. 리카는 긴 의자에 앉아 전철을 기다렸다. 파르스름한 하늘에 하얀 달이 남아 있었다. 갑자기 리카는 손가락 끝까지 가득 차오르는 듯한 기분을 느꼈다. 만족감이라기보다는 만능감萬能感에 가까웠다. 어디로든 가려고 생각한 곳으로 갈 수 있고, 어떻게든 하려고 생각한 것을 할 수 있다. 자유라는 것을 처음으로 손에 넣은 듯한 기분이었다. 리카는 죄책감도 불안감도 전혀 느끼지 않고, 인적 없는 플랫폼에서 자신도 설명할 수 없는 그 만능감의 쾌락에 잠겼다.

리카의 생활은 그날을 경계로 달라졌다. 그때는 그렇게 뚜렷이 의식하지 못했다. 하지만 훗날 돌이켜 보면 확실히 그날 아침 이후, 자신의 속에서 무언가가 달라졌다는 걸 인정하지 않을 수 없다. 그리고 변화의 계기는 고타와의 섹스가 아니라, 그날 아침의 정체 모를 만능감이었던 것 같다.

리카는 일을 마친 뒤 반드시 샛길로 샜다가 돌아오게 되었다. 주로 다마 플라자나 아오바다이의 백화점이었지만, 마사후미의 귀가가 늦어진다는 걸 아는 날은 후타코다마가와나 시부야까지 나갔다. 옷과 액세서리를 사는 데 주저함이 없어졌다. 리카의 마음속에는 말로 표현할 수 없는 초조감이 있었다. 다음에 만났을 때, 고타는 나의 정체를 간파하지 않을까. 내가 자존심이나 자신감을 빼앗을 만큼 매력적인 여자가 아니라, 한낱 지루한 일상을 보내는 주부란 걸 알아차리지 않을까. 그래서 왜 이런 아줌마를 안았을까 하고 후회하는 게 아닐까. 그의 주위에는 언제나 터질 듯이 탱탱한 피부를 가진 여자아이들이 많이 있지 않을까. 설령 그것이 싸구려고, 하찮은 것이어도 옷을 사고 액세서리를 사고 화장품을 하나 사고 나면 그 초조함은 덜해졌다.

쇼핑을 마치면 식료품 코너로 가서 저녁 재료를 샀다. 여기서도 쇼핑 방법이 달라졌다. 그때까지는 300그램의 소고기를 살 때도 100그램당 얼마 하는지 확인했지만, 그런 것도 하지 않게 되었다. 언젠가 마사후미는 리카의 월급으로 해외여행을 갈 수 있을 리 없다고 말했지만, 확실히 월 30만 엔 정도의 월급으로 주택 대출금이 나 갚는 것이 한심해졌다. 그렇다면 절약 따위 할 게 아니다.

4월. 마사후미는 정식으로 희망했던 상품개발부로 이동했다. 리카는 그 보고를 건성으로 들었다. 잘됐네, 하고 거의 기계적으로 말했다. 마사후미는 보고를 마치자, 한 달 전에 세상을 떠들썩하게 하고 아직 그 소란이 사그라지지 않은 지하철 사건에 관해 열심히 얘기했다. 컬트 집단의 변명이 얼마나 한심한지, 사건 당일 공교롭게 문제의 지하철을 탔던 친구의 친구 얘기, 전에 일어난 나가노에서의 사건 얘기, 두서없이 늘어놓았다. 들뜬 듯한 말투로 얘기하는 데도 리카는 기계적으로 맞장구를 쳐주었다.

부서를 이동한 뒤, 마사후미는 미리 말했던 대로 바빠졌다. 하지만 리카는 마사후미의 귀가가 늦어져도, 출장이 늘어나도 아무런 느낌이 없었다. 고타에게 연락도 끊기고, 혼자 식사하는 일도 늘어 났지만, 별로 외롭다는 생각도 들지 않았다. 텔레비전은 연일 지하 철 사건과 컬트 집단의 간부에 관해 다루었다. 동서를 가로막았던 베를린 장벽 붕괴보다는 훨씬 가까이에서 일어난 일인데, 그때와 마찬가지로 리카에게는 그저 먼 나라 얘기처럼 느껴졌다.

슈퍼마켓에 간다. 그 주에 필요한 것을 카트에 던져 넣는다. 정육 코너 앞에 비엔나소시지 마음대로 담기 수레가 나와 있다. 여자들 이 모여서 슈퍼 봉지에 비엔나소시지를 마구 쑤셔 넣는다. 바닥에 아이들이 데굴데굴 뒹굴며 엄마, 과자 사러 가고 싶어, 하고 울고 있 다. 젊은 엄마가 시끄러워, 참아, 하고 기를 쓰고 비엔나소시지를 쑤 셔 넣으면서 소리를 지른다. 그럴 때, 리카는 유쾌한 기분이 들었다.

백화점에 간다. 눈에 띄는 핸드백에 손을 뻗친다. 그 옆에서 젊은 커플이 진열된 백 가격표를 하나하나 뒤집어 본다. "왜 이렇게 비 싸" 하고 남자가 말하고, "생일이니까 뭐든 괜찮다 그랬잖아" 하고 여자가 말한다. 그러고는 언제까지고 가격표만 뒤집어 보고 있다. 리카는 눈에 들어온 가방을 들고 거울을 보다, 이거 주세요, 하고 점 원에게 말한다. 커플이 리카에게 흘끗 시선을 보낸다. 그럴 때, 리 카는 역시 유쾌한 기분이 들었다.

남편은 너무 바빠서 벌써 며칠째 저녁을 함께 먹지 못했다거나, 자신을 건드리는 걸 거부한 지 4년이 지났다거나, 결국 조금씩 아이 를 포기하고 있다거나, 실은 앞으로 부부가 같이 무엇을 지향하며 살아갈지 모르겠다거나, 자신을 생각하는 마음이 진심도 아닐 젊은 남자아이와 잤다거나, 혹은 거래처에서 좋지 않은 일이 있었다 거나, 사소한 일로 상사에게 주의를 받았다거나, 지난 한 달 동안 천 만 엔의 정기예금을 신규로 받았는데 평가받지 못했다거나, 그런 일상의 이런저런 일을 모두 잊고, 또 그런 이런저런 일과 일절 관계 없는 특별한 사람이 된 것 같다. 그런 유의 유쾌함이었다. 그 유쾌함 은 그날 아침의 만능감과 비슷했다. 자신은 선택받은 누군가이며, 살고 싶은 곳으로 갈 수 있고, 갖고 싶은 것을 가질 수 있다, 그런 기 분이다.

그 유쾌함을 만끽하고 싶어서 마사후미가 일이 없는 주말에 잡지 에서 본 도심의 프랑스 요리점으로 그를 데리고 갔다. 그가 또 무슨 불쾌한 소리를 하는 건 아닌가 생각하긴 했지만, 그보다도 굶주려 있었다. 리카는 유쾌한 기분에 잠기는 데 굶주려 있었다. 메뉴는 코 스 요리밖에 없어서 가장 싼 것이 1만 5천 엔이었다. 중간인 1만 8천 엔 코스를 주문하고, 와인을 마셨다. 5만 엔을 넘는 금액을 리카가 냈다. "그 가격치고는 대단한 요리도 아니네." 마사후미가 돌아오 는 전철에서 그렇게 말했지만, 리카의 유쾌한 기분은 그 말로 무너 지지 않았다.

5월 연휴, "그동안 바빴던 데 대한 사죄로" 하고, 마사후미는 리 카를 온천 여행에 데리고 갔다. 좋은 곳이네, 하고 진심으로 칭찬하 자, 마사후미는 기쁜 듯이 말했다.

"요전에 갔던 프랑스 레스토랑보다는 제대로 된 걸 먹을 수 있지 않을까."

리카는 그제야 그의 발언 어디에서 불쾌함을 느끼는지 이해했다.

요컨대 그 온천 여행은 사죄가 아니라 확인이다. 리카가 선술집에서 한턱 낸 다음에 굳이 시내 고급 초밥집에 데리고 간 것과 같다. 그는 리카에게 깨닫게 하고 싶은 것이다. 업무 내용도, 경제력도, 자기가 리카보다 훨씬 위라는 것을.

그걸 깨닫고 리카는 웃음이 났다. 그런 걸 굳이 알려줄 필요 따위 없는데. 당연한 일이니까. 불쾌함의 이유를 알게 되자, 리카는 불쾌함을 느끼지 않게 되었다. 그래. 정말로 그러네. 리카는 마사후미의 한마디 한마디에 웃으며 대답했다.

이 여행에서도 마사후미는 리카를 건드리지 않았다. 그 사실에 리카가 상처 입는 일은 없었다. 고타가 애무해준 손가락의 감촉이 아직 몸 구석구석에 남아 있다.

리카가 지금까지 남은 것은 저축으로 돌렸던 한 달 월급을 다 쓰게 되는 데 시간은 얼마 걸리지 않았다. 그래도 딱히 문제는 없었다. 공과금이 자동이체 되는 계좌에도 저축은 있었고, 마사후미의 월급이 들어오는 은행 카드도 리카가 갖고 있다. 지금까지보다 저축액이 줄었다는 것뿐, 서서히 사치스러워져 간 리카의 생활은 그래도 아직 부부의 수입 안에서 해결됐다.

고타와는 그날 이후 만나지 않았다. 아침 식사를 준비하면서, 고객의 집에서 집으로 이동하면서, 욕조에 몸을 담그면서, 멍하니 고타를 생각하는 일은 있었다. 보고 싶다고 생각한 적도 있었다. 하지만 리카가 먼저 연락하지는 않았다. 만나서 어쩔 건가 하는 생각이 그녀를 말렸다.

그러나 여름이 되어 고타가 만날 수 없을까요, 하고 조심스럽게 연락했을 때, 리카는 거절하지 않았다. 자신이 먼저 만나자고 한 게 아니라고 변명하면서, 마사후미가 없는 날을 지정했다.

고타가 약속 장소로 지정한 곳은 주오선의 고엔지 역 개찰구였다. 플랫폼에서 이어지는 계단을 내려가자, 개찰구 바로 옆에 선 고타의 모습이 보였다. 어린아이가 엄마를 찾는 듯한 얼굴로 시선을 두리번거리고 있었다. 그 눈이 리카를 발견하자, 언젠가와 똑같이 환한 미소를 지어 보였다. 계단을 내려가 개찰구를 빠져나가는 동안, 리카는 심장이 빨라지는 것을 느꼈다. 먹을 만큼 먹은 나이에 설레다니, 싫어서 웃음이 났지만, 그러나 좀처럼 진정되지 않았다. "기다리게 했네" 하고 리카가 말하자, 고타는 참을 수 없다는 듯이 리카의 손을 잡았다.

철교 아래에는 음식점이 줄지어 있고, 모락모락 연기를 내는 꼬치구이 집과 곱창구이 집은 젊은 손님으로 가득했다. 고타가 들어간 곳은 철교 아래를 벗어난 골목길에 있는 카운터뿐인 좁고 답답한 가게로, 바깥에 테이블이 늘어서 있었다. 카운터는 만석으로, 리카와 고타는 바깥 테이블 석으로 안내받았다. 메뉴에는 꼬치구이, 계란말이 같은 글씨와 함께 라따뚜이니, 양고기 요리가 죽 있어서, 리카는 무슨 요리 가게인지 통 알 수 없었다.

"여기 뭐든 다 있고, 싸고 맛있어요. 언제나 얻어먹기만 했으니 오늘은 내가 쏠게요."

고타는 말하고 주문을 받으러 온 젊은 점원에게 와인과 몇 가지 안주를 주문하고는 얘기를 시작했다.

"연락하려고 계속 생각했는데, 영화 때문에 이래저래 일도 있었고, 리카 씨도 바쁘지 않을까 싶어서 못 했어요."

"영화, 어떻게 됐어?" 리카가 물었다.

"자금 문제로 좌절하고 있어요. 그렇지만 올해 안에는 어떻게 될 거라고 생각해요. 아니, 올해 안에는 어떻게든 해야만 해요. 마감도 있으니까."

요리와 와인이 나왔다. 고타는 와인을 마시고, 요리를 먹으면서 아르바이트 얘기며 영화 얘기를 끊임없이 했다. 바깥 테이블 석에는 각각 부채가 놓여 있다. 리카는 그걸로 부쳤지만, 무더위는 전혀 가시지 않았다. 차가운 화이트와인을 단숨에 마시고, 고타의 얘기가 끊겼을 즈음에 조심스럽게 디캔터를 추가 주문했다.

"리카 씨는 결혼했죠?"

고타가 갑자기 물어서 리카는 순간 무슨 말을 들었는지 몰라, 멍하니 고타를 보았다. 아, 결혼했는가 물었지. 몇 초 뒤에 이해했다.

"왜, 갑자기?"

"계속 물으려고 생각했는데, 묻지 못해서. 이제야 겨우 물었네요."

안 했어, 하고 리카는 거짓말을 하고 싶었다. 하지만 거짓말을 한들 어떻게 되겠는가. 리카는 조그맣게 끄덕였다.

"어렴풋이 알긴 했지만. 남편, 걱정하지 않아요?"

고타는 자신의 잔에 와인을 따라, 단숨에 마신 뒤 물었다.

"상하이에 가서 없어."

"아, 예." 고타는 별로 관심도 없다는 듯이, 혹은 관심 없는 척 대꾸하더니, 말을 이었다. "전에 초밥집에 데려가 주었잖아요. 오늘도 리카 씨한테 맡기면 터무니없이 고급 식당에 데리고 갈까봐, 그래서 내가 먼저 정했어요. 리카 씨는 이런 가게, 들어온 적도 없을지 모르지만."

"정말 맛있네." 리카는 요리를 먹으면서 말했다.

"네, 맛있어요. 그런 고급 식당에는 데리고 가주지 못하지만, 그래도 이런 가게도 맛있다는 걸 알아주었으면 해서."

"고급 식당, 고급 식당 하는데, 나도 항상 그렇게 사치를 하는 건 아냐. 그리고 요전에 간 식당은 그렇게 비싸지도 않아."

"그런가요. 그렇지만 나는 평생 그런 곳에서 내 돈으로 식사하지 못할 것 같아요."

고타가 너무 진지하게 말해서 리카는 웃었다.

"평생이라니. 평범하게 일하는 사람이라면 평범하게 갈 수 있는 곳이야. 고타도 취직하면 그런 곳에 여자 친구 데리고 갈 수 있게 된다니까."

"빚밖에 없는 고학생한테 그런 날이 오리라고는 도저히 생각할 수 없어요. 나 여자한테 밥 한 번 산 적도 없고." 고타는 속상한 듯이 말하며 양고기를 던져 넣듯이 입에 넣었다.

"빚이 있어?" 리카가 놀라서 물었다.

"됐어요, 말하면 쪽팔리니까." 고타는 말을 흐리고, 리카의 잔에 와인을 따랐다.

"무슨 빚? 얼마 정도 되는데?" 리카는 또 물었다.

"그렇지만 오늘은 여기 내가 낼 거니까 사양하지 말아주세요. 여기요, 이거 병으로 부탁해요." 고타는 화제를 바꾸듯이 일어서서 점원을 향해 소리쳤다.

리카는 묻지 않는 편이 좋을지도 모른다고, 순간 생각했다. 고타가 화제를 바꾸고 싶어 하니 그대로 두고, 웃어넘기면 된다. 하지만 그의 팔을 건드리며, 어디에 얼마 정도의 빚이 있는지를 따지듯이 묻고 있었다. 말하지 않으면 돌아가겠다고까지 했다.

고타의 얘기로는 영화 제작 자금을 위해 50만 엔을 빌린 것 같았다. 그렇지만 별거 아니에요, 하고 말했다. 고타 친구 몇 명은 그런 식으로 가볍게 사채 현금기에서 돈을 빼 쓴다고 했다.

"부모님한테 얘기해서 일단 갚는 편이 좋지 않아? 그런 건 금리가 높아서 매달 조금씩 갚아봐야 원금은 줄지 않아."

"부모님께는 의지할 수가 없어요, 부모님도 힘들어서."

고타는 빚에 관해 얘기하고 나니 마음이 편해졌는지, 갑자기 말이 많아져서 자신의 집안 얘기를 시작했다. 고타의 아버지는 7년 전, 사이타마에 건매 주택을 사서 가족이 모두 이사했지만, 2년 전에 다니던 회사에서 잘렸다. 아버지는 재취직 자리를 찾지 않고, 같이 해고당한 사원들과 소송을 준비해서, 전업주부였던 어머니가 일을 하게 되었다고 한다. 재판은 시작하기도 전에 돈만 들고, 아버지가 겨우 일자리 찾기를 시작한 것이 반년 전. 그러나 일자리를 좀처럼 구하지 못해, 지금은 주차장에서 아르바이트를 한다고 한다. 누나가 있지만, 도내에서 혼자 사는 그 누나도 겨울 보너스 때는 부모에게 송금해서, 대출금 갚는 걸 돕고 있다고 했다. 고타의 동아리 동료는 고타의 유급이 결정된 탓에 학비와 생활비가 끊겼다고 했지만, 실제로는 그런 게 아니라 단순히 부모가 그걸 대줄 능력이 안 됐던 것이다.

"아버지의 아버지는, 아, 리카 씨 알죠. 그 집에서 만났으니. 그 영감, 그 일대에 토지를 갖고 있었는데, 거품 경제 때 값이 치솟아서 팔았거든요. 그 무렵부터 우리 아버지와 엄마, 친척들이 자신의 돈을 노리고 있다는 피해망상을 갖고 기분 나쁜 말만 해서, 아버지를 비롯해 자식들과 거의 인연이 끊긴 상태가 됐죠. 아버지의 형과 여동생, 나한테는 큰아버지와 고모지만, 모두 가까이 가지 않게 됐어요. 손자한테는 의심 같은 건 없을 것 같아서, 아버지가 해고됐을 때는 학비만이라도 빌리려고 부탁하러 갔었거든요. 그런데 거절당했어요. 엄마도 전화했던 것 같지만, 상대도 해주지 않더라고요."

고타의 얘기를 들으면서 새삼스럽게 고객인 고조와 눈앞에 있는 고타를 결부시켜 생각했다. 애초에 고조의 집에서 만났으면서 그만 잊고 있었다. 고타의 씩씩함과 젊음은 고조의 그 끈적거리는 시선과 검버섯이 두드러진 손등과는 리카 안에서 너무 멀리 격리되어 있다. 고타의 얘기를 듣고 그 격리는 다른 의미로 더욱 커졌다. 리카에게 고조는 귀찮게 데이트 신청을 하는 고객이지만, 언제나 컨디션이 좋고 태연자약하여 돈에 별로 집착하지 않는 것처럼 보였다. 금리를 세세하게 체크하지도 않고, 통장기입을 리카에게 맡길 때도 있다. 고타의 말처럼 신경질적인 구두쇠로는 생각하지 않았다.

"처음에 리카 씨 만났을 때, 나 그 집에 뭐 하러 갔는지 알아요?"

문득 고타는 장난을 꾸미는 아이 같은 표정으로 리카를 들여다보았다. 리카는 대답하지 않고 고타를 빤히 바라보았다.

"은행 인감을 훔치러 갔었어요." 고타는 아이 같은 얼굴 그대로 거침없이 말했다. "요전의 영화, 진심으로 만들고 싶었고, 어떻게든 자금이 필요했거든요. 은행 인감을 잠깐만 빌려서 50만 엔 정도만 찾을까 했죠. 그 사람한테 50만 엔 빌려봐야 표시도 안 나니까요. 어쩌면 찾은 것도 모르지 않을까요, 그 정도로는."

"그래서 그렇게 했어?" 묻는 자신의 목소리가 떨리는 걸 느꼈다.

"아뇨, 안 했어요. 전에 갔을 때는 인감을 쿠키가 들어 있었던 깡통에 넣어, 1층 서랍장 속에 넣어두었는데 거기에는 없었고. 게다가 리카 씨를 만나서 좀 놀랐어요. 제정신으로 돌아왔다고 할까. 할아버지한테 그런 식으로 돈을 빼돌려 시작한 영화가 제대로 될 리 없다고 갑자기 냉정해졌어요."

은행 인감은 불단 서랍에 들어 있어. 리카는 속으로 조그맣게 중얼거리면서, "그럼 필요한 돈은 어떻게 했어?" 하고 고타에게 조용히 물었다.

"빌렸어요." 별일 아니란 듯이 고타는 말했다.

"소비자금융에서?"

"월 5만 엔씩이라면 갚을 수 있어서."

"동아리 사람들은 어쩌고? 어째서 고타만 돈을 대야 하는 거야?"

"아, 그 녀석들도 댈 수 있는 금액은 대고 있어요. 뭐, 아주 조금이지만. 게다가 내 영화고. 하지만 별로 걱정할 것 없어요. 아직 도중이지만 굉장히 자신 있거든요. 아마추어 콘테스트에서 무슨 상이든 받을 거고, 그렇게 되면 어딘가에서 사줄 거고."

그런 식으로 잘될 리가 없잖아, 하는 말이 목구멍까지 올라온 걸 리카는 와인과 함께 삼켰다. 지금 이 아이의 꿈을 깬다고 뭐가 어떻게 되는 게 아니다. 게다가 자신은 영화 같은 데 문외한이다. 그 소꿉장난 같은 영화가 완성되면 훌륭한 작품이 되어 정말로 평가받을지도 모르지 않는가. 그런 일이 있을 리 없다고 생각하는 마음을 억누르고, 리카는 애써 그렇게 생각해보았다.

"우울한 얘기만 했네." 고타가 수줍은 듯이 웃으며 병을 들어 흔들었다. "아, 와인 벌써 떨어졌네. 오늘 엄청 마셨네요."

고타는 자기가 술값 계산을 하겠다며 고집을 부렸다. 리카가 빚이 있는 고학생에게 돈을 내게 할 수는 없다고 지갑을 꺼냈지만, 고타는 끈질기게 늘어졌다.

"리카 씨한테는 어린애 용돈 같은 돈일지도 모르지만" 하고 주눅이 들어 말해서 리카는 포기했다. 계산을 마치고 가게 밖으로 나온 고타에게 잘 먹었습니다, 하고 머리를 숙이자, 고타는 아무 말도 하지 않고 리카의 손에 깍지를 꼈다. 철교 아래 음식점은 아까와 마찬가지로 어디나 붐볐다. 아까부터 시간이 멈춘 것 같았다.

고엔지 역에 도착하자 12시가 지났다. 전철, 있어요? 고타가 물었다. 이렇게 늦어진 적이 없었던 리카는 시부야 발 나가쓰노 행 마지막 전철이 몇 시인지 모른다.

"우리 집에 갈래요? 아직 전철 있으면 기다리고."

고타는 개찰구에 서서 플랫폼으로 이어지는 계단을 올려다보며 물었다.

"택시 타고 갈래." 리카가 말했다.

"그렇구나. 고엔지에서 나가쓰노까지, 리카 씨한테는 별것 아니구나."

고타는 빈정거리는 투로 말하고, 깍지 끼고 있던 손을 풀었다. 리카는 그 손을 다시 꽉 잡고, 플랫폼으로 이어지는 계단을 바라보며 중얼거렸다.

"같이 타고 어딘가로 가버릴까?"

물론 죄책감은 있었다. 부정을 저지르고 있다는 자각도 있었다. 그러나 리카에게 그것이 범죄라는 의식은 없었다. 왜냐하면 고조는 고타의 가족이고, 고타의 말대로 그 예금 총액에서 보면 고타가 빌린 액수 따위 아무것도 아니라고 생각했다. 아주 잠깐만 빌려서 이자를 붙여 돌려놓으면 별일 아니라고 생각했다. 만약 고타가 반년 이내에 갚지 못하면 자신이 대신 갚아주면 된다고조차 생각했다.

"이쪽이 증서입니다. 잃어버리지 않도록 잘 보관해주세요."

리카는 정기예금증서를 책상에 올려놓고, 입가에 미소를 지은 채 고조를 물끄러미 보았다.

"자네, 아오바다이는 자주 가나?"

고조는 통장이며 보험증서를 보관하는 검은 파일을 꺼내, 증서를 그 사이에 찔러 넣고 리카에게 물었다.

"아오바다이, 별로 갈 기회는 없습니다만. 아, 히라바야시 씨, 보관증을 돌려주시겠어요?"

"아, 보관증. 음, 어디 갔더라." 고조는 파일을 하나하나 넘기며 눈을 가늘게 뜨고 몇 장의 종잇조각을 꺼내, "음, 어느 거였지" 하고 옆에 둔 돋보기를 꼈다.

"아, 이거네요. 증서와 교환하여 이쪽은 제가 가지고 가겠습니다. 이쪽에 도장을 찍어주시겠어요? 지난번에 맡기신 200만 엔을 정식 정기예금 증서로 고객님께 건넸다는 확인을 위해서입니다."

리카는 자신이 가리키는 곳에 인감을 찍는 고조의 뼈가 불거진 손가락을 빤히 보았다.

"아오바다이의 무슨 호텔 1층에 꽤 훌륭한 레스토랑이 생겼다더군. 전단이 들어 있더라고." 일어서서 신문을 모아놓은 곳에서 컬러 전단을 갖고 와서 리카에게 건넸다. "봐, 여기. 어때? 가끔은 이런 호화로운 식사라도 같이 하지?"

"말씀만으로도 감사합니다. 정말 이런 곳은 좀처럼 갈 수 없죠."

호텔의 특별 상품과 호텔 내 레스토랑 안내가 사진과 함께 실린 전단을 보며 리카는 웃는 얼굴로 말했다.

"그럼 자네 언제 시간 있나?"

"그러게요. 주말은 역시 외출하기 어려우니까…… 비울 수 있는 시간을 찾아보겠습니다."

"만날 말만 그렇게 하고 한 번도 같이 먹은 적 없잖아."

"가난뱅이 놀 여유 없다는 말이 있잖아요. 그럼 보관증 받아가겠습니다."

리카는 보관증을 정중하게 가방에 넣었다.

200만 엔이었다. 고조에게 신상품 정기예금을 소개하고, 100만 엔부터 시작하는 게 어떠냐고 권한 것은 지난주 일이다. 거절해도 밑져야 본전이라고 내기하는 기분이었다. 하지만 고조는 승낙했을 뿐만 아니라, 그 배인 200만 엔을 준비했으니 가지러 오라고 연락을 해왔다.

연락을 받은 날, 리카는 은행 인감이 이미 찍힌 새 정기예금 증서 한 장을 은행에서 가져왔다. 가로 40센티미터 세로 20센티미터 정도 되는 용지다. 물론 전용 기계 인자印字와 지점장 도장이 없으면 그건 전혀 무효하다. 그날은 하행 전철을 타고 주오린칸에서 오다큐선으로 갈아타고, 마치다 역까지 갔다. 역 가까이 있는 번화가의 도장 가게에서 도장 모양을 바탕으로 인감을 주문했다. 그리고 셀프 서비스인 복사 가게를 찾았다. 젊은이들로 복작거리는 거리의 다목적 빌딩 지하를 무난히 찾아서 리카는 증서를 30장, 양면으로 컬러 복사를 했다.

리카가 역에 인접한 백화점에서 만들어놓은 음식을 사서 귀가한 것은 6시 반이 지났을 무렵이다. 리카는 주방의 불을 켜고 저녁 준비를 했다. 양배추를 썰어 물에 담가놓고, 두부와 건조 미역으로 된 장국을 끓이고, 사온 샐러드와 튀김을 접시에 담았다. 8시 지나 돌아온 마사후미와 함께 저녁을 먹고 마사후미가 목욕하는 동안에 뒷정리를 마쳤다.

12시가 지나 마사후미가 잠이 든 뒤, 리카는 소리 내지 않도록 침대에서 가만히 빠져나왔다. 숨을 죽이고 계단을 내려가, 서재라고 부르지만 거의 창고가 된 방문을 열었다. 먼지내 나는 방문을 닫고, 마사후미의 워드프로세서를 켰다. 방의 불은 켜지 않고, 워드프로세서 화면이 발하는 푸르스름한 빛을 얼굴에 받으면서, 폰트 종류를 조사하여, 일정치 않은 간격을 두고 숫자를 쳐 넣어 보았다. 흰 종이에 찍었다. 프린터가 의외로 소리가 커서 리카는 바짝 얼어붙은 채 토해내는 종이를 바라보았다. 숫자가 찍힌 종이와 증서 복사를 맞춰 보았다. 날짜를 쓰는 곳에는 날짜가 오도록, 금리를 쓰는 곳에는 금리가 오도록 연필로 체크해서 한 번 더 쳤다. 약간 비켜나긴 했지만, 열여덟 번째야 겨우 허용 범위라고 생각되는 한 장이 완성되었다. 그제야 생각난 듯이 이마에서 관자놀이를 향해 땀이 흘렀다. 리카는 손등으로 닦아내고, 시선을 떨어뜨렸다. 젖은 하얀 피부를 보고 있으니 어째선지 고타의 웃는 얼굴이 떠올랐다. 안도한 듯이, 긴장이 풀어진 듯이 웃는 그 건강한 웃는 얼굴.

얼굴을 가까이 갖다 대고 보면 그것이 위조임을 바로 안다. 숫자 폰트는 비슷하지만 확실히 달랐고, 워드프로세서 프린터로 찍은 것은 글씨 테두리가 번진 데다 원래 자리에서 조금 비켜 있다.

하지만 리카는 알고 있었다. 고조는 이런 것을 꼼꼼히 보는 타입이 아니다. 돋보기도 쓰지 않고 흘끗 보기만 하고 치운다. 눈치챌 일은 없을 것이다. 만에 하나 눈치챈다면 은행 인쇄기 상태가 나빠서 평소와는 다른 기계를 사용했다고 설명하려고 생각했다. 찜찜하시면 기계를 고치는 대로 다시 인쇄해오겠습니다만, 이라고 하기로.

그렇게 다음날 오후, 리카는 고조의 집으로 향했다. 거의 잠을 자지 못했지만, 전혀 졸리지 않았다. 고조의 집까지 전력질주를 해도 아무렇지 않을 것처럼 흥분해 있었다.

그래서 리카의 상상보다 훨씬 간단히 고조가 그 증서를 가죽 파일함에 넣었을 때, 리카는 너무나도 맥이 풀려서 그 자리에 주저앉을 뻔했다. 냉방기에서 쉬익쉬익 희미한 소리를 냈다.

평소처럼 고조의 긴 얘기를 들어준 뒤, 리카는 히라바야시 가를 뒤로했다. 역으로 걸어가는데 갑자기 졸음이 밀려왔다. 눈두덩이 아플 만큼 졸렸다. 리카는 졸음과 싸우면서 역 근처 전화부스로 들어가 고타에게 전화를 걸었다. 자동응답으로 되어 있었다. 은행이든, 집이든 상관없으니 전화 줘. 급한 볼일이 있어. 집에는 5시 반에는 돌아갈 거야. 너무 졸려서 혀가 제대로 돌아가지 않았다.

전철은 비어 있었지만 앉으면 그대로 자버릴 것 같아서, 리카는 손잡이를 잡고 서서 바깥을 노려보듯이 바라보았다. 필사적으로 졸음과 싸우느라, 일을 저질렀다, 넘어서는 안 될 선을 넘어버렸다는 생각은 전혀 하지 못했다.

집으로 돌아오기 전에 문방구점에 들른 리카는 노트와 파일을 샀다. 집에 돌아와서 자동응답기에 남겨진 메시지가 없는 것을 확인하고, 주방 테이블에 노트와 파일을 펼쳐놓았다. 위조한 증서의 은행 사본을 파일에 끼워 넣고, 날짜를 적어 넣었다. 노트에다 고조에게 받은 금액과 자신이 얘기한 가짜 정기 금리를 마치 용돈 기입장이라도 적듯이 정성껏 썼다.

곧 돌려놓을 생각이었다. 지금 고타가 소비자금융에 갚고 있는 금액을 가공의 명의로 만든 통장에 모았다가 목돈이 되면 그때는 또 다른 잔꾀를 써서 고조의 계좌에 돌려놓을 생각이었다. 가짜 증서와 갖고 온 금액을 적어놓은 노트를 자택에 두기는 싫었지만, 그래도 제대로 기록하지 않으면 돌려줄 때 알 수 없게 된다. 노트와 파일을 안고 온 집 안을 헤매다, 마사후미가 절대 열지 않을 것 같은 싱크대 아래의 쌀통 밑에 그것을 숨겼다.

고타에게 전화가 걸려온 것은 7시 지나서였다. 급한 일이란 게 뭐예요? 물었다.

"지금 만날 수 없을까? 얼른 끝내야 하는 볼일이야. 그런데 만나서 얘기해야 할 일이거든. 다마 플라자까지 나올 수 있어?" 리카는 시계를 올려다보며 말했다.

8시에 개찰구에서 만나기로 하고, 전화를 끊었다. 리카는 서둘러 옷을 갈아입고, 화장을 고치고, "친정에서 전화가 와서 잠깐 다녀올게" 하고 휘갈겨 쓴 메모를 테이블에 남기고 집을 나갔다.

역에서 가까운 커피숍에서 고타와 마주앉아, 리카는 100만 엔이

든 봉투를 테이블에 꺼내놓았다.

"이게 뭔데요?" 봉투를 든 고타는 내용물을 보더니 깜짝 놀라며, "뭔데요, 이게" 하고 쥐어짜는 듯한 소리를 냈다.

"요전에 말했던 소비자금융의 빚. 일단 그걸로 한꺼번에 갚아. 이봐, 매달 5만 엔이라고 하지만, 그러고 있으면 이자만 늘어나. 그러니까 일단 그걸로 전액 갚고, 대신 내게 5만 엔씩 보내줘. 이자는 받지 않을 테니까."

고타는 얼떨떨한 표정으로 봉투와 리카를 번갈아 보다가, "마음은 고맙지만, 됐어요, 이런 것" 하고 봉투를 리카에게 되밀며 커피를 들이켰다.

"나쁜 소리 하지 않을 테니까, 내가 시키는 대로 해."

"싫어요. 그렇지만 이걸 리카 씨한테 빌린다 해도 언 발에 오줌 누기예요."

"무슨 소리야?" 리카가 테이블로 몸을 내밀며 물었다.

고타는 리카에게서 시선을 돌리고, 자조하듯 미소를 짓더니 "리카 씨하고는 관계없는 일이에요"라고 했다.

"뭐야, 뭐가 관계없어."

고타는 좀처럼 대답하려고 하지 않았지만, 리카가 집요하게 캐묻자 다른 빚이 또 있다고 힘겹게 말했다. 처음에는 1학기분의, 10월에는 2학기분의 학비를 빌렸다. 장학금을 받아서 갚을 생각이었지만, 두 번 신청해서 두 번 다 심사에 떨어졌다. 부모님하고 누나, 즉 가족의 수입을 합하면 기준액 이상의 수입이 된다는 게 이유였다.

그 수입은 대출 상환과 생활비로 사라진다는 걸 설명해도 규정에 따를 수밖에 없다는 대답만 돌아왔다. 그 후, 이런저런 일로 돈이 궁할 때마다 5만 엔, 3만 엔, 계속 빌려서 그 결과 합계액은 150만 엔 정도가 되었고, 그렇게 되니 그 숫자에 현실감도 느껴지지 않고, 뭔가 될 대로 되라는 기분이 되었다고, 고타는 저지른 장난을 부모에게 털어놓듯이 얘기했다.

"그래서 이 100만 엔을 빌려봐야, 물론 조금은, 아니, 꽤 도움이 되겠지만, 뭐랄까, 나한테는 마찬가지예요. 200만이든 250만이든 별로 다를 바 없어요. 그러니까 이상한 식으로 도와주려 하지 않아도 된다는 말이에요."

리카는 고타를 뚫어지게 보았다. 고타는 다리를 덜덜 떨면서, 스푼을 만지작거리며 얼굴을 들지 않았다.

"저기, 이런 얘기 리카 씨하고 별로 하고 싶지 않아요. 그러니까 이걸로 끝내지 않을래요? 아니, 요전의 얘기는 그만 잊어요. 리카 씨가 엄청나게 부유해서 나를 불쌍하게 여기는 건 알겠고, 고맙게 생각해요. 그렇지만 이런 건 정말 싫어요. 불쌍하면 가끔 라면이나 사주세요."

"불쌍하게 여겨서 이런 걸 하는 게 아냐." 리카가 말했다. 그 목소리의 단호함에 리카 자신이 놀랐다. "어쨌든 오늘은 이것밖에 안 갖고 왔으니까, 우선 이걸로 갚아. 그러라고 일부러 나왔으니까. 그 다음 일은 또 같이 생각해보자고." 리카는 목소리를 낮추어 신중하게 말하고, 계산서를 들고 일어섰다. 그대로 돌아보지 않고 계산대로 걸어갔다. 계산하고 가게를 나왔을 때 휙 돌아보니 화려한 차림을 한 여자아이들, 마주 앉아서 서로 바라보는 연인들 너머에 어깨를 떨어뜨리고 테이블 위의 봉투를 바라보고 있는 고타가 보였다.

리카는 그대로 가게를 나와 덴엔토시선 타는 곳으로 달렸다. 8시 51분. 마사후미는 지금쯤 돌아왔을까. 리카는 열차가 들어오는 소리가 들려 계단을 뛰어 내려갔다.

고조의 돈은 100만 엔 남았다. 그걸 또 다른 날에 고타에게 건네자. 앞으로 50만 엔. 그 50만 엔은 어떻게 마련할까. 마사후미의 겨울 보너스로 충당할 수도 있지만, 뭐라고 하고 빌려야 할까. 역시 빌릴 수는 없다. 50만 엔은 어디서든 갖고 오자. 되도록 빨리 고타에게 갚게 해야 한다. 나가쓰타에 도착할 때까지, 리카는 한곳만 응시하며 같은 생각을 되풀이했다.

집까지 가는 길을 달리다시피 와서, 집 안의 불이 아직 켜져 있지 않아 안도했다. 블라우스가 땀에 젖어 등에 찰싹 달라붙었다. 구두를 벗어던지고 집으로 들어가 불을 켰다. 테이블에 휘갈겨 써놓은 메모가 있다. 아까 쓴 글씨가 자신의 것처럼 보이지 않았다. 리카는 이 집에 사는 주부가 어딘가에 있는 친정에서 편히 쉬는 모습을 상상할 수 있을 것 같았다.

리카가 고타를 불러내서 나머지 100만 엔을 건넨 것은 같은 주주말이었다. 이날 마사후미는 출근하는 날이 아니어서 아침부터 집에 있었다. 리카는 친구 아키를 만나고 오겠다고 말하고 집을 나와 역에서 고타에게 전화를 걸었다. 전화를 받은 그에게 시부야의 커피숍으로 나오라 하고, 전철을 탔다.

냉방이 아주 잘되는 커피숍에서 고타와 마주 앉아, 리카는 지폐가 든 갈색 봉투를 밀어내듯이 테이블에 놓았다. 고타는 손바닥을 만지작거리고 있지만, 시선 끝으로 그 봉투를 보고 있는 것을 안다. 이런 장면에 진절머리 내는 것도.

"요전에는 내가 말한 대로 갚았어?"

리카가 묻자, 고타는 얼굴을 들지 않은 채, "갚았어요" 하고 중얼거리듯이 말했다.

또 리카가 고타 쪽으로 봉투를 밀자, 고타는 내용물을 확인하지도 않고, 거절하지도 않고 고개를 숙인 채 냅색에 쑤셔 넣었다.

"리카 씨." 눈앞의 커피를 보며 고타는 조그맣게 리카를 불렀다. "이것, 이번에는 빌리는 걸로 할게요. 거절해도 리카 씨는 이걸 두고 갈 거잖아요. 그래서 하루라도 빨리 리카 씨한테 전액 갚을게요. 갚을 수 있는 만큼 갚을게요. 2만 엔이든 5만 엔이든 갚을게요."

"무리하지 않아도 돼, 갚을 수 있을 때 갚아. 입금할 곳을 메모해둘 테니 그리로 입금하면 돼."

"아니, 저기." 고타는 리카의 말을 가로막았다. "직접 만나서 갚을게요. 내가 연락했을 때, 만약 시간이 있다면 만나주세요." 강하게 말한 뒤, 미간에 주름을 모으고 또 고개를 푹 숙였다.

상처 받았다. 이 아이는 내 도움을 받아 상처 받았다.

"알겠어. 저기, 쇼핑하러 갈 건데 같이 가주지 않을래?"

리카는 일부러 밝게 말했다.

"뭐 사는데요?" 심드렁한 목소리로 묻는 고타는 삐친 꼬마 같아 보였다.

"옷이랑 잡화랑. 쇼핑한 건 한꺼번에 택배로 보낼 거니까, 그때까지 들어주지 않겠어?"

리카는 삐친 꼬마를 달래듯이 다정한 목소리로 말했다.

필요한 것은 아무것도 없었다. 그러나 고타 앞에서 돈을 쓰는 걸 보여야만 했다. 고타는 200만 엔을 내가 준비했다고 생각하고 있다. 우리 집 저축에서 꺼낸 거라 생각하고 있다. 그렇다면 나는 그에게 보여주어야 한다. 200만 엔을 준비하는 것쯤은 아무것도 아니란 걸, 그런 생활을 하고 있다는 걸, 현실로 보여주어야 한다. 200만 엔을 받아든 그가 절대 상처 입지 않도록.

바깥은 풍경이 흔들릴 정도로 더운데 벌써 가을 옷이 나왔다. 리카는 얇은 니트를 샀다. 모직 스커트를 샀다. 스카프와 블라우스를 샀다. 위층으로 가서 테이블보를 샀다. 바카라의 손님용 잔을 샀다. 가죽 슬리퍼를 네 켤레 샀다. 다시 아래층으로 내려가서, 남편에게 줄 스웨터를 샀다. 넥타이를 샀다. 가격도 보지 않고, 음미하지도 않고, 구멍가게 과자를 사듯이 샀다. 모두 카드로 결제하고, 지불 방법을 물으면 리카는 고타에게 들으란 듯이 "일시불로"라고 또렷하게 말했다.

"짐을 들어준 답례로 뭔가 선물하고 싶어."

그 아래층, 5층 신사복 코너에는 젊은 사람 대상의 매장이 나란히 있어서 고타에게 말했다. 양손에 종이가방을 들고 묵묵히 따라 다니던 고타는 "괜찮아요" 하고 퉁명스럽게 말했지만, 엘리베이터에서 내리자 시선을 두리번거렸다.

"저기, 저 마네킹이 입고 있는 바지, 멋있지 않아? 입어볼래?" 등을 떠밀 듯이 리카가 말하자,

"아뇨, 난 저런 통이 좁은 바지보다는 카고 바지 같은 쪽이……" 하고 중얼거리면서, 실제로 떠밀린 것처럼 고타는 가게로 들어갔다. 족히 한 시간은 쇼핑에 어울려 리카의 쇼핑하는 모습을 본 덕분에 그는 완전히 기분이 풀린 것 같았다. 이 사람은 말도 안 되는 부자이며, 이 사람에게 200만 엔은 분명 자신의 200엔 정도일 거라고, 무의식적으로 생각했을 게 분명하다.

"이거, 입어볼까요?" 하고 점원이 권한 바지를 가리키며 리카를 돌아보는 고타는 이미 이해한 것 같았다. 이 가게의 바지 값 따위 리카에게는 새전함에 던지는 동전 같은 것일 거라고.

"응, 입어봐. 잘 어울릴 거야." 리카는 그 사실에 안도하며 진심으로 웃었다.

고타에게 사준 것 이외의 물건을 택배 접수하고, 백화점 밖으로 나오자, 4시가 지났는데 아직 대낮처럼 밝았다. 리카는 이대로 돌아가는 것이 아쉬울 정도로 기분이 들떴다. 하지만 식사를 하기에는 너무 밝고, 이 열기 속에 혼잡한 시부야를 걸을 마음도 들지 않았다. 게다가 마사후미는 집에 있어서 저녁 준비를 해야 한다. 지금 돌아가면 5시 지나서 도착한다. 장을 봐도 6시 전. 자, 돌아갈까. 그렇

게 말하기 위해 리카는 돌아보았다. 10센티미터 정도 키가 큰 고타를 올려다보았다. 뭐? 하고 묻는 듯한 얼굴로 고타는 리카를 내려다보았다. 자, 돌아갈까. 가슴속으로 되풀이하면서 리카는 자신의 목소리가 전혀 다른 말을 하는 것을 들었다.

다음에 리카가 가짜 정기예금 증서를 만든 것은 두 달 뒤인 10월이었다. 고객 중에 항상 케이크나 화과자를 준비해놓고 리카의 방문을 기다리는 야마노우치 부부가 정기예금을 만들고 싶다고 연락을 해왔다. 부부를 찾아가자, 두 사람은 언제나처럼 리카에게 화과자를 대접하며, 규슈로 전근 간 아들 부부에게 손자가 태어났다는 얘기를 했다. 그 손자의 장래를 위해 정기예금을 만들어두고 싶다는 것이었다. "성인식이나 결혼식에 쓰려고" 부인이 말하고, "성급하지만" 하고 남편이 웃었다. "딸이래요" 하고 부인이 덧붙였다. 그러고 두 사람이 건넨 것은 50만 엔으로 그 금액을 볼 때까지 리카는 그걸 착복할 생각은 없었다. 50만 엔.

"감사합니다. 손녀를 위해서라면 바로 해약하거나 하는 일은 없으실 테니, 5년이나 10년 만기짜리 정기 적금을 추천합니다. 아주 조금이지만, 이쪽 금리가 1년짜리보다 낫답니다."

언제나처럼 웃는 얼굴로 권하면서 리카는 이걸 고타에게로 돌려야겠다고 마음먹었다. 야마노우치 부부의 손녀가 이 정기예금을 필요로 할 때까지, 앞으로 20년은 걸릴 것이다. 그때까지 갚는 것은 간단하지 않은가.

리카는 증서를 써서 부부의 인감을 받고, 50만 엔을 받아들었다. 그렇게 해서 다음날, 히라바야시 고조에게 건넨 것과 같은 가짜 정기예금증서를 야마노우치 부부에게 갖고 갔다. 리카는 야마노우치 부부를 방문하기 전에 1만 엔을 넣은 축의금 봉투와 케이크를 들고 갔다. 리카의 마음속에서 두 가지 생각은 완전히 독립되어 있었다. 야마노우치 부부의 손녀 탄생을 축하하는 마음과 50만 엔을 가로채는 꺼림칙함과는 전혀 별개의 것으로 리카의 마음속에 공존했다.

리카가 돌아가기 위해 일어서자, 증서를 전용 주머니에 넣던 부인이 문득 고개를 들고 "우메자와 씨" 하고 리카를 불렀다.

리카는 증서를 든 부인의 손가락 끝을 보며 웃는 얼굴로 네? 하고 대답했다. 빨리 넣어. 빨리 넣어. 빨리 넣어. 조그맣게 중얼거린다.

"우메자와 씨, 갑자기 예뻐졌어." 부인은 진지한 얼굴로 리카를 보며 중얼거리듯이 말했다.

리카는 엉거주춤한 자세로 웃음을 터트렸다. "어머나, 무슨 말씀을 하시나 했더니" 웃음이 점점 커졌다.

"아냐, 정말이야. 그렇죠, 여보?"

부인은 남편에게 확인을 청했다.

"리카 씨는 원래 미인이잖아."

"그런 게 아니라, 뭐랄까. 갑자기 생기가 돌고 피부에 윤기가 나는 것 같지 않아요? 혹시……"

리카는 큰 소리로 웃고 싶은 걸 간신히 참았다. 부인의 손가락은 아직 증서를 잡고 있다. 야마노우치 부부가 언제나 증서와 보험 증권을 보관하는, 손수 만든 듯한 쫄쫄이 염낭에서 증서가 반 정도 고개를 내밀고 있다. 어젯밤에 만든 가짜 정기예금증서가.

"혹시 임신?"

리카는 부인을 바라보며 눈을 깜박거렸다. 또 웃음이 터질 것 같았다.

"그런 일 없어요. 놀리지 마세요."

"요즘은 그런 말 하면 안 된다고, 유이치한테 자주 핀잔 들었으면서." 작은 소리로 남편이 주의를 시켰다.

"그렇지만……."

"아뇨, 아뇨. 괜찮습니다. 애를 쓰고 있지만, 좀처럼. 부럽네요, 아드님 부부." 리카는 부인의 손가락 끝에 시선이 고정된 채로 일어섰다.

"미안해요. 눈치 없는 소릴 해서." 남편이 과장스럽게 머리를 숙였다.

"아직 젊으니까 괜찮아요. 만약 그런 일 생기면 우리 집에 제일 먼저 알려줘요."

부인은 말하고, 그제야 증서를 주머니에 찔러 넣고 염낭 끈을 당겼다.

그다음 날, 리카는 퇴근길에 고타를 다마 플라자로 불러내어 50만 엔을 건넸다. 이것으로 고타의 빚은 모두 청산될 터였다.

"리카 씨, 오늘 시간 없어요?"

리카가 서둘러 커피를 마시자, 고타가 물었다. 아랫도리가 갑자기 뜨듯해졌다. 고타가 무슨 말을 하려고 하는지 리카는 그 자리에서 이해했다. 요전처럼 리카도 이대로 둘이서 호텔에 가고 싶었다. 요전에 시부야에서 머물었던 아리맥스 호텔 같은, 아담한 호텔은 이 주위에 없을까 하고 리카는 순간 주변 지도를 머릿속에 그렸다. 하지만 적당한 호텔을 찾기보다 먼저 귀가가 늦어지면 안 된다는 사실을 깨달았다.

"오늘은 빨리 돌아가야 해."

리카는 그렇게 말하고, 생각을 차단하듯이 계산서를 들고 일어섰다. 커피에 거의 손도 대지 않은 고타도 따라왔다.

개찰구를 나와서 각각 다른 플랫폼으로 향했다. 헤어질 무렵에, 고타는 재빨리 리카의 손을 잡고 그대로 플랫폼으로 향하는 계단으로 뛰어갔다. 손을 잡혔을 때, 리카는 온몸의 털이 거꾸로 서는 듯한 쾌감을 느꼈다. 그것을 봉쇄하듯이 플랫폼으로 향했다. 막 들어오는 전철에 올라탔다. 창에 달라붙어 반대편 플랫폼에서 고타의 모습을 찾았다. 바로 발견했다. 회색 파카 차림의 고타는 이쪽 전철 창을 열심히 두리번거리며 리카를 찾고 있다. 완전히 다른 곳을 찾고 있어서 여기야, 하고 엉겁결에 소리를 지를 뻔했다. 이윽고 전철은 달리기 시작했다. 아직 리카의 모습을 찾는 고타가 점점 멀어져갔다. 리카는 그 모습이 완전히 보이지 않게 된 뒤에야 한숨을 쉬었다. 안도의 한숨이었다. 고타의 빚은 이제 전부 청산될 터다. 아니, 안도한 것은 그것이 아니었다. 이제 부정행위를 하지 않아도 된다, 그 사실에 대한 안도였다. 그다음은 고타가 갚는 돈을 모아서 갚아가기만 하면 된다.

1995년부터 1996년 가을까지 리카가 부정으로 착복한 고객의 예금은 고타에게 건넨 250만 엔이다. 전보다 지출이 늘어난 만큼 리카의 월급은 저축으로 돌리기 전에 늘 없어졌고, 전에 저축한 것도 이미 거의 남아 있지 않아 때로는 생활비 통장에서 몰래 빌려 쓰기도 했다. 그래도 리카는 고객 돈을 어떻게 하겠다는 생각은 전혀 하지 않았다. 또 1만 엔, 3만 엔, 액수는 적었지만, 고타는 아르바이트 월급이 들어올 때마다 리카를 불러내서 갚았다. 리카는 와카바 은행이 아닌 다른 은행에 계좌를 만들어 고타에게 받은 돈을 그대로 예금했다.

만약 이듬해, 1997년, 두 가지 사건이 없었더라면 히라바야시 고조에게도 야마노우치 부부에게도 눈치챌 일 없이 전액 다 갚고, 표면상으로는 아무 문제가 없지 않았을까, 하고 리카는 후에 생각하게 된다. 어느 쪽이든 한 가지만 일어났더라면 분명 아무 일도 없었을 것이다. 혹은 그 두 가지 일이 간격을 두고 일어났더라면.

거기까지 생각하다 보면 리카는 언제나 멍한 기분이 든다. 그런 식으로 말하자면, 자신이 걸어온 길 곳곳에 '만약에'는 장치되어 있다.

만약에 아이 갖기를 진지하게 생각했더라면. 만약에 마사후미와 그런 얘기를 했더라면. 만약에 타운지의 면접에 붙었더라면. 만약에 나가쓰타에 집을 사지 않았더라면. 아니, 만약에 그 여름날, 부족한 5만 엔을 고객의 봉투에서 꺼내지 않았더라면.

리카는 무수한 '만약'의 끝에 '이렇게는 되지 않았을 거야'라는 생각을 계속했지만, 그러나 그 몇 개의 '만약'을 선택했다고 해도 '이렇게' 됐지 않았을까 하는 생각을 하다 보니, 망연해지다가 이어서 천천히 소름이 돋았다. 그러나 생각해봐야 소용없다는 것도 알고 있다. 무수한 '만약'을 자신은 선택하지 않았고, 그리고 1997년, 거의 동시에 두 가지 일은 일어났다.

그 두 가지란 마사후미의 단신부임과 고객 중 한 명인 나고 다마에의 변화였다.

1997년이 되자, 마사후미는 바로 전근 지시를 받았다. 그 얘기를 리카는 아오바다이의 이탈리안 레스토랑에서 마사후미에게 들었다. 어쩐 일로 시내로 불러내서 나갔더니, 마사후미는 테이블에 앉자마자 그 얘기를 꺼냈다.

전근지는 예전부터 출장을 갔던 상하이로 기간은 2년. 상하이에 식품가공 공장을 건설하게 되어, 마사후미는 그 프로젝트의 책임자 보좌로 발탁되었다. 이 전근은 그 후의 사내 자리매김에 크게 영향을 끼친다고 리카에게 설명했다. 그리고 당연히 리카도 따라간다는 가정 아래, 실제 임무는 4월에 시작이지만, 준비를 위해 3월 초에는 상하이에 가고 싶다. 부재중인 집을 어떻게 처리할지 빨리 정하고 싶다고 파스타를 먹으면서 말했다.

"어떻게라니?" 리카가 잘 이해가 가지 않아 다시 물었다.

"그러니까 세를 놓을지, 팔지. 2년이니까 세를 놓는 편이 편하겠지만, 연장될 가능성도 없지는 않거든. 어느 쪽이든 3월까지 결정하는 건 무리니까, 당신은 좀 더 남아야겠네. 연휴에는 돌아올 테니까, 그때까지 혼자서 처리해주었으면 좋겠어. 여름에는 이사를 해야지."

"나는 안 가면 안 돼?" 리카가 말했다.

"상하이는 훌륭한 도시야. 난징 거리 같은 데 걷다 보면 사회주의 국가란 생각이 안 들어. 백화점도 많고, 일본 음식을 파는 슈퍼도 많아. 게다가 물가도 싸서 생각만큼 불편한 곳이 아냐."

"그런 게 아니라, 나는 일을 그만두고 싶지 않아. 상하이에서 내가 바로 일을 하는 건 분명 무리일 테고." 리카는 말을 마치고 마사후미를 보았다. 놀라고 있었다.

"일이라 봐야 시간제잖아." 마사후미는 놀란 얼굴로 말했다. 아주 당연한 얘길 하고 있다고 믿어 의심치 않는 것 같았다. 웨이터가 와서 파스타 접시를 치웠다. 리카는 와인을 병으로 주문했다. 웨이터가 와인리스트를 갖고 왔다. 사씨까이아를 주문하는 리카를 보고 마사후미가 새삼 놀라는 것이 느껴졌다.

"당신 일과 비교하면 일이라고 할 수 없을 정도지만, 나는 이 일을 계속하기 위해 자격증도 땄고, 실적은 항상 상위야." 갚지 않은 250만 엔을 그대로 두고 상하이로 갈 수 없다고 말하는 대신, 리카는 온화하게 미소 지으며 그렇게 말했다. 와인과 메인 요리가 나왔다. 테이스팅을 권하는 웨이터에게 마사후미는 "아니, 난 됐어요" 하고 거절하고, 와인 잔을 돌린 뒤 액체를 입에 머금는 리카를 지켜보았다. 리카는 따라놓은 와인을 미소를 머금은 채 지켜보았다.

"한 병이라 혼자 다 못 마실걸." 마사후미는 어째선지 의기양양하게 말했다.

"응. 마실 수 있는 데까지 마시려고. 미안하니까 계산은 내가 할
게." 리카가 말했다.

메인 요리가 나오고, 마사후미가 아무 말도 하지 않고 먹어서 리
카도 묵묵히 고기 요리를 먹고 와인을 마셨다. 디저트가 나왔다. 리
카는 디저트를 거절하고 와인을 계속 마셨다.

"그렇게 고집부리며 계속해야 하는 일이야? 정사원이 될 일도
없잖아." 디저트를 다 먹고 난 마사후미는 밀어내듯이 말했다.

"미안해." 리카는 그저 머리를 숙였다.

계속 와인만 마시는 리카를 남겨두고, 마사후미는 먼저 가버렸
다. 3분의 1 정도 남은 와인을 남겨두고, 리카는 혼자 계산대로 향
했다. 와인 값 이외의 요금은 모두 마사후미가 계산했다. 비꼬는 건
지, 심술인지, 구두쇠인지, 아니면 배짱인지, 알 수 없는 행동에 웃
음이 터졌다. 역을 향해 걸어가는데 토하는 입김이 하얗다. 별이 여
름보다 훨씬 또렷해진 밤하늘을 올려다보며, 상하이라는 낯선 도
시를 떠올리려 했다. 하지만 리카의 눈앞에 떠오른 것은 흥청거리
는 그 도시가 아니라 구김살 없이 웃는 매끄러운 피부를 가진 남자
아이였다.

몇 번 설득을 시도하던 마사후미는 결국 마지막에는 단신부임으
로 결정하고, 3월 초에 상하이로 떠났다. 집이 아주 쾌적하다는 전
화를 받은 것은 3월 중순, 그리고 나고 다마에가 인감과 통장을 맡
아달라고 부탁한 것은 벚꽃이 피기 시작할 무렵이었다.

4

동창회는 시부야에 있는 한 호텔 레스토랑에서 열렸다. 10월도 중순을 지났는데, 마치 지금부터 여름으로 향하기라도 하듯 따뜻한 토요일이었다. 오카자키 유코는 갈아탄 야마노테선에서 손잡이를 잡고, 안절부절못하며 연신 가방에서 안내 엽서를 꺼내 보았다. 긴장했다. 동창회 같은 데는 한참이나 나가지 않았다. 게다가 오늘 동창회 목적은 다른 데 있는 것 같았다.

동창회 안내 엽서가 모두 배달이 잘 됐다면 이번 동창회는 3년 만일 것이다. 여름 전에 동창 중 한 명의 전화를 받았을 때, "곧 동창회가 있을 예정"이라고 했지만, 유코는 아마 리카의 이름을 신문에서 본 몇 명이 급하게 계획한 것이리라고 추측했다. 그래서 오늘 꽃을 피울 이야기는 서로의 근황이나 변화도 아니고, 옛날이야기도 아니고, 리카 얘기 일색이겠지, 하고 생각했다.

그리고 당연히 유코가 7년 만에 동창회에 갈 마음이 든 것도 리카 때문이었다. 그러나 모두와 함께 흥미 위주로 리카 얘기를 하고 싶은 건 아니었다. 유코는 리카를 지킬 생각이었다. 누군가가 리카 얘기를 함부로 하면 막아줄 생각이었다. 재미 삼아 있는 얘기 없는 얘기 주절거리면 그 사람을 비난해줄 생각이었다. 그렇게 생각하고 참석에 동그라미를 했다.

지도를 몇 번이나 확인할 필요도 없이 호텔은 역 바로 앞이었다. 위층에 있는 레스토랑이 회장이다. 많은 사람들과 함께 건널목을 건너고, 사람으로 북적대는 쇼핑 플로어를 빠져나와 엘리베이터를 탔다. 엘리베이터 거울에 비친 자신의 모습을 새삼스럽게 깨닫고, 유코는 찬찬히 확인했다. 4년 전, 지카게의 입학식 때 산 슈트가 몹시 유행에 뒤처져 보인다. 백화점 슈트 매장에서 판매원이 기본 스타일이라 유행을 타지 않는다고 해서, 조금 예산을 초과했지만 과감히 샀는데. 유코는 그때 일을 필요 이상으로 선명하게 떠올렸다. 살까 말까 너무 갈등해서 남편은 지치고, 지카게는 보채다, 둘이서 위층의 장난감 매장으로 가버린 것까지. 그런데 역시 뭔가 촌스럽다. 좀 더 싼 것으로 살 걸 그랬다고, 유코는 층수에 불이 들어오는 걸 보면서 4년 전 일을 후회했다.

레스토랑 입구에는 M 여고 동창회라고 쓰인 보드가 나와 있었다. 플로어에 들어서자 향수 냄새가 유코를 감쌌다. 계산대 앞에 동그란 테이블이 있고, 그곳에서 접수를 받았다. 테이블에 앉은 두 명의 여성의 얼굴이 낯이 익긴 했지만, 이름은 생각나지 않았다. 유코는 테이블에 다가가 이름을 말하고 회비를 냈다. 명단에 체크를 한 여성이 얼굴을 들고, "음, 오카자키는 오다였지. 오랜만이야" 하고 싹싹하게 말했다. 그녀의 스웨터 가슴에서 이름표를 발견했다. '쓰 쓰미(야마모토) 교코'였다.

회비를 받아든 여성이 유코에게 이름표를 건넸다. "이게 없으면 누가 누군지 몰라. 다들 성숙한 여인이 돼서." 몹시 재미있다는 듯 이 웃었다. 이름표에는 '오카자키(오다) 유코'라고 쓰여 있다. 한자 가 틀렸다고 말하지 못하고, 유코는 웃는 얼굴로 그걸 받아들었다.

아주 화려한 레스토랑이었다. 한쪽 벽면이 창으로 되어 있어 채 광은 충분한데 샹들리에가 빛을 뿌리고 있다. 중앙 테이블은 뷔페 코너로 되어 있고, 거추장스러울 정도로 생화를 장식해놓았다. 뷔 페 코너를 둘러싸듯이 테이블이 나란히 있었지만, 앉아 있는 사람 은 몇 명이고 대부분이 선 채로 샴페인 잔을 들고 얘기를 나누고 있 다. 아, 그렇지, 하고 유코는 떠올렸다. 이 느낌. 동창회의 이 독특한 느낌. 동창생들은 마치 거창한 파티에라도 참석한 것처럼 머리를 세팅하거나 올림머리를 하고, 몇 명은 어깨와 등이 푹 파인 이브닝 드레스를 입고 있다. 기모노 차림도 있고, 바지 투피스를 입은 사람 도 있다. 플로어에는 진한 향수 냄새와 그녀들의 웃음소리가 뒤섞 인 채 가득하고, 그 냄새도 목소리도 금가루처럼 주위에 흩날리는 듯한 기분이 들었다.

"어머나, 오다잖아. 뭐 마실래? 갖다 줄까?"

누군가 말을 걸어서 유코는 약간 안도했다. 동그란 얼굴에 키가 작은 여성이 웃는 얼굴로 유코를 올려다보고 있었다. 리카가 지명

수배되었을 때, 제일 먼저 전화를 걸어온 아이란 걸 알았다. 유코는 오랜만이야, 하고 웃으면서 그녀의 이름표를 보았다. '사토(기시모토) 나오미'다. 어렴풋이 단발머리 소녀가 떠오른다.

"뭐가 좋아? 술을 마셨던가?"

"아, 내가 가지러 갈게."

유코가 말하자, 사토 나오미는 바 코너가 있는 곳을 가르쳐주었다. 유코는 사람 사이를 빠져나가 바 코너로 향했다. 몇 명인가 말을 걸어왔다. 말을 걸고, 넌지시 가슴팍의 이름표에 시선을 주는 걸 보면 아무도 자신을 기억 못하고 있지 않을까. 유코 자신도 그녀들의 가슴에 시선을 보내면서 생각했다.

1시가 조금 지나자, 간사직을 맡은 여성이 마이크로 인사를 했다. 1학년 160명 중, 87명이 참석한 것, 고등학교 2학년 때 학생부 부주임이었던 야마노베 선생님과 이시이 가정 선생님, 다테마쓰 국어 선생님도 참석한 것을 만면에 미소를 지으며 전했다. 리카에 관해서는 한마디도 하지 않았다. 동창회가 3년 만이라는 것, 3년 전에는 30명밖에 참석자가 없었다는 것. 그런 별로 쓸데없는 얘기까지 플로어 중앙에서 얘기하는 여성을 보고 있는 동안, 유코는 그녀의 이름이 사사쿠라 마유미이며, 중학교와 고등학교 때 학생회장을 했었다는 기억을 문득 떠올렸다. 야마노베 선생님께 건배사를 부탁하겠습니다, 하고 그녀가 말하자 백발의 여성이 앞으로 나왔다. 박수가 터졌다. 이번에는 야마노베 선생님이 얘기를 시작했다. 지금 M 여고가 어떤지, 졸업생 중에 얼마나 훌륭한 사람이 있는지.

리카에 관해서는 아무 말도 하지 않았다. 비단벌레색 투피스를 입은 백발의 여성은 조심스럽게 건배, 라고 선창했고, 여기저기에서 샴페인 잔을 들었다.

"그럼 환담을 즐겨주세요." 사사쿠라 마유미가 말했다. 리카에 관해서는 아무런 언급도 없는 채 동창회는 그렇게 시작되었다.

사토 나오미가 권해서 테이블 석에 앉았다. 몇 명 낯익은 여성들도 그 테이블에 모였다. 이름이 바로 생각나는 사람도 있어서 유코는 마음이 놓였다. 차례대로 자리에서 일어나 음료와 뷔페 요리를 가져와서 테이블에 늘어놓았다. 한동안 근황이 오갔다. 자식 얘기. 지난주 운동회. 중학교 입시와 고등학교 입시. 건강 얘기. 갑자기 늘어난 흰머리. 체중이 잘 안 준다는 것. 집안일을 돕지 않는 남편에 대한 푸념. 유코는 모호하게 맞장구를 치기도 하고, 모두와 함께 웃기도 하면서 플로어를 둘러보았다. 여기저기에 생긴 그룹이 그대로 중고등학생 시절을 떠올리게 하는 것이 신기했다. 기모노 차림은 기모노 차림대로 모여 우아하게 샴페인 잔을 기울였다. 이브닝 드레스 팀은 드레스 팀끼리 테이블을 둘러싸고, 여학생 특유의 교성을 질렀다. 표면적인 공통점만으로 무리를 짓는 것은 어쩌면 인간의 본능일까.

"그건 그렇고 정말 깜짝 놀랐어, 리카."

테이블에 늘어놓은 접시가 비고, 거기다 누군가가 보충하고, 몇 사람이 음료수를 더 가지러 갈 무렵이 되어서야, 겨우 나오미가 리카의 이름을 꺼냈다. 리카의 이름이 나온 순간, 테이블을 둘러싸고 있던 여자들의 어딘가 서먹서먹했던 분위기가 단번에 친밀감을 더하는 것이 느껴졌다.

"같은 반 친구였던 애가 그렇게 유명해질 줄은 몰랐네."

"부모님은 어떻게 지내실까. 나 옛날에 자주 놀러 갔거든. 그래서 가족들이 먼저 생각나더라고."

"이사했다는 소문이 있던데. 나도 간 적 있어. 아주 근사한 집이었지."

"어머, 그럼 가게는?"

리카의 아버지가 가나가와 현에 아틀라스라는 이름의 체인 수입 가구점을 경영한다는 것은 유코도 알고 있었다. 유코는 리카의 집에 놀러 갔다고 하는 두 명의 얼굴을 보았다. 이 아이들은 리카와 그렇게 친했던가. 집에 놀러 갈 만큼.

"리카, 친정도 잘살고 결혼도 했잖아? 남편은 평범한 회사원 같았지만, 집도 있고, 돈이 곤란할 리 없었을 텐데."

"그래도 그런 사건은 돈이 궁하고 안 궁하고 한 것과 관계없는 것 아냐?"

"그럼 뭐하고 관계있는 거야?"

"그야 역시 남자 아닐까. 옛날에도 있었잖아, 비슷한 사건. 그것도 남자한테 퍼다 바친 거였잖아."

"그럼 리카도 남자한테 퍼다 바쳤다는 거야?"

"거기까진 모르지. 그렇지만 주간지에는 그렇게 나오지 않았니?"

"어머, 너 주간지 같은 것 읽었어?"

"미용실에 있기에 봤지. 솔직히 궁금하지 않니, 리카 얘기."

"거기엔 뭐라고 쓰여 있었어?"

"그러니까 남자가 있는 게 틀림없다고……. 돈과 관련된 여자의 범죄에 남자가 얽히지 않은 적은 없었다고. 도망도 누군가가 협력했을 게 분명하다고 쓰여 있었어."

유코는 건네받은 와인 잔에 입을 대지도 않고, 묵묵히 그녀들의 얼굴을 둘러보았다. 처음에는 조심스럽게 얘기하던 그녀들도 알코올이 들어가면서 점점 들뜬 얼굴이 되었다. 알고 있는 옛 동창에 관해서라기보다 텔레비전 와이드쇼에 등장하는, 물어뜯기 좋은 누군가에 관해 얘기하는 듯한 어투가 되어갔다. 지금 막 테이블을 지배한 친밀도는 단숨에 시간을 거슬러 올라가 베이지색 커튼이 처진 고등학교 교실과 완전히 비슷한 양상이 되었다. 그걸 보던 유코는 지금까지 얼굴과 이름이 일치하지 않았던 여자들이 마코, 기코, 나오, 가코, 엔짱 등, 그리운 얼굴과 함께 별명까지 떠올랐다. 동시에 유코는 점점 심해지는 자신의 심장 고동을 깨닫고, 지금이야, 지금이야, 하고 마음속으로 구호를 붙였다. 지금이야말로 리카를 지켜야 할 때.

하지만 유코는 말을 꺼낼 수가 없었다. 그 리카가 남자에게 돈을 바치다니 그런 바보 같은 일을 할 리가 없다고, 이런 식으로 재미 삼아 떠드는 건 품위 없는 짓이라고, 말할 수가 없었다. 그녀들의 얘기를 중단할 용기가 없었던 게 아니다. 유코 자신, 인정하고 싶지 않았지만 더 듣고 싶었다. 주간지나 텔레비전 프로그램에서 나온 자신이 모르는 리카의 얘기를.

이브닝드레스 팀 몇 명이 무슨 얘길 하는가 하고 합류했다. 테이블 석은 정원 초과로 더욱 북적거렸다. 그러고 보니, 그러고 보니, 그러고 보니. 그녀들의 입에 리카의 이름이 오르락내리락했다. 유코는 점점 빨라지는 심장 고동을 느끼고 괴로워했다.

"그러고 보니 카드 권유받은 적 없니?" 새로 무리에 낀 한 사람이 말했다. 마흔을 넘었는데 아직 20대로 보이는 그녀도 역시 짙은 감색 이브닝드레스를 입고, 올림머리를 하고 있다. 아아, 있어, 있어, 금융상품이지? 맞아, 그 애, 그런 곳에 취직했었지, 나도 있어, 동창회 때. 맞아, 맞아. 나도 권유받았어, 여기저기에서 소리가 터진다.

그것은 금융상품이 아니라 카드잖아? 리카는 카드 회사에 취직했잖아? 사용하면 일부가 유니세프 기금으로 보내진다는 카드였지? 유코는 입을 벌렸지만, 소리가 나오지 않았다.

"그 시절부터 한결같다고 할까, 만만한 애는 아니었지."

"난 제일 먼저 그 후원 사건을 떠올렸는데."

아까까지 잠자코 있던 가코가 의기양양해 보이는 얼굴로 발언했다. 여자들의 시선이 그녀에게 모였다.

"앗, 맞아, 그런 것도 있었어. 기억력 좋네."

"난 리카라고 하면 그 사건이 기억에 남더라. 스마일 어쩌고 하는……."

"맞아, 맞아. 킵 스마일 프로젝트 아니었니?"

"결국 폐지됐지. 전교 집회까지 했었잖아."

"폐지랄까. 학교 측이 일괄적으로 맡아서 하게 됐지. 그 일로 리카는 항의하러 갔고."

"굉장히 열기가 뜨거웠잖아. 난 좀 악취미가 아닌가 생각했었어."

"리카, 그러고 보니 거기에 푹 빠졌었지."

"그러게, 후원이라기보다 그건……."

"이렇게 말하면 뭣하지만, 애인을 숨겨둔 것 같았어."

"맞아, 별나게 빠졌었어."

"그야말로 조공을 바치는 세계?"

"뭐야, 말이 너무 심하잖아." 여자들이 소리 모아 웃었다.

"그건 아니잖아." 드디어 유코가 입을 열었다. 그 일이라면 유코는 잘 기억하고 있다. 리카와 대화를 나눈 얼마 안 되는 기회 중에 한 번이 그것에 관한 것이어서 잘 기억하고 있다. 고등학교 2학년 서머스쿨이었다. 가루이자와에 있는 학교 소유의 숙박 시설에 여름방학이면 중학교 1학년부터 고등학교 3학년까지 날짜를 비켜서 3박 4일씩 하는 연례행사를 서머스쿨이라고 불렀다. 고등학교 2학년 여름, 그 서머스쿨 첫날, 이것도 역시 연례행사였던 공부 모임에서 리카가 손을 들고 문제를 제기했다. 학교 측이 개인적으로 후원을 하지 못하게 하는 데 항의한 것이다.

"그때 리카는 학부모에게 기부금을 거둬 성당 신축공사를 하는 것과 학교에 가지 못하는 어린이에게 기부금을 보내는 것 중, 어느 쪽이 바른 행위인가, 그런 얘기 하지 않았니? 빠졌네, 악취미네, 그런 게 아니라, 리카는 그때 누구보다 진지했어."

모두 움직임을 멈추고 유코를 흘끗 보았다. 그러나 한 번 더 같은 말을 되풀이하려고 입을 연 유코에게서 다들 시선을 돌렸다.

"나, 한 번 만난 적 있어. 리카네 어머니, 우연히. 사건이 일어나기 조금 전이었나."

새롭게 합류한 사람이 내뱉은 대사에 반응했다.

"어머, 그랬니?"

"어떤 모습이었어?"

"아주 평범했어. 나를 기억하고 계셔서 또 놀러 오라고 하시고. 우리 리카도 은행에 다니며 잘 지내고 있다고."

"당연하지만, 아무것도 모르셨을 테지."

"그야 그렇지, 근데 지금은 어떻게 지내실까, 부모님."

"어떻게 지내는지 궁금한 건 리카네."

왁자지껄한 분위기를 제지하듯이, "이시이 선생님, 다마쓰 선생님의 인사가 있겠습니다" 하는 소리가 마이크를 통해 울렸다. 주위는 갑자기 정적에 감싸이고, 아까 건배사를 한 사람과는 다른 백발의 노부인이 마이크 앞에 섰다. 박수가 있고, 전직 교사가 연설을 시작했다. 시간을 되감듯이 리카의 이름은 이 자리에서 쫓겨났다. 노부인은 리카의 이름을 입에 올리지 않았다. 그녀가 연설을 마치고 머리를 숙이자, 회장은 박수로 가득 찼다. 또 한 사람, 다른 두 사람과 아주 닮은 듯한 노부인이 다른 두 사람과 비슷한 연설을 했다. 웃음소리가 터졌다. 리카의 이름은 나오지 않았다. 그런 학생은 없었던 것 같은 분위기였다.

전직 교사였던 노부인들의 연설이 끝나자 디저트가 등장했다. 여자들은 모두 좀 전까지 리카의 화제에 열중했던 것을 잊은 듯이 디저트를 가지러 가는 사람, 일찌감치 돌아갈 준비를 하는 사람으로 뿔뿔이 흩어졌다. 유코는 조그맣게 한숨을 쉬고, 발밑에 내려둔 가방에서 타파 용기를 꺼냈다. 리카를 감싸주지도 지켜주지도 못한 허탈감을 맛보면서, 뷔페 코너에 대량으로 남은 요리를 타파 용기에 담았다.

"아우, 뭐하는 거야." 나오가 놀라서 물었다.

"뭐하다니, 아깝잖아. 이렇게 남기면."

"그렇다고…… 그거 갖고 갈 거야?" 동창회 시작할 무렵에 테이블을 둘러쌌던, 마코와 기코가 몹시 신기하다는 듯이 유코를 둘러쌌다.

"응. 나, 먹는 것 낭비하는 걸 제일 싫어해서."

"준비가 철저하네, 오다."

유코는 가까이 있던 여러 명이 남은 음식을 타파에 담는 자신을 보고 있다는 걸 느꼈다. 나중에 웃음거리가 되겠구나 생각했다. 그 애, 돈이 궁한가봐, 하고 착한 척한 얼굴로 있는 얘기 없는 얘기 다 하겠구나 생각했다. 리카에 관해 그랬듯이. 그런 것이 즐겁다면 실컷 그러렴. 유코는 속으로 생각하면서 타파를 채웠다.

시부야 역에서 신주쿠까지 나오와 가코와 함께였다. 전철 손잡이를 나란히 잡고 서서, 유코는 나오와 가코가 생각난 듯이 리카 얘기를 계속하는 것을 멍하니 듣고 있었다.

"저기."

전철이 하라주쿠를 지났을 때, 유코는 창밖을 향한 채 말을 꺼냈다. 두 사람은 유코의 얼굴을 들여다보았다.

"저기, 리카가 정말로 그런 사람이었어? 후원에 별나게 빠져 있다거나, 남자한테 퍼다 바치는 게 당연하다고 할 수 있는 그런 사람이었어?"

나오와 가코가 얼굴을 마주 보는 모습이 차창에 희미하게 비쳤다.

"무슨 말을 하고 싶은 거야?"

"뭔가 힘든 일이라도 있니?"

두 사람이 동시에 말했다. 유코는 차창을 바라보는 채 아무 대답도 하지 않았다.

그들과 신주쿠에서 헤어지고, 유코는 혼자 전철을 탔다. 문 옆에 서서 등색으로 물들어가는 집집의 지붕을 내려다보았다.

정의감.

별로 친숙하지는 않았지만, 그래도 유코가 갖고 있는 리카의 인상을 한마디로 말하자면, 정의감 있는 사람이었다.

중학교 1학년 여름에 갑작스럽게 시작된 은근한 왕따를, "애들같이 꼴불견"이라고 합류하는 것을 거절한 것은 리카였다. 교사의 무신경한 한 마디에 상처받고 우는 반 친구를 달래고, 교사에게 사과를 요구하러 갔던 것도 리카였다. 유코가 기억하는 것은 그런 것 뿐이었다.

날마다 예배가 있고, 주에 두 번씩 성경 연구 수업이 있는 종교학 교여서 학교 전체가 원래 후원 활동에 열심이었다. 예배할 때 내는 헌금은 개발도상국의 학교 건설과 의료품 구입에 기부한다고 했고, 1년에 세 번 정도 '봉사의 날'이 있어서 반 전체가 노인시설이나 요양시설을 찾아갔다. 아까 모두의 입에 올랐던 것은 '킵 스마일 프로젝트'라고 불렸던, 국제 NGO 단체가 주최하는 후원 활동의 일종이었다. 매달 500엔, 1천 엔씩 적립해서 학교에 다니지 못하는 아프리카나 아시아의 아이들에게 기부한다. 그 시스템이 이전까지와 달랐던 것은 조직이 아니라 개인에게 기부한다는 것이었다. 그래서 학생 측은 자신이 어느 나라의 몇 살짜리 누구에게 기부하는지를 안다. 그런 규칙으로 그 아이들은 반드시 감사 편지를 써서 보냈다. 미스 요코, 당신 덕분에 다음 달부터 학교에 다닐 수 있습니다. 고맙습니다. 편지에는 NGO 직원이 번역한 영문이 첨부되었고, 컬러풀한 그림과 때로는 사진까지도 동봉됐다. 한 번으로 끝나버리는 편지도 있었지만, 몇 달째 편지를 쓰는 아이도 있었다. 학교에서 이런 것을 배우고 있어. 이런 친구가 있어. 이 편지는 선생님이 도와줘서 쓰고 있어. 모두 당신 덕분이야.

처음에는 선생님의 소개로 몇 명이 참여했다. 이국의 아이들에게서 온 편지는 학생들을 흥분시켰다. 단번에 많은 학생이 적립을 시작했다. 유코가 고등학교 1학년 때였다. 1년이 지났을 무렵에는 그 후원 활동의 열기는 절정이었다. 학생들은 자신이 출자한 아이의 사진을 갖고 다니며 편지를 자랑하고, 그리고 기부금 액수를 조금씩 늘렸다.

유코는 그 상황이 이상하다고 생각했다. 아이들이 부모에게 받은 돈으로 모르는 아이를 키운다는 기분이 들었다. 아이가 보낸 사진과 편지를 갖고 다니고, 개중에는 아이돌의 브로마이드처럼 그것들을 패스 지갑에 넣어 다니는 아이도 있었다. 반 친구였던 아이들은 아까 '악취미'라고 했지만, 그녀들이야말로 진짜 열중했을 것이다.

리카는 선생님이 소개할 때 제일 먼저 후원을 시작한 사람 중 한 명이었다. 하지만 유코가 기억하는 한, 리카는 아이들의 편지도 사진도 자랑하지 않았다. 전 학년이 붐처럼 열광하고 경쟁하듯 기부금을 보내는 데도 관심을 두지 않았을 터다.

고등학교 2학년 1학기 말, 학교 측에서 개인이 기부금 보내는 것을 금지한다는 전달이 있었다. 그 후, 보내고 싶은 사람은 일정 금액을 담임에게 맡기고, 그것을 학교 측이 모아서 송금하게 되었다. 갑자기 그렇게 된 원인은 리카 때문이라는 소문이었다. 고등학교 2학년 때, 리카는 열두 명의 아이에게 기부를 했다고 한다. 게다가 총액이 파격적이었다. 소문으로는 모두 합치면 한 달에 50만 엔이라고도 하고, 100만 엔이라고도 했지만, 유코는 그것은 단순한 과장일 거라고 생각했다. 하지만 고등학생이 간단히 손에 넣을 수 있는 액수가 아니었던 것은 확실하다. 학교 측이 당황하여 금지했을 정도니까.

그리고 그해 여름 서머스쿨에서 유코는 리카와 얘기할 기회가 생겼다.

전날 밤 공부 모임에서 리카가 선생님에게 지나치게 정색하여 항의한 탓인지, 그날 물놀이 때 아무도 리카에게 말을 걸려고 하지 않았다. 물가에서 숙소로 돌아가는 길, 리카는 다른 아이들보다 한참 뒤처져서 걷고 있었다. 유코는 언제나 누군가와 함께 있던 리카가 혼자 걷는 모습이 가슴 아파서, 넌지시 보조를 맞추며 천천히 걸었다. 자작나무로 둘러싸인 좁은 외길이었던 것을 지금도 기억하고 있다.

모두가 나한테 지나치다고 그러는 것, 알고 있어. 리카가 혼잣말처럼 말했다. 들었지? 하고 물어서, 유코는 머뭇거리며 끄덕였다.

"그렇지만 이상한 건 내가 아니라 애들이야. 작년부터 다들 일제히 편지를 서로 자랑하고 그러는 거, 이상하다고 생각해. 편지를 받으니까 돈을 보내는 거야? 그런 사람은 편지가 안 오면 기부를 끊을 게 뻔한데."

"나도 그렇게 생각했어. 다들 조금 이상하다고."

"그렇지?" 리카가 눈을 반짝거리며 말해서, 유코는 몹시 기뻤다. "내가 제일 먼저 기부한 아이는 처음에만 편지를 보내왔어. 감사의 말 뒤에 '나는 당신이 해준 것을 평생 잊지 않겠습니다'라고 쓰여 있더라. 그거, 분명 틀에 박힌 문구야. 그런데 나 그걸 보고 무척…… 복잡한 기분이 들었어. 아직 여섯 살이나 일곱 살일 아이가,

평생 잊으면 안 될 무거운 짐을 짊어진 거잖아. 감사라는 무거운 짐을. 그런 틀에 박힌 말을 쓰게 하는 어른도 미쳤다고 생각했어. 나, 그때 마음먹었어. 이 아이가 평생 무거운 짐을 진다면, 나는 평생 이 아이를 돌보아야 한다고. 내가 할 수 있는 범위 내에서 그렇게 해야만 한다고."

리카는 담담하게 얘기했다. 그 담담한 어조와 얘기하는 내용과의 격차가 유코에게는 조금 무섭게 느껴졌다. 유코는 그런 생각을 해본 적이 없고, 평생이라는 말을 어떤 의미로든 사용한 적이 없다. 하지만 무서움을 느끼면서도 리카의 얘기를 더 듣고 싶었다. 그래서 물었다.

"네가 기부하는 아이는 그 아이뿐만이 아니지?"

"응, 지금은 여섯 명 있어." 리카는 자기 손바닥을 문지르면서 대답했다. 소문의 절반이었지만, 그래도 심상치않게 느껴졌다.

"그 여섯 명도 계속 돌봐줄 거야?"

"나는 있지, 오다. 미리 말해두지만, 그 아이들의 편지도 사진도 기대하지 않아. 아까 말한 아이도 처음뿐이고, 그다음부터는 편지 같은 것 보내지 않았어. 그래도 그걸로 좋아. 누군가에게 뭔가를 받아서 자기가 학교를 다닌다는 생각은 일찌감치 없애는 편이 좋아. 그걸 예사롭게 생각하는 편이 훨씬 좋아."

매달 얼마씩 보내? 하고 단순한 호기심으로 묻고 싶었지만, 물으면 황당해 할 것 같아서 물을 수가 없었다. 대신에 유코는 이렇게 말했다.

"나는 도저히 못 할 것 같아. 내 용돈은 한 달에 5천 엔이어서 갖고 싶은 책이나 과자를 사다보면 언제나 한 달도 안 돼서 떨어지거든."

리카는 조그맣게 웃으며 "그걸로 됐어. 나 늘 생각하지만, 뭔가 하려면 철저하게 하거나, 아니면 아무것도 하지 않거나 둘 중 하나밖에 없어. 잠깐 손을 댔다가 이내 빼버리는 것이 사람으로서 가장 옳지 않다고 생각해"라고 했다.

열일곱 살이었던 유코는 같은 열일곱 살이거나, 혹은 곧 열일곱 살이 될 리카의 옆얼굴을 훔쳐볼 양으로 흘끗 보다가 그대로 빠져들고 말았다. 매끄러운 하얀 피부, 긴 속눈썹 아래 커다란 눈동자, 루주를 칠한 듯한 복숭앗빛 입술. 이 아름다운 소녀는 그런 것을 아주 예사로 생각한다는 건가. 시선을 느낀 리카는 유코를 보고 "오다, 고마워" 하고 온 얼굴로 활짝 웃으며 말했다.

"응? 고맙다니, 뭐가?"

"내 얘기를 들어주어서 고마워. 선생님도 친구들도 아무도 들어주지 않았는데, 너는 내 얘기를 들어주었잖아. 내가 재미나 악취미로 후원을 시작한 게 아니란 걸 알아주었잖아."

유코는 뭔가 그럴듯한 말을 해주고 싶었지만, 아무것도 생각나지 않아, 그저 앞만 보며 걸었다. 귀가 뜨거웠다. 동급생들은 한참 앞에 가고 있었다. 그녀들의 웃음소리와 왁자지껄한 소리가 멀어져갔다. 자작나무 잎 사이를 지나 보도에 드리워진 햇살이 레이스 같은 무늬를 그리고 있었다. 나야말로 고마워. 유코는 간신히 말했다. 내게 얘기해주어서 고마워. 리카는 아무 말도 하지 않고 발밑에 떨어진 가지를 주워 아이처럼 휘두르며 밝게 소리 내어 웃었다.

유코는 백에서 진동으로 휴대전화가 울려서 그제야 정신이 들었다. 남편의 문자였다. 귀가, 늦어? 라고 한다. 20분 안 걸려서 돌아갈 거야. 저녁도 준비했으니, 바로 갈게.

아직 휴대전화 버튼 조작이 익숙하지 않은 유코는 간신히 그것만 쳐서 답장했다. 전철이 홈으로 미끄러져 들어가고, 유코는 다른 승객과 함께 내렸다. 욕심 부려서 갖고 온 요리가 무겁다. 버스가 비어 있기를. 그렇게 생각하면서 개찰구로 향했다.

그때의 리카에게는 사춘기 특유의 청결함과 집착도 있었을 거라고 생각한다. 말 그대로 한번 인연을 맺은 아이에게 평생 송금했을 리도 없고 졸업 후에는 잊어버렸을 거라고도 생각한다. 하지만 유코에게 리카는 역시 '집착이 심하지'도 어딘가에 '빠지기 쉽지'도 않은, 정의로운 사람이었다. 실행했는지 어땠는지는 제쳐놓고, 리카는 그때 진심으로 그렇게 생각했을 것이다. 이 아이에게 평생 무거운 짐을 지게 했다면, 이 아이를 평생 지켜주자고, 그것이 옳은 행위라고 진심으로.

버스 정류장에는 긴 줄이 늘어서 있었다. 유코는 한숨을 쉬고, 줄의 제일 끝에 섰다. 평소 같으면 버스비를 아끼느라 25분이 걸리는 길을 걸었을 것이다. 그러나 저녁 음식 재료를 사지 않아도 되니, 버스를 타는 정도는 괜찮을 거야…… 거기까지 생각한 유코는 리카와 자신, 그때 자작나무 가로수 길을 함께 걷던 두 사람이 지난 20여 년 사이에 얼마나 서로 먼 곳으로 와버렸는가를 새삼 깨달았다.

야마다
가즈키

———

히로오에 있는 이탈리안 레스토랑은 무스미가 찾아서 예약했다. 요리는 코스뿐으로 8,000엔, 10,000엔, 15,000엔 코스가 있었다. 난 요즘 뱃살이 많이 쪄서 요리 수가 제일 적은 걸로 할래, 가즈키는 농담처럼 말하고, 더 싼 것을 고르려고 했지만, "쩨쩨하게" 하고 무스미는 웃어넘겼다. 자기 생일이니까 분발하자며, 주문을 받으러 온 종업원에게 샴페인과 15,000엔 코스를 멋대로 주문했다. 지갑에 15,000엔밖에 없는 것을 무스미에게 어떻게 설명할지, 가늘고 긴 잔에 따라지는 금색 액체를 보며 가즈키가 마구 머리를 굴리고 있을 때, 무스미가 재미있다는 듯이 말했다.

"아아, 오늘은 잘 먹었습니다."

무스미는 가즈키보다 열두 살이나 연하였다. 아직 30대 초반이다. 가즈키는 현재 식품회사 상품 관리부에 있지만, 10년 전에는 영업부였다. 졸업하자마자 입사한 무스미는 홍보부를 희망했지만, 모든 신입사원이 연수 대신 먼저 영업부에 배속된다. 가즈키는 무스미 교육 담당으로 한때 슈퍼마켓이나 백화점 식품부를 같이 돌았다. 그 무렵에는 별로 친하지 않았다. 둘이서 외근을 할 때도 무스미는 사생활에 관해 얘기하는 법이 없었고, 무스미를 포함한 몇 명을 데리고 회식하러 가도 무스미는 빠질 때가 많았다. 가즈키에게는 요즘 세상에 건조한 아이네, 하는 인상밖에 없었다. 그래서 회식후, 무스미가 둘이서 마시자고 제안해서 취한 길에 관계를 갖게 된 뒤에도 그것뿐이라고 생각했다. 요즘 세상에 건조한 아이니까. 그러나 달랐다. 내선 전화와 휴대전화 문자로 무스미는 연락을 해왔다. 또 같이 밥 먹지 않을래요? 언제 시간 괜찮으세요?

한 주일이나 두 주일에 한 번 만나는 관계가 시작되었다. 확실히 무스미는 건조한 여성이었다. 가즈키의 가정에 관해서 일절 묻지 않았다. 여행을 가고 싶다거나, 주말에 만나고 싶다거나 열두 시가 지나도 돌아가지 않았으면 좋겠다거나 그런 요구를 하는 법이 전혀 없었다. 그래서 가즈키는 편했다. 얘기를 하면 즐거웠고, 의사소통이 잘되는 점에 끌리기도 했다.

만나는 빈도가 늘어난 것은 유마의 초등학교 입학식 이후다. 마키코가 걸핏하면 유복했던 자신의 어린 시절과 아이들을 비교하기 시작한 뒤로 가즈키는 관계성도 크게 달라졌다고 생각했다. 전에는 편했다. 무스미를 좋아하긴 했지만, 편하지 않은 관계가 된다면 언제든 끝낼 자신이 있었다. 지금은 다르다. 지금은 자기 쪽이 무스미의 존재를 절실히 원했다.

"샴페인 비었네. 와인, 골라줄래요?"

새우 파스타에서 얼굴을 들고 무스미는 웃는 얼굴로 가즈키에게 말했다. 입 주위가 살짝 오렌지색으로 물들었다. 가즈키는 그걸 지적하지 않은 채 손을 들어 종업원을 불러, 와인 리스트를 갖고 오게 했다.

"왜 히죽히죽 웃어요?" 무스미가 물었다.

"아니, 무스미는 참 천진난만하다 싶어서." 봐도 모르는 와인리스트에서 유일하게 아는 이름을 찾아냈다. 18,000엔이라는 가격에 겁을 먹긴 했지만, 무스미가 자기가 내겠다고 말한 걸 떠올리며 옆에서 기다리는 종업원에게 주문했다.

"와인, 좋은 걸로 주문했는데 괜찮아?" 혹시나 하고 가즈키는 무스미에게 물었다.

"맡겨주세요. 내 생일인데 이런 날 좋은 와인 안 마시면 언제 마셔요."

무스미는 가슴을 펴고 말했다.

그러고 보니 가즈 씨 옛날 여친, 어떻게 지내고 있을까요, 하고 무스미가 말을 꺼낸 것은 메인 요리를 물리고, 디저트가 나왔을 때였다. 가즈키는 엉겁결에 디저트를 가져온 종업원의 얼굴을 훔쳐보았다. 그는 별로 개의치 않는 모습으로 인사를 하고 떠났다.

"옛날 여친이라는 말 쓰는 거 아냐."

"그렇지만 옛날 여친이잖아요? 남자가 도망을 도운 게 아닌가 하던데. 가즈 씨 집에 경찰 안 왔어요?"

"안 왔어. 그보다 협력자가 있다니 어디서 그런 건 아는 거야?"

"어디긴, 주간지죠." 무스미는 티라미수를 소중한 듯이 스푼으로 자르면서 말했다.

"사? 그런 걸?" 코스에 포함된 것이니 다섯 종류 가운데 고르라고 해서 골랐지만, 도저히 먹을 마음이 들지 않는 셔벗을 스푼으로 뒤적거리면서 가즈키가 물었다.

"아뇨. 미용실에서 읽었어요. 미용실은 고객의 인상을 보고 잡지를 건네주거든요. 얼마 전까지도 젊은 아가씨 대상의 잡지였는데, 요즘엔 가십만 실린 주간지나 인테리어, 요리 잡지를 주더라구요, 나한테."

무스미는 얼굴을 들고 콧등에 주름을 지으며 웃었다. 얘기가 딴 데로 샌 것에 안도하는 기분도, 그다음 얘길 듣고 싶은 마음도 있었다. 그래서? 하고 다음 얘길 재촉할까 말까 갈등하는데, 음료수는 어떻게 하시겠습니까? 하고 종업원이 물으러 왔다. 뭐가 있어요? 무스미가 물었다. 커피, 홍차, 카푸치노, 에스프레소, 하고 종업원의 설명을 들으면서, "나는 그라빠(포도로 만드는 독한 이탈리아 술 – 옮긴이)" 하고 가즈키가 말했다. 뭔가 센 술을 마시고 싶었다. 취기를 깨우는 게 아니라.

"그럼 나도 그걸로 할까." 무스미가 말하자, 종업원이 주문을 받아 갔다.

삼키면 액체가 통과하는 부분이 재미있을 정도로 뜨거워지는 알코올을 홀짝이면서, 가즈키는 계속 이어지는 무스미의 얘기에 귀를 기울였다. 무스미의 말투는 마치 잘 아는 누군가에 관해 얘기하는 것 같았다.

"주간지에는 지금까지 여자의 횡령 사건은 모두 남자가 관련되었다고 쓰여 있었어요. 그래서 우메자와 리카도 그럴 것이라고 쓰여 있었지만, 문득 그런 의문이 들었어요. 남자가 돈을 달라고 해서 줬을까요. 아니면 그녀가 본인이 내겠다고 말하다 보니 점점 커졌을까요."

"마찬가지지." 반밖에 먹지 않은 셔벗 그릇을 옆으로 치우며 가즈키가 말했다.

"음, 그럴까나. 예를 들면 지금 내가 돈 내겠다고 했죠? 그거랑 가즈 씨가 여기 돈 내, 라고 하는 거랑 역시 다른 거 아니에요?"

"무슨 말을 하고 싶은 건지 모르겠네."

가즈키가 그라빠를 들이켜듯 마신 뒤 말했다. 얻어먹는 불편함이 확실히 있었다.

"음, 나도 모르겠어요. 취했나." 무스미는 웃었다.

내라고 하면 리카는 안 내지 않았을까. 무스미가 말하는 '그녀'와 리카가 갑자기 선명하게 연결되었다. 돈을 내라고 하면 리카는 절대 내지 않았을 것이다. 내라고 하지 않는 상대이니 한없이 내준 게 아닐까. 자신의 것인지 남의 것인지 모를 정도로 무작정.

계산 부탁합니다아. 무스미가 취했는지 어미를 길게 빼며 밝은 목소리로 종업원을 불렀다. 무스미는 말한 대로 지갑을 꺼내 종업원이 갖고 온 가죽 케이스에 여러 장의 지폐를 꽂았다. 그걸 굳이 보지 않도록 하면서 가즈키는 남은 그라빠를 비우고, 문득 생각했다.

무스미는 이곳 식사비를 내가 내라고 시켜서 냈다고 기억할까. 아니면 자신이 내겠다고 하고 낸 걸로 기억할까.

평소 같으면 한 집 더 들렀다가 돌아갔을 터였다. 그런데 그날, 가즈키는 바에서 나와 무스미와 함께 택시를 타고 그녀의 맨션으로 갔다. 취하긴 했지만, 그것은 언제나의 일이다. 무스미의 생일이니 함께 있으려고 생각한 것도 아니다. 그저 돌아가고 싶지 않았다. 돌아가서 현관을 열고 거실 문을 열고 테이블에 앉아 술을 마시고 있는 마키코를 보고 싶지 않았다. 돈에 관련해 답이 나오지 않는 문답으로 실랑이하고 싶지 않았다. 이제 가망 없을지도 모른다고 생각했다. 아이들은 귀엽지만, 이제 끝이어도 어쩔 수 없다는 기분이 들었다. 이혼, 이라고 소리내어 본다. 지금도 그것밖에 얘기하지 않는 마키코는 위자료니 양육비니 하고 돈 얘기만 열심히 하겠지. 있는 것 전부 다 줘버려도 상관없다고도 생각했다. 아내와 아이에게 송금하기 위해서만 일하는 것, 그것도 괜찮지 않은가.

식사비도 바의 술값도 택시비도 무스미가 냈다. 가즈키는 다음에 내가 살게, 하고 무스미의 침실에서 말했다. 크리스마스, 그래, 크리스마스가 가깝잖아. 21일이나 22일에 밥 먹자, 이번에는 내가 거하게 쏠 테니까. 가즈키는 거하게 쏠 돈을 어떻게 마련할지 머리 한 켠으로 생각하면서 말했다.

"괜찮아요, 그런 건." 가즈키와 나란히 침대에 누운 무스미가 웃었다. "내가 먹고 싶은 것 먹고, 내가 마시고 싶은 것 마시고, 내가 같이 돌아오고 싶었던 것뿐인 걸요. 즐거운 생일이었어요. 가즈 씨,

슬슬 가야 하지 않아요? 괜찮으니까 그만 돌아가요."

이윽고 무스미는 속옷도 입지 않은 채 새근거리며 잠이 들었다. 돌아가자, 지금 가면 3시에는 집에 도착한다. 그렇게 생각하면서도 가즈키는 일어나지 않고 무스미의 등을 천천히 계속 쓰다듬었다. 맞은편에 편의점이 있는 탓에 창에 처진 커튼이 하얗게 빛났다. 돌아가자, 돌아가자 생각하는데 꾸벅꾸벅 졸음이 밀려왔다. 여기서 자면 얼마나 기분 좋을까, 하고 어둠속에 어렴풋이 떠오른 낯선 방을 보며 가즈키는 생각했다.

내가 먹고 싶은 것을 먹고 내가 마시고 싶은 것을 마시고⋯⋯. 가즈키는 문득 품속에서 잠든 여자를 바라보았다. 안지도 못하고 헤어진 리카가 거기 잠들어 있는 듯한 기분이 들었다.

다음날 토요일, 가즈키가 집에 도착한 것은 막 해가 질 무렵이었다. 무스미의 방에서 눈을 떴을 때는 한낮이 가까웠다. 그러나 그렇게 돼버린 바에 될 대로 되라 하고 자포자기한 기분이 들어, 잠에서 깬 무스미와 근처 슈퍼에 장을 보러 나가 요리 재료를 사서 돌아왔다. 어제 얻어먹은 답례라며 가즈키가 아침 식사를 만들었다. 요리를 하는 것은 오랜만이었다. 소꿉놀이처럼 조그마한 부엌에서 토마토와 베이컨 수프를 만들고, 무스미의 주문으로 하이라이스를 만들고, 브로콜리와 치즈로 샐러드를 만들었다. 다 먹고 난 설거지까지 해놓고 돌아왔다.

동기인 우에다와 한잔하기로 해서 늦어질 거야, 하고 어젯밤 7시 전에 문자를 보내놓고 무단외박을 했으니 당연히 마키코는 화가 나 있을 것이다. 하지만 이제 아무래도 좋다. 가즈키는 어젯밤의 기분을 고스란히 간직한 채 집으로 향했다. 어디서 잤냐고 물으면 여자의 집에서 잤다고 솔직하게 인정해버리자. 그래서 마키코가 화를 내면 나도 할 말은 있다. 유마에게 어릴 때 내 피아노와 같은 피아노를 사주고 싶은데 사줄 수 없다, 겐토를 유아 교실에 보내고 싶은데 그러지 못한다, 두 아이에게 스키를 가르치고 싶은데 스키용구도 비싸고 겨울 별장도 없다. 요약하면 벌이가 시원찮다는 얘기를 날마다 주야장천 듣는 집구석에 돌아오고 싶겠냐, 그렇게 말해주려고 결심했다. 마키코에게 할 말을 머릿속으로 되뇌며 역에서 집까지 걸어왔다.

콧김 거칠게 현관문을 열어젖혔다. 그러나 마키코도 아이들도 없고, 집 안은 고요했다. 방마다 둘러보았지만, 역시 아무도 없었다. 아이들 방은 깨끗이 정리되어 있고, 싱크대 건조대에는 아침에 먹은 그릇들이 담겨 있었다. 맥이 풀린 가즈키는 일단 청바지와 트레이너로 갈아입고, 주방 테이블에 접어둔 조간을 읽었다. 혹시 어제 외박했다고 마키코가 아이들을 데리고 나갔을지도 모른다는 생각에 신문에서 얼굴을 들었다. 베란다에는 빨래가 펄럭거렸다. 가즈키의 와이셔츠, 팬티, 트레이너. 유마의 블라우스, 겐토의 조그마한 양말. 마키코의 속옷은 타월로 조심스럽게 가려서 보이지 않도록 해놓았다. 빨래가 있으니 돌아오겠지. 아니, 꼭 그렇다고도 할 수 없지 않을까. 어지럽도록 생각하다, 가즈키는 한숨을 쉬었다.

대체 나는 어떻게 하고 싶은 걸까. 가즈키는 주방 테이블에 신문을 펼쳐놓은 채 생각했다. 마키코와 살고 싶은 건가. 빈정거림을 계속 듣고 싶은 건가? 대화다운 대화도 없는 채? 더는 무리라고 어제 결론을 내렸지 않은가. 그러나 그럼 안녕, 하고 유마와 겐토와 헤어질 수 있을까. 아빠, 하고 달콤한 목소리로 부르며 안기는 그 사랑스러운 두 아이와.

가즈키는 제대로 읽지도 않은 채 신문을 덮고 일어섰다. 왠지 모르게 가슴이 쿵쾅거렸다. 볼일도 없이 아이들 방에 가보고, 침실을 들여다보고 욕실을 들여다보았다. 가방에서 휴대전화를 꺼내 확인해보았다. 부재중 전화도 문자도 없다. 마키코에게 전화를 걸어보았지만, 전원이 꺼져 있는지 전파가 닿지 않는 곳에 있다는 안내 음성이 나왔다. 휴대전화를 닫자 화면에 시각이 표시되었다. 4시 47분.

다운 재킷을 걸친 가즈키는 지갑과 휴대전화만 들고 밖으로 나왔다. 바로 돌아오겠지. 오늘이 무슨 날이었지? 겐토의 영어나 유마의 체조 수업이 있는 날인가. 아니, 유마가 체조를 배웠나? 마키코가 걸핏하면 무엇을 가르치고 싶은데 수강료가 너무 비싸다느니, 선생님이 바뀌어서 무슨 수업을 끊고 싶다느니, 말했던 탓에 가즈키는 아이들이 지금 무슨 요일에 무엇을 배우는지 거의 모른다.

가즈키는 목적도 없이 걸었다. 걷다 보니 저녁이라도 준비해놓을까 하는 생각이 들었다. 마키코에게 요리를 만들어준 적이 있던가. 아이들의 과외에 관해 내가 아무것도 모르는 것은 마키코가 이러니저러니 너무 말을 많이 하는 탓이라고만 할 수 있을까. 자신이 알려고 하지 않았던 것뿐이지 않을까. 수강료, 입회금, 그런 시시콜

콜한 얘기를 듣고 싶지 않아서 어느새 아이들이 하는 일에도 무관심해진 게 아닐까. 주머니에 두 손을 찔러 넣고 그런 생각들을 하면서 슈퍼로 향했다.

한참 전에 주택가의 이 길을 걸었던 기억이 났다. 역시 겨울날이었다. 겐토는 아직 없을 때였다. 마키코의 뱃속에 있었다. 빨간 코트에 빨간 귀마개를 한 조그마한 유마가 장난감 같은 걸음걸이로 앞으로 앞으로 걸어가서, 조심해, 하고 마키코가 소리쳤다. 주택가에서 보이는 하늘은 넓고 파랗고, 차가운 공기는 신선하게 느껴졌다. 태어날 아이는 아들이란 걸 알고 있어서, 걸어가며 이름 후보를 서로 말하던 것까지 기억났다.

슈퍼는 복잡했다. 가즈키는 장바구니를 팔에 걸고 뚱뚱한 여자, 늙은 여자, 가족 동반, 연인과 새끼손가락을 건 젊은 여자들 사이를 빠져나갔다. 무스미와 장볼 때는 수월했는데, 이 넓은 슈퍼에는 어디에 뭐가 있는지 도통 알 수 없었다. 점원에게 물어보려고 해도 점원의 모습조차 보이지 않았다. 지성이 없는 슈퍼, 라고 마키코가 투덜거리던 생각이 났다. 슈퍼가 이렇게 넓다니 막 설레네, 처음 몇 년은 그렇게 말했던 마키코가 그런 지성 없는 슈퍼, 하고 내뱉게 된 것은 언제였던가. 지성이란 게 뭐야. 넌더리가 났지만, 가즈키는 웃어버렸다. 무슨 욕이 그래, 생각하니 웃음이 났다.

후쿠로즈메(일정 규격의 봉지에 마음껏 담는 것 – 옮긴이) 코너에서는 여자들이 혈안이 되어 아메리칸 도그를 쑤셔 담는다, 향채도 바질도 로즈메리도 없고, 이따금 나오는 크레송도 말라 비틀어졌다, 수입 음식재료는 팔지도 않는다. 그렇게 넓은 곳에 상품이 다양하지 못하다…… 마키코는 담담하게 마음에 들지 않는 점을 얘기했다. 그 얘기의 끝이 언제나와 같은 곳이란 걸 깨달은 가즈키는 속으로 혀를 찼다.

마키코가 그렇게 된 것은 자신이 잘못해서가 아닐까, 하고 가즈키는 하이라이스 루를 찾지 못해 초조하게 돌아다니면서 생각했다. 애초에 마키코가 하고 싶은 말을 들어주고, 동의해주고, 마키코가 기억하는 어린 시절을 함께 그리워해 주고 그랬더라면 지금과 같은 관계는 아니지 않았을까.

무스미에게 만들어준 것과 같은 재료를 장바구니에 모두 담는 데, 30분 이상 걸렸다. 다운 재킷을 입은 가즈키의 관자놀이에서 땀이 뚝뚝 떨어졌다. 계산대는 붐벼서, 계산을 마치고 나오는 데 또 10분 이상 걸렸다. 슈퍼 봉지를 두 손에 들고 슈퍼를 나올 무렵에는 해도 완전히 저물었다.

아직 늦지 않았다면 어떻게든 해볼까. 그래도 어떻게 되지 않는다면, 그때 가서 이혼을 진지하게 생각해봐도 되지 않을까. 얘기 도중에 화장실 가는 척하고 자리를 뜨는 그런 해결 방법은 안 좋지 않을까. 어쨌거나 오늘은 집안일을 전부 대신해주고, 마키코와 얘기할 시간을 만들어보자.

그런 생각을 하면서 집에 돌아온 가즈키는, 그래서 현관을 열고 아이들의 들뜬 소리를 들었을 때 진심으로 안도했다. 다녀왔습니다, 밝게 말하고 복도를 걸어갔다. 거실 문을 열자, 유마와 겐토가 아빠, 하고 달려들었다. 두 아이 다 몹시 수줍어했다.

"아빠, 이거 봐. 리본 묶었어." 유마가 머리에 달린 핑크색 리본을 가리켰다.

"있지, 있지, 아빠. 이거 조립해줘." 겐토가 엄청나게 큰 상자를 들고 떠맡겼다.

그 자리에 선 채로 찾아보니 마키코는 카운터 키친 안쪽에 있었다. 마키코도 외출복 차림에 말끔하게 화장을 하고 있다.

"어제는 미안했어. 우에다가 좀 취해서……. 그보다 오늘은 내가 저녁 준비할 테니까 쉬어. 오늘 무슨 날이었어? 결혼식이라도 있었나?"

만면에 미소를 지으면서 다운 재킷을 벗은 가즈키는 주방으로 갔다. 홍차를 타고 있던 마키코는 가즈키가 든 슈퍼 봉지를 보고 눈이 동그래졌다.

"어머? 장 봐왔어? 미안, 우리 먹었는데." 무슨 일이 있었는지 마키코는 몹시 기분이 좋아서 여전히 웃는 얼굴로 가즈키의 손에서 슈퍼 봉지를 받아들었다. "어머, 뭐야, 당신도 참. 고기를 사려면 와규和牛로 사야지. 그리고 마음은 고맙지만, 우리 집에서는 이런 인스턴트 루를 사용하지 않아. 몰랐어? 되도록 화학조미료를 먹이지 않으려고." 말하는 내용은 평소의 마키코 그대로이지만, 가즈키가 평소처럼 울컥 치밀지 않았던 것은 마키코가 생글생글 웃는 얼굴이었기 때문이다. "당신은 아무것도 안 먹었어? 그럼 혼자 먹을 것만 만들면 되겠네. 우리는 케이크가 있으니까. 그런데 당신 요리할 줄

220

아는구나. 알았더라면 좀 시켜먹을걸."

마키코는 밝은 웃음소리를 울리면서 쟁반에 받친 컵과 포트를 거실로 가져갔다. 혼자 먹을 거라면 만들기 귀찮았지만, 요리를 할 줄 아는 자신의 모습을 보여주고 싶은 마음도 들었다. 그래서 가즈키는 그대로 팔을 걷어붙이고 주방에 섰다.

샐러드를 만들고, 소고기를 썰고, 채소를 썰고, 그것들을 볶으면서 다이닝 테이블에서 케이크를 먹고 있는 마키코와 두 아이를 카운터 너머로 바라보았다. 유마는 벨벳 원피스에 은색 목걸이를 하고 있다. 세 사람 모두 너무 잘 차려입고 있어서, 모르는 집 사람들처럼 느껴졌다. 피아노 발표회를 마친 가정에 난입한 건가 싶을 정도였다. 오늘 무슨 날이었던 거야? 가즈키가 넌지시 물었다.

"아, 엄마랑 쇼핑. 가끔은 사치를 부려보자고 전화가 와서, 그래서 나갔다 왔어. 당신한테 연락했지만, 휴대전화가 안 되기에."

"아, 미안, 지하 가게여서……."

"괜찮아, 괜찮아. 아, 오랜만에 즐거웠어. 나 당신이 보기엔 태평스러운 전업주부겠지만, 여러 가지로 스트레스가 쌓였었나봐, 아마. 쇼핑하고 나니 마음이 개운해졌어. 이따금 이런 걸 해야겠어. 아, 당신 것도 사왔어. 나중에 입어 봐. 너무 젊어 보이려나. 그렇지만 아직 충분히 젊으니까."

"있지, 아빠, 아이스크림에서 불이 확 났어!"

"방이 캄캄해졌어. 생일처럼."

겐토와 유마가 저마다 말했다.

"오호, 뭘 먹었는데?"

"철판구이."

"호텔 레스토랑. 이 아이들에게도 가끔은 제대로 된 음식을 먹여주고 싶어서."

"오호, 고급스러웠겠네." 가즈키는 웃어주다가, 밥 짓는 걸 잊은 게 생각나서 냉동한 밥을 레인지에 돌렸다. 완성된 요리를 식탁으로 날랐을 무렵에는 세 사람은 케이크를 다 먹고 소파로 이동했다.

"대단하네, 제대로 샐러드도 있고. 훌륭한걸."

식탁을 흘끗 보고 마키코가 밝게 말했다.

혼자 식사를 시작한 뒤에야, 가즈키는 겨우 거실에 흩어진 종이가방들을 발견했다. 마키코도, 유마도, 겐토도 각각 종이가방을 열어보고 있다. 스톨(여성의 어깨에 걸치는 긴 숄 — 옮긴이)이 나온다. 스커트가 나온다. 원피스가 나온다. 스웨터가 나온다. 프라모델이 나온다. 인형의 집이 나온다. 화장품이 나온다. 에나멜 구두가 나온다. 그것들을 싼 얇은 포장지가 바닥에 흩어진다.

"이거 당신 거야. 어때?"

마키코는 브이넥의 아가일 스웨터를 자신의 가슴에 대보았다.

"꽤 많이 샀네. 크리스마스는 아직 조금 이르잖아?"

"크리스마스 아냐. 크리스마스는 아직 산타 할아버지한테 부탁해놓지 않았지, 그지?"

"그지?" 유마가 장단을 맞추었다.

"산타 할아버지한테 편지 쓰기 숙제가 있었지, 겐토는."

"응, 썼어."

"얘, 영어로 제대로 편지를 썼더라고. 게다가 크리스마스 노래도 배웠지? 아빠한테 불러줄까?"

그 말에 겐토가 징글벨을 영어로 불렀다. 마키코도 따라 부르기 시작했다. 노래하는 마키코는 본 적이 없었던 가즈키는 깜짝 놀라 아내와 아이들을 보았다. 마키코가 웃고 있다.

"아, 와인도 있어. 오늘은 엄마가 택시를 불러줄 테니 짐이 많아도 괜찮다고 해서 마구 샀어. 당신 와인 마실래?"

응, 마실게. 가즈키가 대답하자, 마키코는 콧노래를 흥얼거리면서 카운터 안쪽으로 돌아와 냉장고에서 병을 꺼냈다.

"그런데 쇼핑을 많이 했네. 보너스 받으면 결제하기로 한 거야?"

가즈키는 아까부터 의문으로 생각했던 것을 삼킬 수가 없어서 말을 꺼냈다. 보기에도 어마어마한 지출비는 대체 어디서 나온 걸까.

"아니, 엄마가 가끔은 사치를 부려보라고 전부 내주었어. 저녁도, 당신 스웨터도 전부."

마키코는 와인오프너로 코르크를 따면서 대답했다.

"그랬어? 고맙다고 전화라도 드려야겠네."

내심 안도하는 자신을 조금 부끄러워하면서, 가즈키는 하이라이스를 긁어 넣듯이 먹었다.

"그러게. 그럼 건배."

가즈키 앞에 놓인 잔에 자신의 잔을 마주치며 마키코는 가즈키 옆에 선 채로 와인을 마셨다. 눈이 마주치자 수줍은 듯이 웃었다.

"음, 맛있다. 마셔봐." 가즈키의 어깨에 손을 올리며 말했다. "그 거 다 마시면 스웨터도 입어봐. 잘 어울릴 거라고 생각하지만."

잘됐네. 가즈키는 속으로 중얼거렸다. 그렇게 우울해 하며 술만 마시던 마키코가 안개가 걷힌 듯이 밝아진다면 화끈하게 써버리는 것도 좋지 않은가. 게다가 돈은 장모가 냈다고 하니. 스트레스가 쌓여 있었구나. 가끔은 이런 식으로 스트레스를 발산시킬 만하구나. 그래, 다음부터 마키코의 기분이 나빠졌을 때는 관심을 그리로 돌리면 된다. 장모님하고 쇼핑이라도 하고 오는 게 어때? 하고 권하면 훨씬 원만하지 않을까. 옛날에 함께 슈퍼에 장보러 가던 날들은 의외로 간단히 돌아오지 않을까.

가즈키는 그런 생각을 하면서 와인을 입에 머금었다. 떨떠름하고 농후한 향이 퍼졌다. 마키코는 소파에 앉아, 유마가 새 옷 입는 것을 도와주었다. 잘됐네. 가즈키는 한 번 더 속으로 되뇌었다. 그렇게 계속 중얼거리지 않으면 얼룩처럼 조그맣게 남은 불안이 몸 전체로 점점 퍼져나갈 것 같았다.

흐음, 정말로 저걸 전부 장모님이 사준 걸까? 얼룩 같은 의문을 더는 펼치지 않기 위해, 이번에는 또렷이 소리 내어 말했다.

"잘됐네."

마키코가 고개를 들고 가즈키를 향해 천천히 웃어주었다.

무릎까지 오는 짧은 감색 바지를 들고 시착실로 들어간 주조 아키는 바지 안쪽에 달랑거리는 가격표를 확인했다. 3만 8천 엔. 흐음, 하고 생각한다. 입고 있던 걸 벗고 새 바지에 다리를 넣는다. 거울로 자신의 모습을 확인한다. 어울리지 않는 것도 아니지만, 뭔가 너무 젊어 보이는 것 같기도 하다. 어떠세요? 하고 밖에서 점원의 목소리가 들려 아키는 시착실 문을 열고 점원이 준비한 펌프스를 신고 밖으로 나왔다. 사방 거울로 된 시착실 문으로 새삼스럽게 자신의 모습을 확인했다.

"손님, 다리가 정말 예쁘세요. 참 잘 어울리시네요." 점원이 등 뒤에서 말했다.

"그런데 너무 젊어 보이지 않나 몰라요." 반쯤 드러난 무릎 정강이를 보면서 말하자,

"어머나, 손님, 아직 충분히 젊으신 걸요." 점원이 웃었다. "올해는 이 길이가 유행이어서 갖다놓자마자 다 팔려서요. 이 사이즈는 지금 이것밖에 없답니다. 흰색으로는 사이즈가 있지만." 점원은 그렇게 말하고 부탁하지도 않았는데 같은 디자인의 흰색 바지를 갖고 왔다.

"감색도 괜찮지만, 손님처럼 다리가 예쁘신 분은 흰색도 잘 어울

리지 않을까요?"

아키는 건네받은 짧은 흰색 바지를 넌지시 대보았다. "아, 흰색
도 예쁘네요."

"네, 화사해지셨네요. 입어보시겠어요?"

"음, 입어보면 사고 싶어질 것 같아서." 아키의 말에 점원이 웃어
주었다.

확실히 흰색 쪽이 화사한 인상이 있다. 망설이고 망설이다 귀찮
아져서 "그럼 둘 다 주세요"라고 했다.

"위에 같이 입을 만한 것도 보시겠어요?" 점원의 말에 한번 보고
싶은 생각도 들고 해서, "그러게요, 어떤 게 어울리려나" 하고 반응
해버렸다.

점원은 매장을 돌아다니며 몇 장의 니트를 들고 돌아왔다.

"이 카멜색 니트는 감색에도 흰색에도 잘 어울린답니다. 그리고
이 옷은 팔과 옷자락이 A라인이어서 통이 좁은 편인 바지에 상당히
잘 어울린답니다. 입어 보면 의외로 몸에 맞아서 너무 너풀너풀한
느낌도 들지 않고요. 이 옷은 올해 유행인 라메가 들어갔어요. 라메
라고 해도 얌전하게 들어가서 얼핏 보면 검은색이지만, 조명에 따
라 반짝거린답니다."

점원은 잇따라 니트를 펼쳐서 아키의 가슴팍에 대보았다. 고를
수 없다. 맞춰 입기 쉬운 카멜도, 색다른 디자인의 A라인도, 올해 유
행하는 라메도, 하나같이 괜찮았다. 아키는 석 장의 니트를 비교해
보며 옷장 속의 옷을 떠올렸다. 검은색 라메는 지난달에 샀으나 매

칭할 옷을 찾지 못해 아직 입지 않은 검은색 머메이드 스커트에 어울릴 것이다. A라인은 청바지 등 가벼운 차림에 딱 좋을 테고, 카멜은 그동안 별로 사보지 않는 색이어서 한 벌 갖고 있으면 편리할지도 모른다. 아, 못 고르겠다. 각각의 니트 가격을 보고 싶지만, 점원의 눈앞에서 니트를 뒤집어 가격표를 찾는 꼴불견스러운 짓은 하고 싶지 않다. 어떡하지, 어느 걸로 하지. 생각하는 동안, 머릿속에 안개가 끼는 것 같았다.

아키는 "그럼 다 살게요. 싸주세요"라고 해버렸다. 점원은 "감사합니다" 하고 웃는 얼굴로 머리를 숙였다.

시착실로 돌아와 짧은 바지를 벗고 입고 온 옷으로 갈아입었다. 황홀한 기분이 아키를 감쌌다. 이제 완벽하다고 아키는 생각했다. 옷장을 열고 무엇을 입을지 갈등하는 일도 당분간 없을 테고, 다음 주 약속 때도 딱이다. 아, 좋아라.

시착실에서 나와 짧은 감색 바지를 점원에게 건넸다. 점원이 소파를 권해서 앉았다. 점원은 아키 발밑에 꿇어앉았듯이 하고 계산기를 두드렸다. 16만 7천 엔입니다, 라고 해서 헉, 하고 놀랐지만, 아키는 동요를 감추고 지갑에서 신용카드를 꺼냈다.

"할부로 계산하실 건가요?" 카드를 받아든 점원이 당연할 거라는 듯이 그렇게 물어, 순간 기분이 나빠진 아키는 "아뇨, 일시불로"라고 했다.

"실례했습니다. 일시불로 하겠습니다."

점원은 머리를 숙이고 카드와 계산기가 담긴 쟁반을 들고 매장

밖으로 나갔다. 다른 점원이 니트와 바지를 한 장 한 장 얇은 종이로 쌌다.

"손님, 아까는 정말로 잘 어울리셨어요. 잘 어울리시는 분이 사 가시면 저희도 무척 기쁘답니다. 게다가 이 니트, 디자인이 독특하지만 맞춰 입기 아주 좋답니다."

아키는 이제 대답도 하지 않고 얇은 종이로 포장하고 있는 옷을 멍하니 바라보았다. 지금 막 느낀 황홀한 기분이 마치 파도가 밀려가듯이 사라져갔다. 이게 정말 잘한 걸까. 점원은 어울린다고 말하지만, 역시 너무 젊은 척하는 게 아닐까. 점점 불안해졌다.

아키는 통로까지 나온 점원의 배웅을 받으며 매장을 나왔다. 종이가방을 어깨에 메고 아직 백화점 안을 어슬렁거린다. 너무 젊게 꾸며서 열없으면 어떡하지. 조금 더 점잖은 옷도 사둘까. 검은색의 잘 빠진 원피스라든가. 에스컬레이터로 위층에 올라갔다. 오후 7시가 지난 백화점은 붐볐다. 매장마다 들어가 뒤지듯이 옷을 구경했다. 크리스마스가 가까워서인지 어디에 입고 갈까 싶은 드레스가 많았다.

"그쪽은 파티용이지만 디자인이 단순해서 식사 모임 같은 데도 잘 어울린답니다."

점원이 드레스를 보고 있는 아키에게 말을 걸었다. 제발 말 좀 걸지 말아줘, 생각하면서 아키는 돌아보며, 그렇군요, 하고 웃어 보였다.

"너무 화려하지 않고, 그렇다고 캐주얼도 아니고, 좀처럼 보기

힘든 스타일이죠. 송년회에 신년회도 이어지니 이런 옷 한 벌 있으면 꽤 활약을 해준답니다. 숄을 걸치면 분위기도 확 달라지고요." 점원은 부탁도 하지 않았는데 어디선가 금색 숄을 갖고 와서 드레스 어깨에 걸쳐 보이며 아키를 향해 웃었다. "한번 입어 보시겠어요?"

아뇨, 괜찮아요, 하고 아키는 황급히 말했다. 시착을 하면 어차피 사게 된다. 그러자 점원은 킥하고 희미하게 웃으며 아무 말 없이 드레스를 원래 있던 데 걸었다. 그 웃음은 어쩌면 어차피 사지도 않을 거면서, 하는 비웃음으로 보여 아키는 충동적으로 다른 드레스를 들고 거울 앞에 가져가서 가슴에 대보았다. 가슴팍이 크게 팬 프렌치 슬리브의 드레스는 아까 드레스보다 파티색이 더 짙어서 아키는 주저했지만,

"이쪽은 화사한 느낌이 들지만 절대 화려하진 않죠. 날씬하셔서 잘 어울리시네요. 이런 목걸이나 이런 분위기의 숄을 걸치면 평상시 외출 때도 제법 활용하기 좋답니다." 아까의 점원이 또 한 손에 목걸이, 한 손에 검은색 숄을 들고 나타나 드레스에 코디를 해 보였다. 아키는 자포자기하는 기분으로 말했다.

"그럼 이걸 주세요. 이 목걸이도 같이."

파티 같은 건 없지만, 그래도 한 벌 있으면 편리하긴 할 테니. 변명하듯이 생각한다. 순간의 황홀함이 되돌아왔다. 그래, 다음 주 약속에 이 드레스로 한껏 멋스럽게 하고 나가는 것도 괜찮지 않을까. 그 코트와 그 피어스를 하고······.

"시착은?"

"됐어요. 시간이 없어서." 아키는 점원의 말을 가로막고, 의기양양하게 말했다.

"숄은 어떻게 하시겠어요?"

"그럼 그것도 같이." 아키는 필요한가 아닌가, 원하는가 아닌가, 그런 것보다 아까 빈정거림 같은 미소를 지은 점원에게 복수하는 기분으로 말하고, 카드를 꺼내 일시불로, 라고 했다. 합계 12만 5천 8백 엔이었다.

통로까지 배웅을 나온 점원에게 종이가방을 받아들고 고맙습니다 하는 소리를 등으로 들으면서 걸어 나온 아키는 울고 싶은 기분이었다. 황홀함은 환상처럼 사라졌다. 이제 2층은 보지 않을 거야, 아무리 그래도 너무 많이 썼어. 그렇게 결심하고 하행 에스컬레이터를 탔다. 지하에서 식료품을 사서 돌아가려고 생각했다. 그렇지만 1층 매장에 진열된 백이며 구두가 시야 끝을 지나가서, 보기만 하자, 하고 아키는 1층에서 내려버렸다.

1층은 위층보다 훨씬 붐볐다. 아키보다는 조금 어려 보이는 직장인인 듯한 여성 그룹, 커플, 아키와 비슷한 차림의 여성들로 구두 매장도 핸드백 매장도, 액세서리 매장도 화장품 매장도 북적거렸다. 아키는 사람 사이를 누비듯이 걸어가면서 오가는 여성들을 관찰했다. 많은 여성들이 아키처럼 새 종이가방을 어깨에 메거나 동행한 남성이 들어주고 있다. 아키는 궁금해졌다. 이렇게 많은 여성들이 쇼핑하고 있다. 그녀들은 대체 월급을 얼마나 받는 걸까? 그 쇼핑하는 돈을 어떤 식으로 마련할까?

궁금함은 아키의 속에서 서서히 안도로 바뀌었다. 모두 나와 같지 않을까. 월급의 대부분을 옷이나 백 사는 데 쏟아 붓고, 때로는 (충분히 계획적으로) 편리한 소비자금융 현금지급기를 이용하지 않을까. 매일 같은 옷을 입고 일하러 갈 수는 없고, 화장을 하지 않을 수도 없으니까. 모두 나와 비슷하게 돈을 쓰고 있을 게 분명하다. 이번 달은 좀 너무 썼어, 하고 씁쓸한 기분으로 생각하면서.

안도한 아키는 구두 매장을 들여다보려 하다, 통로에 당당히 장식해놓은 거대한 크리스마스트리 앞에서 우뚝 걸음을 멈추었다.

자신의 것에만 넋이 빠져 있어, 그 아이에게 선물 사는 걸 잊었다. 아키는 발길을 돌려 상행 에스컬레이터로 향하다가, 또 걸음을 멈추었다. 등 뒤의 손님이 걸리적거린다는 듯이 아키를 피해 옆으로 지나갔다. 아동복 매장은 6층이다. 그러나, 잠깐만, 그 아이가 요전 생일에 몇 살이 됐더라. 아키는 플로어에 우두커니 선 채 손가락을 꼽았다. 열두 살이다. 아동복 입을 나이도 아니다. 젊은 여성 대상의 매장은 2층에 있지만, 그러나 취향뿐만 아니라 사이즈도 잘 모른다. 액세서리나 가방으로 할까. 마침 그게 시야에 있어서 그렇게 결정한 아키는 부피가 늘어난 종이가방을 안은 채 백 매장을 향해 걸어갔다.

7년 전, 서른네 살 때 이혼한 아키에게는 사오리라는 딸이 있다. 이혼할 때 사오리는 다섯 살이 되기 직전이었다.

물론 그때 아키는 사오리를 맡을 생각이었다. 하지만 재판 끝에 친권을 빼앗겼다. 아키에게는 경제적인 기반이 없다는 것이 이유였다. 아키는 여자아이를 아빠가 키우는 데는 무리가 있다고 주장했지만, 받아들여 주지 않았다. 남편이었던 노부요시는 이혼 후 사오리를 데리고 요코하마에 있는 본가로 돌아가기로 했고, 그렇게 되면 시부모가 대신 키워줄 수 있었다. 일도 없고 나가노에 있는 친정과는 거의 연락두절인 아키가 거두기보다 안정된 수입이 있는 노부요시와 함께 당시 아직 오십 대였던 시부모가 있는 가정에서 자라는 편이 사오리를 위해 유익하다는 게 법원의 결론이었다. 아키가 만나고 싶을 때는 언제든 사오리를 만날 수 있다는 조건이 최소한의 위안이었다.

아키는 노부요시가 결혼 초에 산 2LDK의 맨션에서 혼자 생활을 시작했다. 맨션 명의는 노부요시인 채로였지만, 매달 대출금은 아키가 내기로 했다. 노부요시와 그 부모가 꽤 많은 금액을 선수금으로 넣어둔 덕분에 매달 대출금은 약 7만 엔 정도로 임대료에 비하면 훨씬 쌌지만, 저축이 거의 없었던 아키는 바로 일을 시작했다. 어쨌든 먼저 자리를 잡는 것이 목적이어서 업종 불문하고, 슈퍼마켓 계산원, 선술집 서빙, 러브호텔 청소 등 할 수 있는 일은 닥치는 대로 하다가, 드디어 1년 뒤에 조금은 저축도 생겼을 즈음해서 아키는 모든 시간제 사원 일을 그만두고, 집 근처 타운지 만드는 편집회사에 취직했다. 계약사원이어서 월급은 본봉만 약 20만 엔이었지만, 대출금을 내고 먹고사는 데는 곤란하지 않은 액수였다.

편집회사에서 잔업을 하고 동료들과 담소를 나누면서 배달 야식을 먹을 때, 아키는 자신이 사오리를 까맣게 잊고 있다는 사실을 깨닫고 아연했다. 만나고 싶을 때는 언제든 만나게 해준다고(변호사의 표현으로는 노부요시의 온정으로), 약속을 받았으면서 연락조차 하지 않았다. 나는 어딘가 이상한 걸까, 하고 아키는 조금 불안해졌다. 모성이라는 것이, 정이라는 것이 결여된 게 아닐까.

그리고 아키는 바로 노부요시에게 전화를 걸어 일곱 살이 된 사오리를 만났다. 하지만 사오리는 완전히 새로운 생활에 익숙해져서 아키를 반가워하는 것 같지도 않고, 그렇다고 혐오하지도 않고, 마치 낯가림이 없는 아이가 먼 친척 대하듯이 스스럼없이 학교와 집 얘기를 했다. 순수한 아이로 자라주었구나 하고 노부요시와 시부모에게 감사하기도 했지만, 사오리가 시종 잘 모르는 사람 대하듯 깍듯이 예의 갖춰 얘기하는 것에 적잖이 상처 입었다. 그래도 3개월마다 연락해서 사오리와 계속 만났다. 사오리의 말투도 점점 자연스러워져서, 아키는 진심으로 안도했지만, 때로 이 아이는 나를 엄마로 인식하는 걸까 하는 의문이 들기도 했다. 그것은 자기 자신이 사오리와 만나면서 친척 아이를 잠시 돌보고 있는 듯한 착각을 느끼는 이유이기도 했다.

이윽고 아키는 출판사 구인 광고를 보고 응시하여 무난히 채용되었다. 편집회사 때와는 종류가 다른 바쁨에 쫓겨, 사오리와 만나는 것은 반년에 한 번이 되고, 바쁠 때는 1년에 한 번이 되었다. 만나는 횟수가 줄어도 사오리는 별로 개의치 않고 만나면 전과 똑같이

스스럼없이 얘기했다. 마음에 드는 남자아이 얘기, 동아리에 들어
간 얘기, 좋아하는 아이돌 얘기, 초등학교 5학년 때는 초경을 맞이
한 얘기를 부끄러워하지 않고 들려주었다. 사오리와 만나는 것은
즐거웠고, 사오리의 으스대지 않는 얘기를 듣는 것도 좋았지만, 자
신은 어딘가 이상한 게 아닐까 하는 생각이 해마다 더해졌다. 사오
리와의 이런 관계가 가장 좋다는 생각이 들기 때문이다. 만약 사오
리를 자신이 맡았더라면 시간제 사원 일에서 벗어나지 못했을 것이
다. 사오리 역시 이런 식으로 숨김없이 무슨 얘기든 해주지 않았을
것이다. 시시한 일로 엄마한테 대들고, 시시한 일로 상처받고, 엄마
와 둘이 사는 환경을 원망했을 것이다. 그러니까 잘했다. 맡지 않길
잘했다. 그런 식으로 생각하다, 역시 자신은 세상의 보통 엄마들과
어딘가 다른 것 같아 불안해지고, 그때마다 우울했다.

  아키는 크리스마스 전날, 초등학교 5학년인 사오리와 함께 바샤
미치의 레스토랑에서 식사를 했다. 초경을 맞았다고 보고했지만,
그렇다고 더 어른스러워진 건 없었다. 돌아갈 무렵, 사오리는 "엄
마는 정말 멋있어" 하고 아키에게 말했다. "친구들 엄마보다 훨씬
젊고, 잡지에 나오는 사람처럼 세련되고, 보통 아줌마들하고 다르
게 멋진 식당도 많이 알고 있고. 엄마, 엄마를 아키짱이라고 불러도
돼?" 전혀 스스럼없이 웃는 얼굴로 말했다. "왠지 엄마라기보다 친
구 같단 말이야." 그런 사오리의 말에 아키는 상처 입지 않았다. 오
히려 기뻤다. 엄마네, 딸이네, 모성이네, 하고 깊이 생각할 것 없지
않을까, 아키는 생각했다. 사오리의 말대로 친구가 되면 되지 않나.

가장 좋은 친구가. 그런 모녀 관계여도 좋지 않을까.

"좋아, 아키짱이라고 불러. 나는 사오링이라고 부를게" 하고, 아키는 들떠서 말했다. "사오링, 아무 때나 전화해도 좋아"라고도 덧붙였다. 그렇다고 사오리가 먼저 전화를 걸어오는 일은 없었지만.

그날 이후, 아키는 사오리를 만날 때 세심한 주의를 기울이게 됐다. 낡은 스커트나 몇 년 전에 신던 구두는 일단 걸치지 않는다. 사오리의 기대를 저버리지 않도록, 요코하마나 도쿄의 이름난 레스토랑에 예약을 해두고, '잡지에 나오는 사람' 같은 차림으로 약속 장소에 갔다. 엄마라고 생각하지 않아도 좋았다. 친한 친구라고 생각해주었으면 하는 뻔뻔스러운 생각도 하지 않기로 했다. 그저 좋아해주길 바랐다. 멋있고, 폼 나서 동경하는 친구. 그것만으로도 좋았다.

열두 살, 명품은 아직 이를까 생각하면서, 아키는 핸드백 매장을 어슬렁거렸다. 자신의 취향인 백에 눈이 갈 때마다, 8개월쯤 전에 만난 사오리의 얼굴을 떠올리며, 좀 더 어려 보이고 귀여운 것으로 시선을 옮겼다. 곰돌이 열쇠고리가 달린 에나멜 백이 있었다. 어른스러운 디자인의 백과 큼직한 곰돌이의 부조화가 귀여웠다. 게다가 앞으로 몇 년만 있으면 이런 것이 어울리지 않을까 생각했다. 열쇠고리를 보아하니 젊은이용이겠지, 하고 아키는 가격도 확인하지 않고 옆에 다가온 점원에게 그걸 가리켰다.

소비세 포함해서 54,500엔입니다, 하는 말을 듣는 순간 가격을 확인하지 않은 것을 후회했지만, 이제 와서 사지 않겠다고 할 수도 없었다. 아키는 지갑에서 카드를 꺼냈다.

지하식료품 매장에서 많은 여자들과 함께 진열장을 들여다보며 걸었지만, 그러나 1천 엔짜리 초밥 도시락도 그램당 450엔 하는 샐러드도 너무 비싼 것 같았다. 예상 외로 돈을 많이 써서 절약해야 한다. 결국 아키는 아무것도 사지 않고 지하철 타는 곳으로 향했다.

35만 엔 가까운 돈을 써놓고 고작 1천 엔 정도의 저녁 값을 절약해봐야 아무 소용없다고, 아키는 복잡한 지하철을 타고 가며 쓴웃음을 지었다. 종이가방을 네 개나 든 아키는 보기에도 거치적거려서, 지하철이 설 때마다 내리는 사람, 타는 사람들이 민폐라는 듯한 얼굴로 종이가방을 내려다보았다. 그 시선들이 겨우 두 시간 동안 35만 엔 가까이 쓴 자신을 욕하는 것처럼 느껴졌다.

자신도 모르게 과용하는 것은 예전부터였다. 아니, 이혼 사유 자체가 아키의 돈 씀씀이 때문이었다. 결혼한 뒤, 아키는 노부요시의 신용카드로 가족 카드를 갖고 있었지만, 문제가 될 만큼 사용하지는 않았다. 고액이라 해도 고작 월 5, 6만 엔 정도로 미안, 꼭 갖고 싶은 게 있어서, 하고 사과하면, 노부요시는 웃으며 용서해주었다. 맨션을 사고, 아키가 임신한 동안에는 그 가족 카드를 거의 사용하지 않았다. 무엇을 갖고 싶다, 쇼핑하고 싶다는 마음이 완전히 없어졌다. 그런데 출산 후, 어찌된 이유인지 갑자기 물욕이 폭발했다. 아직 돌도 되지 않은 사오리를 데리고, 시부야나 후타코다마가와를 어슬렁거렸다. 눈이 가는 것은 자기 옷과 백이 아니라, 아이 옷과 장난감뿐이었다. 사오리에게는 아직 커서 못 입는 프랑스제 원피스도 마음에 들면 사지 않고 못 배겼다. 식료품 코너에 가면 이번에는 잼과 파스타와 된장과 치즈를 사고 싶어서 미친다. 사오리의 것은 낭비가 아냐, 음식재료니까 낭비가 아냐, 하고 자기합리화를 하면서 가족 카드를 사용했다.

한 달 결제액이 노부요시의 월급을 초과했을 때, 가족카드를 빼앗겼다. 이제 쇼핑은 그만두자고 마음속으로 맹세했지만, 그러나 집에 가만히 있으면 불안에 짓눌려버릴 것 같았다. 뭔가를 손에 넣지 못한 게 아닐까 하는, 지금 생각하면 참으로 희한한 불안이었다. 불안의 무게와 우울한 기분을 이기지 못하고, 아키는 직접 신경정신과를 찾았다. 산후 우울증이 아닐까 하는 진단을 내리고 약을 처방해주었다. 노부요시에게 비밀로 병원에 다녔던 시기는 1년도 채되지 않았다. 사오리가 엄마라고 부르게 됐을 무렵에는 약도 필요없었고, 예전 같은 초조한 쇼핑욕도 진정됐다.

다시 쇼핑에 발동이 걸리게 된 것은 사오리가 세 살 무렵이다. 아동센터에 가네, 유치원 답사를 가네, 새로 온 친구의 집에 가네, 뭔가가 있을 때마다 아키는 자신과 사오리의 새 옷을 사고 싶어졌다. 정확히 말하면 사고 싶은 게 아니라, 사지 않을 수 없었다. 노부요시가 매번 허락하는 건 아니었으므로, 할 수 없이 아키는 자신의 신용카드를 만들었다. 매달 자동이체 되는 공과요금과 주택 할부금, 사오리의 학비를 저금하는 계좌가 하나 있어서, 노부요시에겐 비밀로 하고 거기서 카드이체를 시켰다. 그 계좌에는 항상 150만 엔 정도가 들어 있어서. 3만 엔, 5만 엔을 쓰고는 생활비를 아껴 써서 다음 달에 채워넣었다. 노부요시에게는 들키지 않게 잘 돌아갔다. 그러다가 3만, 5만이 10만, 20만이 되고, 생활비를 아끼는 것만으로는 도저히 어떻게 할 수 없게 되자, 아키는 자동이체 되는 금액을 소비자금융의 ATM기에서 빌려서 보충했다. 소비자금융에 돈을 갚느라 대출을 받아, 매달 2만 엔 정도를 생활비에서 갚아나갔다. 사오리와 아키의 옷장은 새것과 다름없는 옷으로 넘쳐났다. 입지 않게 된 옷과 사용하지 않게 된 액세서리를 헌옷 가게나 전당포에 팔아가지고 돈을 갚는 데 쓴 적도 있고, 부모나 친구에게 몇 만 엔씩 빌린 적도 있다. 한참 만나지 않았는데, 흔쾌히 목돈을 빌려준 친구도 있었던 것을 아키는 오랫동안 잊고 있었다. 신문에서 그 이름을 보고서야 생각났다.

하여간 1년 남짓한 사이 소비자금융의 빚은 100만 엔에 가까워졌다. 카드대금이 자동이체 되는 계좌의 150만 엔은 줄지 않았는데, 아키는 100만 엔도 매달 2만 엔 정도씩 꼬박꼬박 갚아나가면 언젠가 다 갚을 거라고 가볍게 생각했다. 계산이 서툰 데다 소비자금융의 시스템을 전혀 몰랐다. 무인 ATM기로 간단히 인출할 수 있으니, 자신의 돈을 인출하는 것처럼 착각한 탓도 있다.

좀처럼 통장을 확인하지 않는 노부요시가 어째선지 하루는 그 계좌의 통장을 보았다. 지금 생각하면 넘쳐나는 옷과 구두, 게다가 사오리가 늘 새로운 옷을 입고 있는 걸 보고 노부요시가 눈치 못 챘을 리 없었다. 눈치를 챈 다음에는 그 출처가 어딘지 의문으로 생각하는 것도 무리가 아니었지만, 당시 아키에게는 그야말로 청천벽

력이었다. 노부요시는 "이게 어떻게 된 거야?" 하고 떨리는 손으로 인출과 입금이 빈번하게 찍힌 통장을 내밀었다.

결국 모든 것을 노부요시가 알게 되었다. 소비자금융의 빚은 노부요시가 모두 갚았다. 아키는 사과할 생각으로 산후 우울증에 걸렸던 것부터 설명했다. 나, 일할게. 그러면 스트레스도 해소될 테고, 써도 될 돈과 그렇지 않은 돈도 구별하게 될 거야. 노부요시도 거기에 동의할 줄 알았으나, 그가 내린 결론은 이혼이었다. 너는 두 번이나 같은 짓을 했어. 앞으로 몇 번이고 같은 짓을 되풀이할 게 뻔해, 난 그런 무서운 생활을 감당할 수 없어. 그렇게 말했다.

이혼 직후, 아키는 상당히 절약하며 살았다. 그러지 않고서는 생활을 할 수 없었다. 하지만 지금 다니는 출판사에 정사원으로 취직한 뒤로 급여가 오르고, 전보다 안정되자마자 절약했던 생활의 반동처럼 쇼핑하는 버릇이 바로 나왔다. 그래도 아키는 자기가 말한 대로 써도 될 돈과 그렇지 않은 돈을 구분했다. 어쨌든 자기가 번 돈이다. 8만 엔짜리 백을 사기 위해 어느 정도의 노동이 필요한지 뼈저리게 알고 있고, 물건을 보면 이성이 흐려지는 자신의 나쁜 버릇도 자각했다. 과용하지 않도록 항상 자신에게 충고하고, 여기까지라면 써도 된다는 선을 명확하게 했다. 그래서 급료에서 주택대출금과 공과금, 신용카드 사용액이 자동이체 되지만, 생활비에 곤란할 정도는 아니었다. 어쩔 수 없이 소비자금융 ATM기를 사용한 적은 몇 번 있지만, 갚을 수 있는 금액만 빌렸다. 그런데 이번 쇼핑은 단번에 35만 엔 가까이, 그것도 모두 일시불로 써버렸다. 보너스가 나온다고는 하지만 괜찮을까. 아키는 마음이 술렁거리며 불안해졌다.

목적지에 도착해서 거치적거리는 종이가방을 들고 간신히 전철에서 내린 아키는 승객들과 함께 플랫폼을 걸어갔다. 지상으로 향하는 계단을 올라가면서, 아키는 리카를 떠올렸다. 리카는 그 단정한 얼굴 탓에 실제 나이보다 훨씬 어른스러워 보이고, 냉담해 보였다. 하지만 알고 보면 아주 아이 같은 사람이었다. 아이 같다고 할까, 소녀 같다고 할까. 스스로는 무엇 하나 결정하지 못한다. 어디서 식사를 하는 것도, 일을 시작할까 말까 하는 것도, 남의 의견을 먼저 구했다. 돈을 빌려주지 않겠느냐고 연락했을 때는 이유도 묻지 않고 좋아, 하고 흔쾌히 대답하더니, 50만 엔을 네모난 비단보자기에 싸서 가져왔다. 그 사람 좋음, 그 엉뚱함도 리카답다고 하면 리카다웠다. 50만 엔은 갚았던가. 그 무렵의 기억에는 공백이 많다.

아키는 일을 시작하려고 한다는 리카의 목소리를 떠올렸다. 그때, 은행 따위 관둬버려, 일 안 해도 먹고살 만하면 한가롭게 전업주부로 지내, 라고 했더라면, 리카는 그 말을 들었을 게 분명하다. 그렇게 생각하니 쓴 것을 삼킨 듯한 기분이 들었다.

아키는 편의점에 들어가서 컵라면과 페트병에 든 음료수를 들고 계산대로 갔다. 배가 아플 정도로 허기가 졌다. 편의점을 나와서 서둘러 집으로 향했다. 경찰이 찾아오는 건 아닐까, 하는 생각이 문득 들었다. 그 50만 엔도 횡령한 돈의 일부였을 것이다. 그 일로 경찰이 찾아오면 어떡하지. 내 과거가 들통 나게 되는 걸까. 아키는 몹시 불안해져서 황급히 다음 주 사오리와의 약속을 상상했다. 사오리는 분명 이 선물을 보고 기뻐하겠지. 아키짱, 센스가 좋아, 멋있어, 하고 어른스러운 어조로 말해주겠지. 그리고 오늘 산 것을 입은 내게 동경하는 시선을 감추지 못하고 보내겠지. 이제 사춘기가 되면 점점 그렇게 되겠지. 맨션에 도착했을 무렵에야 겨우 기분이 밝아졌다.

우메자와
리카
———

리카가 시간제 사원 시절부터 고객이었던, 후지가오카에 사는 나고 다마에가 인감과 통장을 리카에게 맡기고 싶다는 말을 꺼낸 것은 마사후미가 상하이에 간 몇 주 뒤였다.

"글쎄 말이지, 밤중에 몰래 들어오는 사람이 있어."

자신이 10년 전에 갖고 있던 땅을 팔아서 샀다는 맨션의 다다미방에서, 다마에는 리카에게 귓속말을 하듯이 말했다.

"네? 도둑이 들어온단 말씀이세요?" 리카가 놀라서 물었다.

"도둑…… 그렇게 생각하고 싶진 않지만 말이지. 아마 내가 아는 사람일 거야. 그 사람들밖에 비상열쇠를 갖고 있지 않으니."

"비상열쇠로 문을 열고 들어온다는 거예요?"

"응, 그게 한두 번이 아니거든. 텔레비전에서 말하는 피, 피."

"피킹?"

"그래, 그거라면 매번 손잡이를 뜯어야 들어오잖아? 그런데 아주 조용해. 조용히 들어와서 조용히 뭘 찾다가 찾지 못해서 포기하고 나가."

"뭘 찾는 건데요?"

"재산이지. 통장, 도장, 내가 갖고 있는 토지 권리서, 이 맨션의 권리서, 주식, 그런 것."

"저기, 아는 사람이라는 건⋯⋯."

다마에는 좌탁에 양손을 짚고 몸을 앞으로 내밀더니 리카에게 얼굴을 바싹 갖다 붙이고 속삭였다.

"딸들."

최근 몇 년 동안의 왕래로 리카도 다마에에 관해 잘 알고 있다. 남편은 3년 전에 세상을 떠나서, 리카도 장례식에 참석했었다. 리카가 이 집에 다니기 시작했을 무렵에는 나고 부부와 딸들이 호의적인 관계인 듯했다. 설이나 여름휴가에는 이 맨션에 모였고, 둘째 딸이 보내준 오키나와 선물을 리카에게 나눠주기도 하고, 북적거렸던 설날 이야기를 들려주기도 했다. 그런데 다마에의 남편이 세상을 떠난 뒤, 딸 둘과 어머니 사이는 소원해져서 지금은 명절에도 딸 가족이 다녀간 흔적이 없다. 시집가면 어차피 남이라고 다마에가 투덜거린 적도 있었다. 리카는 아마 남편의 유산을 둘러싼 싸움이 있었던 모양이라고 조심스레 상상했다. 다마에의 남편이 남긴 것은 주식과 부동산을 제외하고도 상당한 액수가 있다는 것은 쉽게 짐작이 간다. 다마에가 와카바 은행을 입금처로 한 생명보험금만도 거액이었다. 딸은 상속권을 주장했을 게 분명하지만, 다마에는 부당하게 적은 돈만 건넸던 게 아닐까. 어째서 재판을 하지 않았는지는 리카도 알 수가 없으나, 어쨌든 돈 문제로 모녀 사이가 금이 간 것은 확실했다. 그렇다 해도 딸들이 비상열쇠를 갖고 심야에 몰래 들어오다니.

"이렇게 바닥이 삐걱거려서 알아. 그래서 나, 매일 놔두는 곳을 바꿔놓고 자지만, 오늘 오는 거 아닐까 내일 오는 거 아닐까 생각하다 보니 잠을 잘 못 자. 그러니까 리카 씨, 차라리 내 도장과 통장을 맡아주지 않겠어?"

다마에는 제안했다.

"그렇지만 정말 따님들이세요? 어쩌면 모르는 사람이 멋대로 열쇠를 만들었을 수도 있지 않을까요? 경찰에 얘기해보는 게 어떨까요?"

"모르는 사람일지도 모르고 아는 사람일지도 몰라. 어쨌든 마찬가지잖아? 물건을 훔치러 온 거니까."

"그래서 그 침입자가 다마에 씨에게 해를 끼친 일은 없어요?"

"밤에 그러고 계속 깨어 있잖아? 그러니 아침에는 아무래도 정신이 희미하지. 나도 나이를 먹었나봐. 열쇠를 바꾸려고 업자에게 부탁했는데 요즘 바쁜지 2주 뒤에나 온대. 하여간 이놈이나 저놈이나 노인이라고 다들 무시해, 리카 씨."

다마에의 이야기를 진지하게 듣고 있던 리카는 문득 위화감을 느꼈다. 침입자가 있는 데 비해서는 다마에에게 공포감이나 절박감이 없다. 하지만 다마에는 누군가가 밤중에 집에 들어온다고 주장하고 있다. 뭔가 아귀가 맞지 않는다는 기분이 들었다. 그러나 리카는 다마에에게 그런 의문을 얘기하지 않고, 묵묵히 얘기만 들어주었다. 그리고 건네받은 은행 인감과 통장을 소중하게 가방에 넣은 뒤, 보관증을 써주고 그날은 은행으로 돌아왔다.

리카가 이 사람 혹시 치매가 시작된 게 아닐까 하고 생각한 것은 그다음 주에 다마에에게 불려간 날이었다. 현관에 나타난 리카를 보고, 다마에는 "어머나, 리카 씨, 어쩐 일이야? 차 마시러 온 거야?" 하고 웃는 얼굴로 말했다. 다마에가 예금을 찾아다 달라고 연락을 한 것은 전날이었다. 기모노 전시회에서 아주 마음에 드는 옷이 있어서 바로 사고 싶다고 했다. 그 얘기를 전했지만, "나 그런 전화 안 했는걸" 하고 진지한 얼굴로 말했다.

"그보다 마침 잘 와줬네. 지갑이 안 보여서 아침부터 계속 찾고 있었어. 같이 찾아주지 않겠어? 리카 씨 알지? 노란색 지갑. 옆으로 길고 큰 지갑 말이야. 풍수에서 노란색이 좋다고 해서 설에 새로 샀거든" 하고 리카의 손을 잡아끌 듯이 하며 말했다.

리카는 도깨비에게 홀린 것 같은 기분으로 다마에의 집으로 들어갔다. 다마에와 함께 그릇장이며 불단 문을 일일이 열고 지갑을 찾았지만, 정작 지갑은 냉동실에 있었다. 노랗게 얼어붙은 지갑을 보고 리카와 다마에는 데굴거리며 웃었다. 그렇지만 돌아오는 길에 혹시, 하는 생각이 들었다. 혹시 다마에 씨 치매인 게 아닐까. 잘 생각해보면 다마에의 맨션은 최근 몇 개월 사이에 급격히 흐트러지기 시작했다. 묶어놓은 신문 다발이 베란다에 모래자루처럼 쌓이고, 방에도 빈 병이나 사용한 포장지 같은 것들이 아무렇게나 널려있다. 그러고 보니, 맨션 쓰레기장에 갖다 버릴까요, 하고 물어본 적도 있다. 다마에는 필요한 것이니 놔두라고 했다.

돈을 인출해왔지만, 그런 건 부탁하지 않았다고 해서 건네지 않은 500만 엔이 가방에 들어 있었다. 그리고 역을 향해 걸어가는 리카의 머릿속엔 언제나처럼 나가야 할 돈에다가, 이사 준비 때문에 거의 한계까지 정기예금을 담보로 대출한 공과금 통장과, 월급날 전에는 거의 잔고가 없는 것이 보통인 자신의 통장이 자꾸 떠올랐다.

그다음부터 리카는 거의 아무 생각 없이 행동했다. 무엇을 하려고 한 걸까, 무엇을 하는 걸까. 마치 자명종 소리에 일어나 그대로 아래층에 내려가 거실 에어컨을 켜고, 커피 메이커를 세팅하듯이, 현관문을 잠그고 그대로 역으로 향하듯이, 아무런 의심도 없이 8시 17분 전철에 올라타듯이, 리카는 기계적으로 역에 가서 상행 덴엔토시선을 타고 미노조구치에서 내려 주위를 둘러보고, 예전에 고타의 대출금을 갚기 위해 만든 가공의 계좌가 있는 은행에 들러, 거기에 300만 엔, 자기 명의의 카드대금이 자동이체 되는 은행 ATM기에 200만 엔을 넣고, 빠른 걸음으로 집으로 돌아왔다.

너무 목이 말라서 역 플랫폼에서 사과 주스를 사서 거의 단숨에 마셨다. 빈 깡통을 쓰레기통에 던지고, 미조노구치에 내리는 건 처음이구나, 하는 생각을 멍하니 했다. 생각한 것은 그것뿐이었다.

황금연휴에는 아무 예정도 없었다. 마사후미가 돌아올지도 모른다고 생각했지만, 일본 연휴가 상하이에서도 휴일일 리는 없다는 걸 4월 중순이 지나서야 깨달았다. 가족끼리 캠프를 가네, 남편은 버려두고 여자 친구들과 홋카이도를 가네, 철도를 좋아하는 아이한테 시달려서 지방 열차를 타러 가네. 탈의실에서 오가는 시간제 사원 동료들의 얘기를 들으면서, 리카는 자신도 뭔가 특별한 일을 하고 싶다고 생각했다. 특별한 일. 28일과 30일부터 2일까지 휴가를 받으면 10일 연휴가 된다. 행원 중에도 시간제 사원 중에도 그러는 사람이 있었다. 10일 동안, 고타와 함께 줄곧 있을 수 있다면. 리카는 몽상했다. 지금까지 불가능하다고 생각한 일이었다. 상상한 적도 없어서 열흘이나 같이 있고 싶은지 어떤지 모르겠다. 무엇을 하며 보내면 좋을지도. 하지만 마사후미가 부재중인 지금, 그것이 가능하다.

"리카 씨는 뭐할 거야?" 여자들이 물었다.

"남편도 없고, 집에서 뒹굴거리며 잠이나 잘까봐." 리카는 웃었다.

"남편이 없을 때, 마음껏 날개를 펼치면 되지."

"붐비는 곳에 혼자 가봐야 그렇잖아." 그렇게 대답하면서 리카는 고타와 열흘 동안 줄곧 함께 지내는 것보다 특별한 것은 없다는 생각이 떠올랐다.

그날 리카는 집에 돌아오자, 전화번호부에서 이름을 알고 있는 호텔을 찾았다. 무엇을 해야 할지 전혀 생각나지 않는 고타와의 열흘을 떠올리니, 예전에 아침의 플랫폼에서 느낀 기분이 생각났다.

쇼핑할 때마다 맛보는 그 유쾌함.

히비아에 있는 호텔에 전화를 걸자, 연휴에는 방이 다 찼다고 했다. 리카는 알고 있는 호텔에 차례대로 전화를 했다. 대부분 빈 방이 없다고 했다. 불경기라고 하지만, 다들 호화롭구나. 그렇게 생각하는 리카의 마음은 초조했다. 집으로 부를 수는 없고, 좁고 지저분한 고타의 자취방에 있을 생각도 없다. 열흘 동안, 함께 있을 수 있는 장소는 호텔밖에 생각나지 않는다. 아카사카에 있는 호텔 한 곳에만 스위트룸이라면 10일 정도 숙박이 가능하다고 해서 리카는 가격도 묻지 않고 예약했다.

연휴 첫날인 토요일, 리카는 호텔 로비로 고타를 불렀다. 리카가 사준 옷을 입고 나타난 고타와 함께 호텔의 철판구이 식당에서 코스 요리를 먹고, 방으로 향했다.

카드 열쇠로 방문을 열고, 안쪽의 열쇠꽂이에 꽂자 간접 조명이 깜박이다 켜지며 어슴푸레한 방을 비추었다.

"5일까지 이 방에서 지낼 거야." 리카는 멍한 얼굴로 우두커니 서 있는 고타에게 말했다. 고타에게는 황금연휴 전부라고는 말하지 않겠지만, 되도록 비워놓으라고 말해두었다. 놀라서 그 자리에서 움직이지 않는 고타도 그렇겠지만, 리카 역시 스위트룸에 숙박하는 것은 처음이었다. 처음이라는 것을 알리고 싶지 않은 리카는 익숙한 척, 방을 점검하며 돌아보았다. 들어가자마자 펼쳐진 방에는 소파 세트와 텔레비전이 있고, 옆에는 다이닝룸이, 그 안에는 침실이 있었다. 침실 침대에는 장미꽃다발이 있고, 사이드 테이블에는 샴페인이 든 와인쿨러가 놓여 있었다. 넓디넓은 욕실과 화장실은 다이닝룸 반대편에도 있고, 침실에도 있었다. 방마다 창이 있고, 고속도로가 내려다보였다. 리카는 거실로 돌아와서 블라인드에 손가락을 살짝 끼우고 바깥 풍경을 내다보았다. 차가 광선을 그리듯이 달려갔다. 마치 빛의 강 같다. 순간 이곳이 호텔이란 사실을 잊고 그 빛의 흐름에 빠져들었다.

"어떻게 된 거예요, 도대체?"

고타가 등 뒤에서 껴안으며 귓가에 속삭였다. 지금 막 마신 와인 냄새가 강하게 떠돌았다.

"같이 있고 싶었을 뿐이야."

리카는 돌아서서 고타의 몸에 팔을 둘렀다.

낯선 방과 좀처럼 없을 상황에 흥분했는지, 고타는 리카의 머리칼에 얼굴을 묻은 채 원피스 지퍼를 내리고 등을 구부려 리카의 입에 혀를 넣으면서 슬립을 거칠게 걷어올리고, 브래지어 위로 유방을 세게 잡았다. 리카의 몸의 방향을 바꾸어 창가로 밀어붙이더니, 등 뒤에서 가슴을 어루만지듯이 주물렀다. 조급한 움직임으로 한 손을 이동시켜 팬티를 벗기고 엉덩이를 따라 손가락으로 더듬어오다 그 손가락을 질에 넣었다. 리카는 갑자기 끓어오르는 쾌락에 소리를 지르면서 블라인드 틈으로 빛의 흐름을 내려다보았다. 누군가 한 명 정도는 이곳을 올려다볼 것이라고 생각했다. 블라인드 틈으로 희미한 불빛 아래 성교하는 남녀의 모습을 볼까? 고타는 조그맣게 신음하면서 리카의 등을 밀듯이 하여 등 뒤에서 성기를 삽입

했다. 리카는 방에 울리는 교성을 마치 자신의 것이 아닌 것처럼 들었다.

　다음날 아침, 정오가 다 되어 눈을 뜬 리카는 룸서비스로 식사를 주문했다. 그런 것도 처음이어서 당황했지만, 한편으로 그 당황스러움이 즐겁기도 했다. 블라인드를 걷고, 거실 테이블에서 고타와 마주 앉아 미국식 아침 식사를 먹었다. 눈이 마주치자 누가 먼저랄 것도 없이 웃었다. 말은 한 마디도 나누지 않았는데 쿡쿡 웃음이 점점 커져서 서로 소리 내어 웃었다. 마사후미와 어떤 식으로 식사했더라, 하고 빵에 잼을 바르면서 생각해보았지만, 아득히 먼 기억처럼 잘 떠오르지 않았다. 무엇을 먹었는지, 어떤 얘기를 나누었는지, 식탁에는 무엇이 차려져 있었는지. 아침 식사를 차렸던 기억만 어렴풋이 떠올랐다. 아침 식사와 함께 도시락을 만들었던 시기도 있었다. 겨울, 아직 어두운 주방에서 형광등 불빛 아래 요리 순서를 생각하며 다급하게 달걀을 굽고 채소를 볶았다. 겨우 떠올린 그 광경도 남의 일처럼 아련했다. 그리고 남의 일처럼 행복하게 느껴졌다. 그런 자신과 그런 생활이.

　"이런 세계가 정말로 현실에 있구나."

　커피를 마시던 고타가 먹고 난 접시들을 바라보며 말했다.

　"드라마 속에서만 있는 일인 줄 알았어요. 우리 집은 지금은 많이 어렵지만 어린 시절에는 별로 가난하지도 않고 지극히 평범하다고 생각했는데, 이런 세계를 보니 극빈자였네요. 가족여행은 아버지 회사의 요양소였고, 생일 축하는 초밥 배달이었고. 솔직히 말하면 나 호텔이란 곳에 와본 것 처음이에요. 정말로 현실이 아닌 것 같아요."

얼마나 솔직한지, 하고 리카는 흐뭇하게 생각했다.

"현실이 아닐지도 몰라."

"그래도 좋아요. 아니, 이곳이 말이에요, 고급 호텔이 아니어도 좋아요, 사실은. 연휴 마지막 날까지 리카 씨와 함께 있을 수 있으니까요. 그편이 현실이 아닌 것 같아요. 리카 씨 남편은 석유왕이나 그런 사람?"

고타가 진지한 얼굴로 물어서 리카는 또 소리 내어 웃었다.

"저기 오후에 쇼핑하러 가지 않을래? 쇼핑하고, 그리고 영화라도 볼까?"

"아, 게임센터도 가도 돼요? 참, 스티커 사진도 찍어요."

"밤에는 뭐 먹을까? 뭔가 먹고 싶은 것 있어?"

"어제 같은 호화로운 요리도 좋지만, 이자카야 같은 데 가고 싶어요. 촌스럽지만, 소주가 잔뜩 진열되어 있고 생선이 맛있는 곳이요."

"호텔 직원에게 물어볼게. 그런 가게가 가까이 있는지."

석유왕 남편은 너무 바빠서 좀처럼 집에 없으며, 밖에 여러 명의 애인이 있어서 사랑해주지 않는 죄책감을 돈으로 때우고, 아내는 사랑이 없는 고독을 그 돈을 쓰는 것으로 메우고 있구나, 그런 스토리를 생각하고 있는 걸까, 리카는 세면실에서 화장을 하며 생각했다. 아니면, 부잣집 외동딸이어서, 써도 써도 다 못 쓸 정도로 막대한 유산을 물려 받았다고? 대체 고타는 내 등뒤에서 어떤 스토리를 짜고 있는 걸까. 그걸 상상하니 리카는 어딘지 모르게 쓸쓸하기도 했지만, 동시에 두근거리기도 했다.

　그날 밤, 리카는 조그맣게 소리를 지르며 벌떡 일어났다. 자신이 어디 있는지 도무지 알 수 없어 패닉에 빠졌다. 몇 초 만에 아카사카 호텔에 있다는 사실을 떠올리고, 얼른 옆에 잠든 고타를 확인했다. 그는 잠을 깰 기척도 없이 알몸의 어깨를 드러내고 자고 있다. 리카는 담요를 끌어당겨 어깨를 덮어주고, 침대에서 나와 거실에 있는 미니바에서 생수 페트병을 꺼내 마셨다.

　내일, 28일 평일과 30일부터 3일 동안 쉴 예정이었다. 30일부터 3일 동안은 이미 휴가 신청서를 냈고, 내일 월요일은 몸이 안 좋다 고 전화를 걸 생각이었다. 거짓말인 것 뻔히 알겠지만, 그런 건 상관 없다고 생각할 만큼 대담해졌다.

　그런데 지금 막 리카는 꿈을 꾸었다. 자세한 내용은 기억나지 않지만, 악몽이었던 것은 확실하다. 호텔 로고가 새겨진 얇은 잠옷이 푹 젖어서 등에 달라붙었다. 수런수런거리는 불안한 기분이 발밑 에서부터 기어 올라왔다. 만약 내일, 히라바야시 고조가 정기예금 을 해약하겠다고 리카에게 받은 증서를 들고 은행에 찾아간다면. 나고 다마에가 통장을 찾으러 온다면.

　그런 일은 있을 리 없다. 그걸 자신이 가장 잘 알고 있다. 하지만 가능성이 제로라고 단언할 수는 없다. 0.1퍼센트 이하라고 해도 제로는 아니다. 그렇게 생각하니 심장박동이 격렬해졌다. 손발이 차가워지고, 좀 전까지 지속됐던 둥둥 떠다니는 듯한 행복감이 순식간에 사라졌다.

다음 날, 아직 자고 있는 고타를 깨우지 않고, 리카는 화장을 하고, 가져온 옷 중에서 가장 수수한 옷으로 갈아입은 뒤, 아침 일찍 호텔을 나갔다. 〈급한 일이 생각났어. 6시까지 돌아올게〉하고 휘갈겨 쓴 메모를 테이블에 남겨놓고 왔다.

결국 10일 동안의 황금연휴 중, 평일은 모두 출근했다. 리카가 없는 동안, 고타는 혼자 영화를 보러 가기도 하고, 쇼핑을 하러 가기도 하며 시간을 보낸 것 같다. 리카가 돌아올 시간에는 반드시 돌아와서 초인종을 누르면 몇 초도 안 걸려서 문이 열리고, 안도한 듯한, 기뻐하는 듯한, 한참 오랫동안 만나지 못한 듯한 얼굴을 문틈으로 빼꼼히 내밀었다.

낮에는 은행에 가 있었지만, 리카는 황금연휴 동안 줄곧 들떠 있었다. 손에 닿는 것도 폭신폭신하게 느껴지고, 발밑도 폭신폭신하고, 주위 사물의 색깔도 사랑스러웠다. 세상은 예전에 없을 정도로 부드럽고 말캉거렸다. 그런가, 돈 있는 사람들은 이런 세계를 보는 건가, 리카는 생각했다.

레스토랑에서도 바에서도 백화점에서도 부티크에서도, 리카 네를 맞이해주는 사람들은 웃는 얼굴이 끊이지 않았다. 아주 친절하게, 농담 한두 마디를 섞어서 진심이 담긴 인사를 해주었다. 거기에는 악의도 경멸도 오만불손함도 없고, 그저 포근한 선의만이 있었다. 리카는 은행에 거액의 정기예금이 있는 사람들을 떠올렸다. 모두가 그렇다고는 하지 않겠지만, 그래도 확실히 현실과 동떨어진 듯한 사람들이 있었다. 예를 들면 통장을 리카에게 맡긴 나고 다마에, 야마노우치 부부 등. 해맑게 웃고, 목소리가 거칠어지지 않고, 사람을 밀어내지 않고, 쉽게 사람을 믿고, 악의 같은 건 본 적도 들은 적도 없이 누군가가 자신을 상처 입힐지도 모른다는 생각은 눈곱만치도 하지 않는 사람들. 그들은 돈이라는 폭신폭신한 것에 둘러싸여 살아왔을 것이다.

그렇게 생각한 리카는 그래서 출근을 위해 역에 갈 때나 호텔로 돌아오기 위해 붐비는 전철을 탈 때면, 주위에 자각 없이 뿌려진 채 방치된 악의에 새삼 놀랐다. 먼저 가기 위해 노인을 밀치고 가는 여자가 있고, 그 인간 뒈졌으면 좋겠어 하고 깔깔 웃으며 애기를 나누는 금발의 여자아이들이 있고, 가방에 손을 찔러 넣고 정액권을 찾는 리카에게 혀를 차며 어깨를 부딪치고 가는 젊은 남자가 있고, 할머니를 밀어내고 빈자리에 앉는 중년 남자가 있고, 고맙다는 말도 없이 잔돈을 던지는 역내 매점의 판매원이 있었다. 전봇대 아래에 토사물이 펼쳐져 있고, 약국 계산대에는 긴 줄이 있고, 번화가 보도에는 시끄러운 음악이 흘러나왔다.

처음에는 안정이 되지 않아 열심히 익숙한 척했던 스위트룸에 도착해 진심으로 안도하게 된 것은 체크인한 지 사흘째였다. 청결하고, 안전하고, 선의로 둘러싸여 있고, 사랑하는 남자가 아이처럼 자신이 돌아오기를 기다리고 있다. 리카는 원래 내가 있어야 할 곳은 이곳이 아닐까 하고 생각했다.

상하이에 전근 가기 전, 고집을 부리며 계속해야 할 일이냐고 남편이 레스토랑에서 던진 말이 이따금 머리에 떠올랐다. 뭔가 한참 전의 일 같은 기분이 들었다. 3년, 5년 전의 옛날이 아니다. 전생의 기억처럼 아득하다. 그는 이런 세계가 있을 것을 알고 있었을까, 리카는 문득 생각했다. 그리고 뭔가를 알 것 같아졌다. 기묘하게 생각했던 마사후미의 몇 가지 행동. 왜 내가 번 돈이 아무런 도움도 되지 않을 거라고 걸핏하면 말했을까. 왜 피자 배달 가지고 언쟁을 했을까. 어째서 의미 없는 일이란 걸 깨닫게 하려고 몇 번이나 말했을까. 분명, 분명 그 사람은—하지만 알 것 같은 기분이 들 뿐, 그다음을 헤아릴 수 없었다. 그 사실이 답답해서 리카는 결국 그다음을 생각하지 않기로 했다. 모처럼의 호사스러운 휴일에 왜 그런 비참하고 가난했던 몇 가지 기억을 떠올려야 하는가, 하고.

리카는 휴일이 되면 마음이 놓였다. 무의식적으로 악의를 뿌려놓는, 거친 소리와 색과 냄새로 가득한 곳에 가지 않아도 되기 때문이다. 호텔 프런트에서 택시를 불러 백화점에 가서 쇼핑하고, 고급 레스토랑에서 식사하고, 대기시켜둔 택시를 타고 호텔로 돌아와 바에서 술을 마셨다. 나가기 귀찮은 날은 온종일 방에서 고타와 자고, 텔레비전을 보고, 빌려온 비디오로 영화를 보고, 섹스를 하고, 또 자고, 룸서비스로 식사를 했다. 드디어 마지막 날이 다가왔을 즈음에는 그것이 리카에게 원래의 일상으로 느껴졌다.

그래서 5일 밤, 리카는 내일은 이곳에 없다는 사실이 믿어지지 않았다.

"오늘로 끝이네." 마지막 날이니까, 하고 리카는 룸서비스로 샴
페인을 주문하고, 요리를 방 테이블 가득히 주문했다. 커튼을 걷은
창밖에는 여전히 강처럼 빛이 흘렀다.

"꿈같아요. 내 인생에서 이런 일이 있을 줄은 생각지도 못했어요.
처음이자 마지막일 거예요." 맞은편에 앉은 고타가 말했다.

어째서 사람은 현실보다 좋은 것을 꿈이라고 단정 지을까. 어째
서 이쪽이 현실이고, 내일 돌아갈 곳이 현실보다 비참한 꿈이라고
는 생각하지 않을까. 리카는 그렇게 생각했지만, 입 밖에 내지는 않
고 "마지막이란 건 없어." 고타에게 웃어 보이며 잔에 남은 샴페인
을 마저 마셨다.

그렇게 될 리가 없다. 그것은 리카의 바람도 결의도 아니고, 구체
적인 예정이었다. 리카는 한번 손에 넣은 현실을 그렇게 쉽게 놓을
리 없지 않느냐고, 생각했다.

고타는 아무 말도 하지 않고 수줍은 듯이 웃었다. 어떤 의미의 웃
음일까. 기대의 웃음인지, 믿지 않는다는 웃음인지 해석하기 어려
웠다. 어느 쪽이든 좋았다. 만질 수 있는 위치에 고타가 있고, 그리
고 웃어준다면.

가정용 컬러복사기가 도착한 것은 6월의 첫 토요일이었다.

일주일 전에 시부야에서 산 것이다. 컬러복사기는 업무용은 100만
엔 이상 했지만, 가정용은 5만 엔도 하지 않았다. 은테 안경을 낀 젊

은 점원이 가정용 복합기는 갓 발매된 것이라며 마치 자신을 어필하듯 열심히 설명했다. 확실히 업무용 쪽이 발색도 깨끗했지만, 그렇게까지 정밀할 필요도 없지 않을까 생각했다. 게다가 계속 사용할 일이 없다. '본격적으로' 하는 게 아니다. 앞으로 몇 번 쓰고 말 뿐이다. 그것으로 정했다. 그럼 이걸 주세요, 하고 말하고 리카는 점원을 따라 배송 접수 카운터로 가져갔다.

거의 사용하지 않는 다다미방으로 그걸 옮겨서, 상자에서 꺼내 좌탁에 올려놓았다. 비닐과 발포 스티로폼을 정리하고 상자를 접어 치운 뒤, 새 컬러복사기 앞에 반듯하게 앉아서 사용설명서를 읽었다. 한 쪽도 읽기 전에 졸음이 밀려왔다. 마사후미가 단신부임을 가기 전에는 전자제품에 관해서는 모두 남편에게 맡겼다. 설명서 같은 건 펼쳐본 적도 없었다. 생활이라는 것이 이 집에 확실히 있었구나. 리카는 무슨 말인지 모르는 설명서와 싸우면서 아련하게 생각했다. 하지만 그것은 전문대학 시절의 사진만큼이나 멀리 느껴졌다.

드디어 컬러복사기 작동을 성공한 것은 밤 8시가 지났을 즈음이었다. 상자를 개봉한 지 일곱 시간 정도가 지났다. 리카는 기뻐서 슈퍼마켓 전단이며 서랍에서 꺼내온 사진을 몇 번이고 복사해보았다.

다마에의 500만 엔을 두 군데 은행에 넣을 때, 리카는 그게 절대 없어지지 않을 큰돈으로 생각됐다. 그러나 날아온 카드 사용명세서 금액이 모두 이체되고 나니, 몇 십만 엔밖에 남지 않았음을 깨닫고 아연했다. 황금연휴에 이용한 호텔 숙박요금도 아직 빠져나가지 않았는데.

그럴 때, 고타가 암스테르담에 가고 싶은데 여비를 대줄 수 없냐는 말을 해왔다. "이런 세계가 정말로 있군요" 하고 불과 몇 주 전만해도 휘둥그레졌던 고타는 놀라울 만큼 빨리 '이런 세계'에 익숙해진 듯이 보였다. 요컨대 필요하다고 하면 끝없이 돈이 자동으로 나오는 세계다.

"뭐 하러 가는데? 졸업여행?" 리카는 물었다.

"영화제가 있어서 보러 가고 싶어요. 우리가 출품하고 싶어했던 아마추어 영화제인데, 여기서 상을 받으면 메이저가 확실하거든요. 올해 우리 작품은 늦었지만, 경향이 어떤지 봐두고 싶어요. 학생 때가 아니면 기회가 없을 테니."

전에 영화에 관해 얘기할 때처럼 눈을 반짝거리며 말했다. 그리고 자못 좋은 생각이 났다는 듯이 "아, 리카 씨도 같이 가지 않을래요?" 하고 청했다.

리카는 잠시 그 광경을 꿈꾸었다. 고타와 손을 잡고 이국의 도시를 걷는다. 손짓 발짓을 섞어 주문하고, 두려워서 흠칫거리며 바에들어간다. 암스테르담이란 말을 듣고 리카가 떠올린 것은 합법 마약과 튤립이다. 고타는 분명 합법 마약을 시험해보고 싶다고 하고, 자신은 진지하게 말릴 것이다. 튤립 밭에 나란히 쭈그리고 앉아, 외국인 관광객에게 사진을 찍어달라고 할 것이다. 그런 것까지 떠올리며 리카는 "무리야, 그런 건" 하고 말했다. 여행 같은 걸 갈 수 있을 리가 없다. 황금연휴 중에도 쉬지 못했는데.

"그런가. 그렇구나. 그런 꿈같은 일, 몇 번 있지 않을 텐데" 하고 진심으로 실망하는 고타에게 얼마 필요해? 하고 물었다. 50만 엔 정도는 필요하지 않을까 생각했지만, 고타는 12만 엔이라고 대답했다. 비행기 값이 8만 얼마, 나머지는 체재비라고 한다.

결국 리카는 고타에게 50만 엔을 건넸다. 현금카드로 빌린 돈이다. 그것으로 비행기 표와 호텔을 확보했을 고타는 그다음 금요일에 여행을 떠나게 되었다.

리카는 은행에서 갖고 온 무기입 정기예금 증서를 양면 복사했다. A4 용지로 두 장분 복사해서, 자를 대고 커터로 잘라내보았다. 종이가 너무 얇다. 내일 좀 더 두꺼운 종이를 사와야지. 이 증서와 같은 크기의 용지로 복사를 할 수는 없을까.

워드프로세서는 마사후미가 몇 년 전에 집에서 서류를 작성하기 위해 갖고 온 것이다. 거의 책이라곤 없지만, '서재'라고 불렀던 방의 책상에 방치되어 있었다. 히라바야시 고조와 야마노우치 부부에게 가짜 증서를 만들었던 2년 전에 사용했지만, 요즘은 전원도 켜지 않았다.

리카는 책상에 앉아 신중하게 크기를 재면서 시험용으로 이름과 금액, 납부일과 만기일, 이자를 입력했다. 복사한 증서를 넣고, 프린트 단추를 눌러 보았다. 전보다는 훨씬 정교한 것을 만들어야만 했다.

모든 글씨가 터무니없이 벗어난 곳에 프린트된 용지를 토해내서, 리카는 울고 싶은 심정이었다. 그러나 그 엉뚱한 데 글씨가 찍힌 증서를 바라보는 동안, 뻔뻔한 안도의 마음이 들었다.

전에는 어떻게든 됐잖아. 어쨌든 정확한 곳에 정확한 글씨를 쳐 넣으면 된다. 자신에게는 힘든 작업이지만, 무리한 일은 아니다, 될 때까지 미세한 조정을 계속하면 된다. 다음은 폰트를 바꿀 것. '원 가식 단리형元加式 單利型' 등 정기예금의 종류, 납입일, 만기일, 기일 같은 폰트는 처음에 인쇄하고, 그리고 숫자, 이름을 따로따로 인쇄 하면 문제없다. 맡긴 금액의 엔 마크에 겹쳐서 찍는 책임자 도장은 전과 다르지 않았지만, 그곳만 오려내서 도장 가게에 갖고 가면 복 제를 해줄 것이다. 뒷면의 명세란 인증에 찍힌 인증 도장은 문방구 에서 비슷한 것을 사두었다.

할 수 있다. 전에는 잘했었잖아.

전화가 울렸다. 너무 놀란 리카는 으허, 하고 단어가 되지 않는 비명을 지르고 숨을 죽인 채 서재 문을 바라보았다. 몇 센티미터 열 린 틈으로 복도의 빛이 새어 들어왔다. 전화 신호는 여섯 번 정도 울 리다, 들리지 않게 되었다. 부재중 전화로 바뀌었을 것이다.

리카는 자신 이외에 아무도 없는데, 발소리를 죽이며 아래층으 로 내려갔다. 아니나 다를까 부재중 전화 표시가 깜박거렸다. 그걸 누르는 검지가 떨렸다.

"고타입니다."

정적에 둘러싸인 방에 고타의 목소리가 물처럼 흘렀다. 목소리 뒤에 시끄러운 음악이 흘렀다. 바인가. "통화할 수 있을까 싶어서 전화했는데, 없나 봐요. 유감이네요. 다시 걸겠습니다." 밝은 목소 리가 흐르고 전화는 끊겼다. 삐 소리에 이어 시각을 말하고, 다시 또 정적에 감싸였다.

이윽고 한 장의 위증서가 완성된 것은 일요일 오후였다. 리카는 세 시간 정도만 자고서 목욕도 하지 않고, 식사도 하지 않고, 페트병 물만 마시며 작업에 몰두했다. 오전에는 마치다에 있는 화방에 가서 증서와 비슷한 두께의 종이를 여러 종류 사고, 지점장 노무라 히로시의 도장을 새겼다. 그의 아내인 것처럼 도장가게에서 복제를 주문했다.

리카는 오후의 햇살이 비쳐드는 서재에서 겨우 제대로 완성된 정기예금 증서를 빤히 바라보았다. 당연하지만 진짜와 비교하면 복사라는 것은 한눈에 봐도 티가 났다. 글씨도 부옇게 망가지고, 너무나도 값싸 보인다. 하지만 은행에서는 이 증서를 은행명과 일러스트가 들어간 물색 봉투에 넣어서 건넨다. 그 봉투에는 두 군데 길고 좁은 창이 있고, '정기예금증서'라는 글씨와 고객의 이름이 보이게 되어 있다. 그리고 리카는 어떤 고객이 통장의 담보 명세에 대한 기재뿐만 아니라 증서를 달라고 하는지 파악하고 있듯이 어느 고객이 증서를 꼼꼼하게 보지 않는지도 파악했다.

인감은 4일 후에 완성되었다. 리카는 그걸 우선 히라바야시 고조에게 사용할 생각이었다. 죄의식은 전혀 없었다. 당연하다. 손자 여행비용인걸. 말로 하지 않아도 리카에게는 그런 의식이 확실히 있었다. 처음에 부정을 저질렀을 때와 완전히 똑같이.

고타가 여행을 떠나고 나자, 리카는 가만히 있을 수 없을 정도로 불안을 느꼈다. 아니, 그것이 불안인지 뭔지 리카 자신도 몰랐다. 그저 가만히 있을 수가 없었다.

무의식적인 자존심으로 묻진 않았지만, 여행은 혼자 갔을까. 친구와 둘이? 여러 명이? 그 친구는 여자일까? 혹시 혼자라면 그쪽에서 혼자 여행 온 젊은 여성과 만나 의기투합하거나 하지 않을까?

그런 식으로 생각하기 시작하니 끝이 없었다. 시시한 질투라고 자신을 비웃고 싶었다. 실제로 쓴웃음을 지어 보았지만 그만둘 수가 없었다. 정말 암스테르담에 가긴 간 걸까. 50만 엔으로 나한테 비밀로 이사를 한 건 아닐까. 친구와 도박에 쏟아 붓고 있는 건 아닐까. 나와 보낸 것처럼 여자친구와 호텔에서의 날들을 재현하는 건 아닐까.

리카는 근무 시간이 끝나면 그대로 조종당하는 꼭두각시처럼 마치다나 시부야에 가서 백화점과 부티크를 돌아다니고, 에스테틱 살롱이나 네일 살롱에 불쑥 들어갔다. 쇼핑하고, 얼굴과 온몸에 마사지를 받고, 집으로 향했다. 현관을 열고 불을 켜고, 그곳에 있는 전신거울에 자신을 비춰 보며, 괜찮아, 이 나이치고는 늙지 않았어, 충분히 예뻐, 하고 확인하며 집에 들어가지만, 옷을 갈아입고 나면 또 고타가 걱정되기 시작했다.

리카는 화장을 지우고 목욕을 하고 나면, 사다둔 컵라면과 돌아오는 길에 사온 주먹밥을 들고 다다미방에 틀어박혀 증서를 계속 컬러 복사했다. 그것이 쌓이면 2층 서재로 이동하여 이번에는 워드프로세서를 계속 친다. 구체적으로 누구에게 언제 사용할 거라는 목적이 있는 건 아니었다. 그저 복사를 되풀이하여 어긋나지 않도록 신중하게 뒷면도 복사하고, 글씨를 입력하는 행위를 계속하고 있으면 불안 비슷한 술렁거림이 안정되었다. 고타가 지금 혼자 여행을 간 거라고 믿을 수 있고, 그렇게 열흘의 여정을 마치고 돌아와서 제일 먼저 자신에게 연락을 하고, 불과 얼마 전까지와 다를 바 없는 주말이 다시 시작될 거라고 믿을 수 있었다. 가만히 있을 수가 없어서 옷을 시착하고 살 때보다, 에스테틱이 끝난 후 피부의 윤기 변화를 실감할 때보다 마음은 편해졌다.

리카의 그런 걱정과는 반대로 열흘 뒤, 고타에게 전화가 왔다. 퇴근 후, 예의 마치다에서 화장품을 사서 돌아온 리카는 집 안에서 전화벨이 울리는 소리를 들었다. 다급하게 열쇠로 열고 방으로 들어갔을 때는 이미 끊겨 있었다. 부재중 전화에는 "고타입니다. 돌아왔어요. 다시 전화할게요" 하는 메시지가 남아 있었다. 리카에게는 출발 전, 역시 정적에 둘러싸인 방에 흘러나온 것과 같은 목소리로 느껴지지 않았다. 학수고대하던 소식처럼 빛으로 가득 차 있었다. 리카는 사온 물건을 종이가방에서 꺼내지도 않은 채, 전화 앞에서 꼼짝도 하지 않고 다시 전화벨이 울리기를 기다렸다.

전화벨이 울린 것은 30분 뒤였다. 아까와 마찬가지로 빛을 뿌리는 듯한 목소리가 수화기에서 흘러나왔다.

"리카 씨, 오늘 만날 수 있을까요? 무리겠죠? 벌써 밤이어서. 그렇지만 보고 싶어요. 엄청나게 즐거웠어요. 선물도 사왔어요."

리카는 벽에 걸린 시계를 올려다보았다. 8시 40분이다.

"괜찮아. 있지, 호텔 빈 방 있는지 지금 바로 알아볼 테니까, 10분 뒤에 다시 전화 줄래? 그럼 느긋하게 만날 수 있고 얘기도 할 수 있 잖아."

"어, 정말요? 기쁘네요. 하고 싶은 얘기 되게 많은데. 정말 리카 씨 덕분이에요. 그럼 10분 뒤에 걸게요."

전화를 끊고, 바로 요전에도 그랬듯이 지금부터 숙박 가능한 호 텔이 없는지 닥치는 대로 전화를 걸어 나갔다. 황금연휴 때 묵었던 아카사카의 호텔에서 리카의 이름을 기억하고 있었다. 요전과 같 은 방을 준비할 수 있다고 했다. 리카는 '현실'로 돌아왔다고, 아니, '현실'이 돌아왔다고 생각했다.

정확히 10분 뒤에 전화를 걸어온 고타에게 아카사카의 호텔을 잡아두었다고 전하고 전화를 끊었다. 리카는 화장품이 든 종이가 방을 탈의실 싱크대에 두고, 속옷과 갈아입을 옷과 화장 파우치를 보스턴 가방에 쩔러 넣고 집을 뛰쳐나왔다.

황금연휴에 머물렀을 때와 똑같은 방에서 룸서비스로 와인을 마 시고, 스테이크를 써는 것도 잊고, 고타는 암스테르담이라는 도시 에 관해, 음식에 관해, 처음으로 혼자 간 여행에 관해, 그리고 영화 에 관해 정신없이 얘기했다. 열흘 동안의 진부한 상상과, 불안과 비 슷한 술렁거림을 속으로 비웃으면서, 리카는 고타를 바라보며 맞 장구쳤다.

리카가 기억하는 한, 고타가 처음 만났을 무렵과 똑같이 눈을 반 짝거리며 영화에 관해 얘기한 것은 그것이 마지막이었다.

리카가 고타에게 받은 암스테르담 선물은 병에 든 머스터드와 빨간 셀로판지에 싸인 치즈였다.

5

우메자와
리카

───

황금연휴 이후, 리카가 가짜 정기예금증서를 자주 사용하게 된 것
은 단순히 매달 카드 사용액이 월급을 넘어섰기 때문이다.

그렇다고 이 사람 저 사람 닥치는 대로 가짜 증서를 남발한 건 아
니었다. 담당하는 고객 가운데, 정기증서를 만들어도 그 정기증서
자체를 잘 확인하지 않는 사람을 신중하게 골랐다. 그런 사람은 의
외로 많았다. 증서가 든 봉투를 열어보지도 않는 사람, 열어봐도 금
액만 대충 보고 끝내는 사람. 리카는 누군가에게 속는다는 건 생각
지도 못해본 사람들이라고 생각했다. 그렇다, 유복함으로 둘러싸
여 선의만 맛보고 살아온 듯한 사람들.

리카는 점점 통장에 인자하는 게 아니라 증서 만들기를 권하게
되었다. "통장 하나에 정기예금 내용을 전부 인자하면 만에 하나 통
장을 잃어버리거나 도둑맞았을 경우, 한꺼번에 저축 금액을 파악
당할 우려가 있습니다. 최근 다른 은행에서는 단순히 작업을 간략

화하기 위해서 통장에 인자하는 게 일반적이라고 설명하지만, 저는 인자되지 않은 증서를 만들어 갖고 계시기를 권합니다" 하고, 능청스러운 얼굴로 설명했다. 젊은 고객이든 연장자든 의심이 많거나 금리 변동을 꼼꼼하게 체크하는 고객은 당연히 피했다. 리카가 증서를 권한 사람들 대부분은 리카의 말에 따라 전환했다. 그것을 거부한 사람의 이유는 단지 '귀찮아서'에 지나지 않았다. 그렇게 전환한 고객들에게는 리카의 위조 증서를 나누어주었다. 그것과 바꾸어 그들에게 받은 금액은 50만 엔이나 70만 엔으로 그 돈은 모두 리카의 계좌로 들어가서 카드대금 자동이체일에 정산되었다. 리카는 노트에 가짜 정기예금을 건넨 고객의 이름, 금액, 이자, 만기일을 세밀하게 적었다. 그리고 리카는 그들 고객에게 거래보고서가 우송되지 않도록 세심하게 손을 쓰는 것도 잊지 않았다.

거래보고서라는 것은 잔고와 예금 종류가 기재된 서류로 정기예금자에게는 은행에서 우편으로 보내게 되어 있다. 가짜 정기예금을 건넨 고객의 것은 "광고 우편으로 착각해서 버리는 일이 많다는 불평이 나오고 있습니다. 그런 고객에게는 제가 직접 갖다 드리겠습니다" 하고 담당자에게 신청해서 보내지 않게 했다.

옷을, 시계를, 구두를 사주고, 음식을 대접받고, 스위트룸에서 잤던 고타는 그래도 성실하게 돈을 갚을 생각인지 2만 엔, 3만 엔, 생각난 듯이 리카에게 건넸다. 봉투에 넣지 않고 지폐 그대로 둘로 접어서, 이거요, 하고 수줍음과 화남의 중간 표정으로 떠맡기듯이 건넸다. 리카는 그걸 고타와 같은 성실함으로 가공의 명의로 된 은행 계좌에 넣었다. 자신의 월급날에는 역시 5만, 때로는 10만 엔을 찾아서 그것도 그 계좌에 넣었다.

리카는 고객에게 '빌린' 돈을 진심으로 갚을 생각이었다. 갚을 수 있다는 생각에 추호의 의심도 없었다.

그해 여름, 8월 오봉 시기에 마사후미가 상하이에서 귀성했다. 마사후미는 집으로 바로 돌아오지 않고, 사이타마의 본가에서 두 밤을 자고 성묘를 한 뒤 돌아왔다. 오랜만인 남편의 귀가는 전혀 기쁘지 않을 뿐만 아니라 귀찮기조차 했다.

리카는 여름휴가를 쓸 생각이 없었지만, 왜 휴가를 가지 않느냐고 다들 물었다. 심지어 이노우에는 일부러 점심 자리까지 만들어서 "무슨 곤란한 일이 있으면 말을 해봐"라고까지 했다. 리카는 그제야 개인적인 경제 사정을 넌지시 체크하는 직장이었다는 사실을 떠올렸다. 너무 쉬지 않으니 경제적으로 곤궁해서 그런가 하고 떠본 것이다. 리카는 할 수 없이 오봉에 마사후미의 귀국에 맞춰서 이틀 동안 쉬기로 했다.

마사후미는 돌아와서 특별히 뭘 하는 것도 아니었다. 그저 잠만 잤다. 침실에서 자거나 누워서 텔레비전을 보다가 그대로 자거나. 마사후미가 돌아온 첫날, 리카는 오랜만에 요리를 몇 접시나 만들어 식탁에 차렸지만, 요즘 요리를 하지 않은 탓인지 하나같이 맛이 별로였다. 그러나 마사후미는 불평하지 않고 남김없이 다 먹었다. 상하이 생활은 어땠는가 물어도 도쿄랑 별로 다를 바 없다고 시시한 얘기를 한두 마디 할 뿐, 대화가 이어지지 않았다. 리카는 혹시 들킨 게 아닌가 하는 생각이 문득 들었다. 그리고 그것은 바로 의문으로 바뀌었다.

들켜? 뭘?

고타라는 젊은 남자친구 말인가.

아니면 '일 때문에 필요해서'라고 설명한 가정용 컬러복사기의 용도인가.

옷장에 쑤셔 박아놓은 셀 수 없이 많은 브랜드 옷인가. 가방인가.

보석상자의 짝퉁이 아니라 진짜 돌이 달린 액세서리인가.

처분했다고 생각한 카드 회사의 이용명세서인가.

지갑에 있는 에스테틱 살롱 회원 카드에 기재된 포인트인가.

옷장의 서랍 깊숙이 넣어둔 고객관리 노트인가.

뭐가 들켰지?

그렇게 생각하자 리카는 안절부절못했다. 음식 맛이 어떤지, 휴가 동안 어디 가고 싶은 곳은 없는지, 사가고 싶은 것은 없는지, 마사후미에게 달라붙어 애교를 부리듯이 물으며 돌아다녔다.

"그러게, 그쪽은 값이 싼 대신 조잡한 게 많으니, 내일 쇼핑이라도 해둘까. 속옷이랑 셔츠랑."

드디어 마사후미가 그렇게 말했을 때는 마음이 놓이면서도 지칠 대로 지쳐서 차라리 모든 게 들통 났으면 좋겠다고 생각할 정도였다.

차라리 모든 게 들통 나면 좋겠어.

리카는 무의식적으로 생각한 것을 마음속으로 되풀이했다. 만약 모든 것이 들통 난다면 어떻게 될까? 당연히 이혼당하겠지. 그러나 정말로 그러는 편이 좋지 않을까. 하지만 거기서부터 다음으로는 사고가 진전되지 않았다. 물론 리카는 무엇 하나 자신이 먼저 털어놓을 생각도 없었다.

다음날, 리카는 마사후미와 함께 신주쿠에 있는 백화점까지 갔다. 오봉 기간 중의 평일이어서 백화점은 꽤 한산했다. 고타와 쇼핑하러 다녔던 탓에 신사복 층을 걷는 건 익숙했다. 슬쩍 둘러보기만 할 뿐 매장에 들어가지 않는 마사후미의 팔을 끌고, 리타는 고타의 옷보다는 어른스러운 브랜드 매장으로 들어갔다. 셔츠와 바지를 들고 이거 어때? 하고 마사후미에게 권해보아도 마사후미는 아이처럼 얌전해진 채, 이건 어떠네, 저건 어떠네 한 마디도 하지 않았다. 그러다 가게를 훌쩍 나가버렸다.

"왜 그래, 필요한 거니까 사요." 리카가 쫓아가며 말했다.

"꽤 하는 것 같아서." 마사후미가 걸어가면서 나직이 말했다.

가격 때문이란 걸 알기까지 잠시 시간이 걸렸다. 브랜드 셔츠가 3만 9천 엔이라는 것을 어느 새부턴가 당연하게 생각하는 자신을 깨달았다.

"그런데 당신 정도 지위가 있는 사람이라면 제대로 된 걸 입어야지. 있지, 내가 은행에서 만든 제휴카드로 할인되니까 그걸로 사면 돼."

리카는 그렇게 말하고 마사후미의 팔에 팔짱을 끼며 근처 매장으로 데리고 들어갔다. 물론 제휴 카드도 할인도 거짓말이다. 생글

거리는 점원이 얌전하게 매장으로 들어간 마사후미를 맞아주었다. 리카와 함께 이것저것 옷을 가져와서는 진열대 위에 펼쳐놓았다. 직접 고르기보다는 거의 점원이 정해준 몇 가지를 시착하고, 어느 것을 살지 리카가 골랐다. 계산할 때, 리카는 문득 옛날 일이 떠올라 또 마사후미가 언짢아할지도 모르겠다고 걱정했지만, 마사후미는 점원이 갖고 온 가죽 수첩 속의 명세표도 보려고 하지 않았다.

"아무래도 그쪽은 물가가 싸니까 좀 당황했어."

마사후미가 겨우 기분 좋게 얘기를 시작한 것은 쇼핑을 마치고, 근처 호텔의 튀김 가게에 자리를 잡았을 때였다.

"점심 같은 건 300엔 내면 잔돈을 내주니."

"그래도 맛있지?"

"그러게, 먹는 건 맛있어."

마사후미가 언짢아하지 않고 계속 얘기해서 리카는 자신도 놀랄 만큼 안도했다. 리카는 마사후미의 상하이 얘기에 전혀 흥미를 느낄 수 없었다. 그러나 흥미를 느낄 수 없는, 이를테면 날씨 화제나 다름없는 얘기를 그렇게 길게 늘어놓는 것이 마음 편했다. 카운터 너머에서 갓 튀긴 튀김이 적당한 때를 봐서 나왔다. 리카는 청주와 함께 튀김을 먹으면서 만족해 하는 자신을 발견하고, 그걸 기묘하게 생각했다. 내가 정말 있어야 할 곳은 어디인 걸까, 하고 마사후미의 얘기에 웃어주면서 무심히 생각했다. 호텔 스위트룸. 은행 카운터 안쪽. 향수와 튀김 냄새가 섞인 여자 탈의실. 그 나가쓰타의 작은 집. 고타의 옆. 남편의 옆. 어디일까.

저녁 식사 계산은 리카가 했다. 전 같으면 마사후미는 분명히 뭐라고 한마디 했을 터였다. 하지만 아무 말도 하지 않았다. 리카가 지갑을 꺼내는 동안 가게 밖에 나가 리카를 기다렸다. 리카가 나와도 잘 먹었다고도 하지 않았다. 그러나 여전히 기분은 좋아 보여서, 리카는 그 사실에 다시 억지스러울 정도의 안도를 느꼈다.

마사후미가 여름휴가를 마치고 상하이로 돌아가자, 리카는 주저없이 고타를 만났다. 수요일이 되면 안절부절못하다가, 목요일에는 서둘러 집으로 돌아가서 시내 호텔에 예약했다. 다음날 금요일 밤부터 월요일 아침까지. 그리고 고타에게 연락했다. 마지막이어서는 안 된다. 고타와 자신 사이에 있는 현실을 끝내서는 안 된다.

새해 들어 첫 출근일, 리카는 느닷없이 상사인 이노우에한테 새해 인사를 겸해 일주일 동안 고객 방문하는 데 동행하겠다는 얘기를 듣고, 머릿속이 새하애졌다. 그냥 인사만 하면 괜찮다. 그러나 만약 이노우에가 그 자리에서 정기예금증서를 확인하기라도 한다면. 자신이 가져가겠다고 하고 우편으로 보내는 걸 막아둔 거래보고서를 이노우에가 갖고 간다면. 리카는 정신없이 생각한다. 이번 일주일, 방문이 정해진 고객 가운데 가짜 증서를 갖고 있는 사람이 누구지? 이 일주일 동안 방문을 부탁한 고객은 누구지? 세 사람이 떠올랐다. 그중에 히라바야시 고조도 들어 있었다. 이노우에는 게다가 거액의 자금을 맡긴 몇 명에게도 인사를 하러 가고 싶으니 시간이 비는 날 약속을 잡아두라며 고객 리스트를 리카에게 건넸다.

나고 다마에도 들어 있었다.

　이노우에가 동행하는 것은 다음날부터였다. 그날 리카는 은행을 나오자, 가짜 증서를 갖고 있는 몇 명을 떠올리면서 역으로 향했다. 지금부터 고조의 집을 방문할까. 자신의 방문을 고대하는 그라면 환영해줄 것이다. 내일 상사와 동행하므로 그 전에 증서 정리를 해주겠다고 말하고, 가짜 증서를 빼돌까. 그러나 그런 게 가능할까. 오히려 의심받지 않을까. 고조가 이노우에 앞에서 오늘 방문에 관해 얘기를 하지 않는다는 보장도 없다. 결국 좋은 안은 아무것도 떠오르지 않았다. 아무런 대책도 세우지 못한 채 다음날 아침이 되었고, 리카는 답답한 마음으로 집을 나섰다.

　9시가 지나, 리카는 이노우에와 함께 은행을 나와 약속한 대로 고객을 방문했다. 오전 중의 고객 가운데는 가짜 증서를 갖고 있는 고객이 없었다. 첫 번째 집에서도 두 번째 집에서도 이노우에는 리카가 걱정했던 확인 작업은 아무것도 하지 않았다. 이노우에는 그저 갖고 간 과자 선물을 건네고, 세상 돌아가는 얘기를 하고, 고객의 질문에 답해주기만 할 뿐이었다. 하지만 어느 고객의 집에서나 그러리라고 볼 수는 없다. 언제 확인 작업이 시작될지 모른다.

　"저기, 이노우에 씨." 오전 중의 방문을 마치고, 리카는 은행으로 돌아오는 전철에서 큰마음 먹고 말했다.

　"오후에 가기로 한 히라바야시 씨말인데요. 저 혼자 가는 편이 좋을 것 같은 생각이 듭니다만."

　"어, 왜?"

"저기 말씀드리기 그렇지만, 히라바야시 씨, 다른 분하고, 특히 남자 사원하고 제가 함께 오면." 거기까지 말하고 리카는 곤란한 듯이 웃어 보였다. "전에 갑자기 화를 낸 적이 있어서요. 자기가 무슨 짓을 하거나 말을 해서 남자 사원이 나온 거라고 착각했나 봐요."

"무슨 짓을 하거나 말을 해서라니?"

"아뇨, 무슨 짓을 당한 건 아니에요. 그저 가끔 차나 식사를 같이 하자고 청하세요. 물론 저는 거절하지만, 그런 일이 무슨 문제가 됐나 생각하는 것 같았어요."

"저런, 그럼 더더욱 같이 가는 편이 좋지 않아?"

"아뇨, 저는 익숙해서 괜찮아요. 그런데 너무 기분을 상하게 하면 예금도 많은 분인데 좀 그렇지 않을까 싶어서⋯⋯."

손잡이를 잡고 선 이노우에는 리카를 물끄러미 내려다보았다. 리카는 눈을 돌리지 않고 이노우에의 눈에 비친 자신에게 시선을 모았다. 하늘에 맡기자. 어떻게 나올까.

"그럼 우메자와 씨한테 맡길까." 이노우에가 말했다. 리카는 엉겁결에 새어나올 뻔한 안도의 한숨을 삼켰다. "히라바야시 씨가 아마 그분이지. 우메자와 씨가 담당한 뒤로 다른 은행의 큰 계좌까지 우리 은행으로 옮긴 고객? 그러고 보니 옛날에 우리 은행에도 굉장히 인기가 많은 여사원이 있었는데, 그녀가 출산으로 일을 그만두었을 때, 놀랍게도 담당자가 바뀌었다고 정기예금을 해약하는 사람이 속출한 적이 있어."

전철은 미나미마치다에 도착했다. 리카는 이노우에를 따라 전철에서 내렸다.

"그런 사람, 또 있으면 말해줘. 요컨대 행원이 인사하러 오는 것을 별로 환영하지 않을 것 같은 고객 말이야."

리카는 또 눈이 돌 정도로 생각했다. 지금 여기서 가짜 증서를 갖고 있는 다른 고객의 이름도 전부 말하고 싶지만, 그러면 너무 속이 들여다보일 것이다.

"이번 주말에 갈 나고 씨." 리카는 망설인 끝에 그 이름만 말했다.

"나고 씨, 몸이 안 좋아서 연말에는 계속 누워 계셨다고 해요. 만약 좋아졌다면 모르지만, 확인해보고 혹시 아직 누워 계신 것 같으면 저 혼자 다녀오겠습니다. 저기, 잠옷 차림으로 누워 계실 때가 많아서, 남성분을 만나는 건 좀 꺼리실 것 같아요."

"나고 씨라. 이 일대는 고령자가 많아서 말이지."

개찰구를 빠져나가자 잎이 진 가로수가 겨울 햇살에 윤곽을 빛내고 있다. 리카는 눈을 가늘게 뜨고 뾰족한 나무 끝을 보았다. 면접 때문에 처음 이 역에 내렸을 때부터 몇 번이고 보아온 광경인데 처음 보는 동네처럼 느껴졌다.

"그럼 나고 씨도 부탁할게. 상태를 봐서 가도록 할 테니 몸이 좋아지시면 말해줘."

"네, 그렇게 하겠습니다."

"그렇지만 참 고맙네. 우메자와 씨, 성적도 좋고, 휴가도 지각도 안 하고. 그렇게 고객 한 사람 한 사람의 상태를 돌보는 사람은 좀처럼 없거든. 그때 내가 말을 걸길 잘했네."

이노우에는 혼잣말처럼 말했다. 리카는 나란히 걸으면서 고맙습니다, 하고 깊숙이 머리를 숙였다.

리카와 이노우에가 가짜 증서를 갖고 있는 고객, 나머지 두 사람 중 한 사람인 다나베 지에코의 집을 찾아간 것은 이틀 뒤였다. 작년에 칠순을 맞은 다나베 지에코는 평소처럼 두 사람을 다다미방으로 안내했다. 리카의 방문을 은근히 기다리는 혼자 사는 지에코는 매번 화과자와 차를 대접하며 세상 사는 얘기를 하지만, 이날은 병맥주와 잔을 준비해왔다.

"설이고, 이노우에 씨도 오셨으니 오늘은 특별히." 그렇게 말하면서 뼈가 앙상한 손으로 잔에 맥주를 따랐다. 이노우에는 곤란한 듯이 리카를 보았지만, "어때, 오늘 하루쯤" 하고 지에코가 권하자, 잔에 손을 뻗쳤다. 이노우에가 눈으로 재촉해서 리카도 잔에 입을 대고 맥주를 조금 마셨다.

"요전에는 저희 은행에 정기예금을 맡겨주셔서 정말로 감사합니다"로 시작되는 이노우에의 인사에는 전혀 귀를 기울이지 않고 멋대로 자기 얘기를 늘어놓았다.

"아들은 땅을 그대로 갖고 있으라고 하지만, 갖고 있어봐야 이제 값만 내려갈 뿐이지. 또 경기가 회복된다고 한들 그때까지 내가 살아 있을지 어떨지."

반도 줄지 않은 이노우에의 잔에 맥주를 첨잔하면서, "맨션, 맨션하고 이 일대에 온통 맨션을 건축하고 있잖수. 불경기에 그렇게 지어서 누가 산다고. 뭐, 그런 건 나하고 관계없지만 말이우. 5년 전에 부동산에서 왔을 때, 팔았더라면 좋았을 거란 얘기지. 아이구, 이 노우에 씨, 마셔요. 정기예금을 해봤자 이자는 없는 거나 다름없지만, 그래도 그편이 좋다고 이 사람이 하도 말해서. 나, 아들 말은 전혀 안 듣지만, 이 사람 말은 잘 듣거든. 그도 그럴 것이 이 사람, 리카 씨, 내 생일을 잘 기억하고 있다가 고희 축하까지 해주었는걸. 아들 놈은 내 나이도 모르는데 말이우."

지에코 씨는 자기는 마시지 않으면서 벌써 취한 듯이 소리 내어 웃었다.

지에코가 혼자 주야장천 얘기하는 것은 늘 있는 일이었다. 리카와 이노우에는 정좌한 채, 끝없이 이어지는 지에코의 얘기에 계속 맞장구를 쳤다. 이대로 끝나기를. 이노우에가 정기예금 증서를 확인하지 않기를. 리카는 기도하듯이 빌면서 그 자리에 있었다.

그러나 전혀 끝날 기미가 보이지 않는 지에코의 얘기를 가로막기 위해서인지, 아니면 처음부터 그럴 생각이었는지, 지에코가 두 병째 병맥주를 준비해왔을 때, "다나베 씨의 정기예금은 증서로 만들어드렸죠?" 하고 이노우에가 말을 꺼내, 리카는 온몸에서 피가 빠져나가는 걸 느꼈다.

"몇 계좌로 나눠서 넣어드린 것 같은데, 전부 갖고 계십니까? 저희가 잠깐 확인해드릴까요?"

"응? 갖고 오라고? 지금?" 지에코가 귀찮은 듯이 말했다.

"분실되면 재발행하는 데 수수료가 드니까요. 가끔 확인해보시기를 권하고 있답니다."

"음, 정기예금, 정기예금. 잠깐 기다려 봐요." 지에코가 일어섰다. 지에코는 은행 관계 서류를 전부 주방 선반에 넣어두고 있다는 것을 리카는 알고 있다. 어떡하지. 이노우에가 그 증서를 보면 가짜라는 걸 단박에 알 텐데. 어떡하지. 어떡하지. 리카는 어떡하든 대책을 생각하려고 했지만, 그러나 머릿속은 안개가 낀 듯이 부옇고, 어떡하지, 라는 그 한마디밖에 떠오르지 않았다.

"죄송합니다. 다나베 씨." 이노우에가 엉거주춤한 자세로 다다미방 문을 여는 지에코를 불러 세웠다. "죄송하지만, 화장실 좀 쓸 수 없을까요?"

"아, 화장실이라면 이쪽. 복도가 어두우니까 조심해요."

이노우에는 민망하게 웃는 얼굴로 리카를 돌아보더니, 지에코를 따라 방을 나갔다. 원래 고객 집 화장실을 사용하는 것은 바람직하지 않은 걸로 되어 있지만, 권하는 대로 맥주를 마신 탓에 참을 수 없었을 것이다. 리카는 반사적으로 일어섰다.

"그럼 다나베 씨, 제가 확인할 테니 주시겠어요, 서류."

이노우에를 화장실까지 데려다주고 돌아온 지에코와 함께 리카는 혼잡스러운 주방으로 들어갔다.

리카는 지에코가 꺼낸 검은 가죽의 얇은 서류지갑을 받아들고 다다미방으로 돌아왔다. 지퍼를 여는 손이 떨렸다. 열자, 통장과 그밖에 서류와 함께 봉투에 든 채로인 증서가 몇 장이나 꽂혀 있었다.

"리카 씨~. 리카 씨는 맥주 말고 차가 더 낫나?" 주방에서 지에코의 목소리가 날아왔다.

"네, 차를 주시면 고맙겠어요." 리카는 큰 소리로 대답하면서 재빨리 봉투를 확인했다. 자기가 만든 가짜 증서는 바로 알아보았다. 거의 아무 생각도 없이 그걸 빼내서 둘둘 뭉쳐 옆에 둔 가방에 찔러 넣었다. 화장실 문이 열리는 소리가 들렸다. 한 장 더 있을 터다. 어디지. 어디에 섞여 있지. 리카는 떨리는 손으로 증서를 확인해나갔다. 실례했습니다, 하는 이노우에의 목소리와 복도의 삐걱거리는 소리가 들려왔다. 있다. 리카는 소리를 지를 뻔했다. 그걸 빼들고 손바닥으로 둘둘 뭉쳤다. 리카가 그걸 가방에 찔러 넣은 것과 이노우에가 다다미방으로 돌아온 것은 거의 동시였다.

"낭패네, 너무 마셨나." 이노우에는 쑥스러운 듯이 말하면서 리카 옆에 앉았다. "아, 확인했어?"

"네, 제대로 있었어요. 저도 정기적으로 확인하고 있어서."

"아, 그래. 좀 보여줘봐."

이노우에는 리카에게 서류첩을 받아들었지만, 간단히 훑어보기만 하고 접더니 "이대로 있으면 더 마시게 될 것 같으니까 그만 가볼까" 하고 리카에게 귓속말을 했다.

"다나베 씨, 차, 괜찮습니다. 많이 먹어서요." 리카는 주방을 향해 큰 소리로 말했다.

"뭐? 그래?" 유감스러운 듯한 지에코의 목소리가 되돌아왔다.

지에코의 배웅을 받으며 이노우에와 리카는 현관을 나왔다.

"얼굴, 빨갛지 않지?" 역으로 걸어가면서 이노우에가 물었다.

"다나베 씨, 아드님이 해외에 있어서 좀처럼 귀국을 하지 않는대요. 친한 친구는 재작년에 돌아가시고, 얘기할 상대가 별로 없으신 가 봐요. 연금 받는 것도 사실은 운동을 위해서라도 은행에 가는 편이 좋겠지만, 그만 저를 부르게 된다고 직접 말씀하셨어요."

무릎이 아직도 달달 떨렸다. 그걸 감추듯이 리카는 끊임없이 지껄였다.

"그런데 매번 그렇게 얘기를 들어?"

"그렇지만 매번 맥주를 주는 건 아니어서요." 리카가 대답했다.

"이야, 환장하겠더군. 과음했어." 이노우에는 하늘을 우러러보듯이 하며 웃었다.

그 주가 끝날 무렵, "역시 오늘부터 우메자와 씨한테 맡기는 게 좋겠어" 하고 이노우에가 먼저 말해왔다. "좀 급한 일이 들어와서 말이야. 안정되면 또 동행하도록 하지."

"알겠습니다. 감사합니다."

리카는 무엇에 감사 인사를 하는지 모르는 채, 그렇게 말하고 머리를 숙였다. 가짜 증서를 가진 또 한 사람은 오늘 오후에 방문하기로 되어 있었다. 그 자리에 주저앉을 것 같을 만큼 안도했다. 외근 때문에 서류를 준비하던 손이 아직 떨렸다. 고타. 그 이름이 기포처럼 가슴에 보글거린다. 고타. 고타.

"그럼 다녀오겠습니다."

"짐이 많아져서 미안하네. 잘 부탁해." 인사를 하러 가기 위해 준비한 과자 선물 가방을 양손에 든 리카에게 이노우에는 말했다. 리카는 머리를 숙이고 플로어를 나와, 뒷문으로 돌았다. 마침 외근 나가는 시간제 사원 여성이, "지금 나가는 길이야? 역까지 같이 가"
하고 말을 걸어왔다.

　나란히 걸어가면서 그녀는 줄곧 점심 도시락 얘기를 주절거렸
다. 가격에 관해, 튀김이 많은 도시락 내용물에 관해, 도시락을 싸
서 다닐까 망설이는 것에 관해. 리카는 맞장구를 쳤지만, 거의 듣지
않았다. 고타. 고타. 마음속으로 줄곧 그를 부르고 있다. 고타. 이제
괜찮아. 우리는 아직 함께 있을 수 있어. 고타. 고타. 빨리 너를 보고
싶어.

　리카는 이노우에에게 들키지 않음으로써 일그러진 자신감을 얻
었다. 무의식중에 자기가 하는 일을 인정받은 것 같은 착각을 느꼈
다. 50만, 70만, 카드 결제 때문에 '빌렸던' 금액은 100만, 200만으
로 점점 늘어났다. 무엇을 사고, 무엇에 사용했다는 명확한 기억이
없어도 있으면 있는 대로 돈은 줄어갔다.

　매주 호텔 스위트룸에서 보내는 고타와의 시간은, 이윽고 리카
에게도 무언가 미흡해졌다. 예전에는 비일상이었던 것이 완전히 일
상이 돼버리자, 이번에는 예전에 일상이었던 것이 비일상으로 느껴
진다. 이를테면 리카는 스위트룸에서 샴페인을 따는 것보다 고타를
위해 요리를 하고 싶어 애가 타게 되었다. 휴일에 소고기를 덩어리
째 조리기도 하고, 정확한 계량으로 케이크를 구워보고도 싶었다.
그렇다고 고타를 집으로 부르는 것은 망설여졌다. 주말마다 젊은
남자가 들락거리는 모습을 이웃 사람들에게 보여줄 수는 없다. 리

카는 장소가 필요하다고 생각했다. 생각한다는 것은 리카에게 실행해야만 하는 일이었다. 한번 생각하면 현실로 만들어야만 성이 풀렸다.

리카가 도내의 임대 맨션을 찾기 시작한 것은 3월 들어선 뒤부터였다. 신주쿠의 부동산 가게 사람을 따라서 시부야, 시모기타자와, 나가노, 쇼타를 둘러보며 다녔다. 리카가 처음에 생각했던 건 월 10만 엔 전후의 예산이었으나, 서너 건 둘러본 뒤 배로 올렸다. 10만 엔으로 얻을 수 있는 물건은 리카가 보기에 학생들 하숙방이나 다름없었다.

결국 4월 초에 리카가 계약한 것은 후타코다마가와에 있는 월세 28만 엔짜리 맨션이었다. 리카는 고타에게 말하지 않은 채, 가구를 사고 전자제품을 사고 커튼을 주문하고 주방용품을 사 모았다. 당장 내일부터 살아도 될 만큼 갖춰졌을 때, 드디어 고타를 그 집으로 데리고 갔다.

방에 발을 들인 고타의 표정은 처음으로 스위트룸에 들어갔을 때의 그를 떠올리게 했다. 그렇게 리카는 다시 새로운 현실이 시작됐음을 실감했다. 지금까지보다 훨씬 만족스러운 현실이다.

"여기, 마음대로 써도 돼." 리카는 고타에게 열쇠를 건네면서 말했다. "좀 이런저런 사정이 있어서 남편 명의로 빌렸어." 리카는 은근히 부자 남편의 세금 대책이기라도 한 것처럼 내비쳤다. "그렇지만 그 사람이 이곳에 오는 일은 절대 없으니까, 살아도 괜찮아. 앞으로 주말에는 여기서 만날 수 있어. 호텔보다 여유로울 거야, 아마."

"아뇨, 집이 있으니 살진 않겠지만." 고타는 신기한 것을 보는 듯한 표정으로 방 여기저기를 둘러보며 돌아다녔다. 리카는 "그렇지만 호텔 방을 얻는 것보다 여기서 만나는 편이 절약될 거야" 하고, 변명처럼 중얼거렸다.

그날 리카는 일찌감치 고타와 나란히 슈퍼마켓에 쇼핑을 가서 눈에 띄는 것을 닥치는 대로 카트에 담았다. 와인, 맥주, 탄산수, 바게트, 스테이크 고기, 돼지고기, 생선회 팩, 채소, 과일, 쌀, 스낵 과자에 롤케이크. 돌아올 때는 두 사람 다 양손 가득 종이가방을 들어야만 했다.

"너무 많이 산 거 아니에요?" 고타가 어이없다는 듯이 웃었다.

"파티니까 괜찮아. 근데 무겁네." 리카도 웃었다.

"한 개 더 들까요?"

"무리야, 양손 다 꽉 찼잖아." 리카는 말한 뒤, "차가 있으면 좋겠네" 하고 문득 생각난 것을 말했다. 말을 하고 나니 그것은 또 실행에 옮겨야 할 일이 된다. "면허 있어?"

"이제 운전사구나." 고타는 웃었다.

강변을 따라 맨션으로 향하는 도중, 짐이 너무 무거워서 내려놓고 자동판매기에서 주스를 사서 잠시 쉬었다. 수면이 햇살을 받아 하얗게 은색으로 빛났다. 고타와 같은 곳으로 돌아간다. 그 도중에 캔 주스를 마시고 있다. 리카는 그것뿐인 사실이 기뻐서 웃었다. 고타도 따라서 웃었다. 리카는 두 사람 다 새롭게 시작한 무언가에 명백히 흥분했다고 느꼈다. 혼자가 아니라, 둘이서 그 흥분을 나누고 있다고 생각하니 손가락 끝까지 기쁨으로 찼다.

후타코다마가와에 맨션을 얻은 덕분에 고타를 만나는 것은 주말이 아니어도 괜찮았다. 집이 있으니 여기서 살지는 않겠다고 했던 고타지만, 결국 편안함과 월세가 불필요하다는 장점을 선택했는지, 장마가 끝날 무렵부터 리카의 맨션에 살고, 리카가 사준 차를 탔다. 아주 자연스럽게 그렇게 했다.

평일에도 전화하면 고타는 리카가 사준 차를 타고 데리러 왔다. 그대로 시내까지 식사를 하러 가고, 맨션에서 고타와 함께 잔 뒤, 리카는 이른 아침 집까지 택시를 타고 왔다. 질 샌더 옷을 벗고 펜디 구두를 벗고, 다이아몬드 피어스와 반지를 빼고, 노브랜드 스커트에 블라우스를 입고 출근한다. 지금까지 느낀 적 없는 피로감이 하루하루 쌓여갔다. 리카는 피로감에서 벗어나려는 듯이 쇼핑을 하고 에스테틱 살롱에 다녔다. 실제로 열에 들뜬 것처럼 쇼핑을 하다보면 피로 따위 흔적도 없이 분산되었다. 에스테틱 살롱의 침대에 누워 있는 동안은 자택의 이불보다 후타코다마가와의 맨션보다 깊고 달게 잘 수가 있다.

이따금 연락을 하는 마사후미는 몇 번에 한 번은 리카에게 쇼핑을 부탁하게 되었다. 상품명을 지정한 빨래비누이거나, 식품이거나, 브랜드를 지정한 넥타이이거나 골프세트. 리카는 그때마다 정확하게 그것들을 사서 보냈다. 고타와 스스럼없이 지내고 있다는 죄책감도 있었지만, 그보다 뭔가 흐뭇한 기분 쪽이 더 컸다. 예전에 식사를 사주었더니, 우쭐하지 마, 대단한 일도 아닌 주제에, 라고 했던 마사후미가 요전에 귀국한 며칠 동안 리카가 지불하는 데 완전히 익숙해져서 이제는 당연한 것처럼 생각하는 그 점이 리카는 유쾌했다. 흐뭇하다기보다, 복수를 한 것 같은 기분과 비슷했다. 하지만 무엇에 대한 복수인지, 이것도 역시 따져서 생각하고 싶지 않았던 리카는 그저 그 유쾌한 기분만을 맛보았다.

그러다 리카는 매달 자동이체 되는 주택 대출금이 없으면 이제 고객의 돈을 사용하지 않아도 될텐데 라는 생각을 하게 되었다. 앞으로 18년 동안 내야 할 남은 대출금을 마사후미에게는 비밀로 갚아버리면 어떨까 생각했다. 지금 매달 대출금으로 빠져나가는 돈을 카드 이용대금 결제로 돌리거나, 혹은 반제용 가공 계좌에 넣는 편이 좋지 않을까. 그래서 리카는 그렇게 했다. 자신이 고객에게서 총액 얼마를 '빌렸'고, 매달 10만 엔 전후의 할부금을 계속 넣어봐야 언제 그 총액을 쫓아갈 수 있을지, 이제 알 수 없어졌고 알려고 하지도 않았다. 언젠가 한꺼번에 갚을 거라고 생각했다. 가공 계좌에 소액이지만 돈을 계속 넣고 있는 것은 현실에 머물러 있기 위해서였다. 그렇게 의식하지는 않았지만, 그러나 반제의 희망을 버리지 않는 것으로 리카는 애써 현실에 매달려 있었다.

지점의 회식은 여전히 있어서 리카도 적극적으로 참여했다. 신년회에 환송영회, 여름 빌딩파티. 리카는 갚을 거라고 마음먹고 있기 때문에 거기에 자연스럽게 참가할 수 있었다.

"그런데 우메자와 씨는 완전 최고더군, 고객 인기가." 지점장이

그렇게 말할 때,

"뭐라더라. 아, 맞아, 후케셴(늙은 사람을 좋아하는 취향을 말함 – 옮긴이)이라고나 할까요" 하고 웃을 수 있었다.

"어머, 우메자와 씨 그런 말도 알아요?" 하고 여행원이 웃으면서 놀라고,

"그렇지만 우메자와 씨, 뭔가 아주 밝아졌어. 회식에도 자주 참석하고." 시간제 사원 동료가 진지하게 말했다.

"자신이 생겨서인가 봐요. 고객 여러분이 잘해주니, 아, 나도 할 수 있는 일이 있구나 싶어서요" 하고, 리카는 진지한 얼굴로 말했다. 본심이었다. 정말로 그렇게 생각했다. 마사후미가 떠난 뒤 혼자 살면서 고타와 연애를 하고 돈을 융통해나가며, 자신이 생긴 거라고.

"말도 안 돼, 우메자와 씨는 자기평가가 낮아. 줄곧 성적 좋았으면서 나도 할 수 있는 일이 있다니, 뭐야, 이제 와서." 또 덧붙이는 동료에게,

"아이도 포기하기로 했어요." 리카는 솔직하게 털어놓기까지 했다. "그래서 후련해진 것도 있을지 몰라요. 나한테는 이것밖에 없구나 하고."

"어머나, 그랬구나……." 시간제 사원 동료는 오묘한 표정으로 끄덕였다.

그것도 역시 본심이었다. 리카는 이 일밖에 없다고 믿고 있다. 이일, 그리고 고타와의 시간. 아이가 생기지 않았기 때문에 얻을 수 있었던 것. 놓지 않아도 되는 것.

"대단하더라고, 우메자와 씨는. 노인들이 하는 고장 난 레코드 같은 얘길, 다정하게 몇 번이고 들어주더라고. 그게 쉬운 일이 아닌데." 얼굴이 불콰해진 이노우에가 이야기에 끼어들었다.

"그야 제가 듣는 것보다 우메자와 씨같이 예쁜 사람이, 예, 예, 하고 들어주는 편이 당연히 기쁘죠." 시간제 사원 동료는 그렇게 말하고 이노우에와 함께 웃었다.

많은 사람들이 역까지 같이 걸어가서 상행과 하행 플랫폼에서 헤어졌다. 한산한 상행 전철을 타고 가다, 리카는 나가쓰타에서 동료들에게 인사를 하고 내렸다.

인적 없는 길을 집까지 걸었다. 밀봉된 듯한 열기지만, 이따금 바람이 불었다. 리카는 하늘을 올려다보았다. 회색빛이 도는 밤하늘에 몇 개의 별과 이지러진 달이 떠 있다. 개운한 기분이었다. 맨발로 한없이 걷고 싶었다. 탄산수 거품처럼 조그맣게 웃음이 끓어올랐다. 리카는 큰 소리로 웃고 싶은 것을 요의를 참듯이 참고 걸었다. 피부에, 팔에 들러붙는 밤기운조차 기분 좋았다.

고타가 대학을 그만두었다는 걸 안 것은 그 직후였다.

고타와 리카는 토요일 한낮, 후타코다마가와의 카페에 있었다. 도로변에 파라솔이 달린 테이블 석이 몇 개 놓여 있고, 이 더위에 손님들이 거의 가게 안이 아니라 테라스 석에 앉아 있다. 리카네도 그랬다. 백화점 쇼핑 봉투들은 차 트렁크에 넣고 지하 주차장에 세워둔 채, 손을 잡고 카페에 왔다. 리카 앞에는 샴페인이, 고타 앞에는 맥주잔이 놓여 있다.

여름휴가를 의논하고 있었다. 리카는 9월에 일본인 여행객이 적어지는 시기에 여름휴가를 잡아서 파리에 가자, 센 강 언저리를 걷고 미술관에 가고, 생제르망 호텔의 스위트룸에 머물자, 아니, 발리에 가서 프라이빗 비치가 있는 로지를 빌리자, 그런 얘기들을 했다. 하나같이 실현될 리 없다는 걸 알고 있었지만, 그래도 얘기를 하고 나면 모든 게 가능해질 것 같았다.

리카가 학교는 쉴 수 있는지 물으려는 찰나, 고타가 먼저 지나가던 웨이터에게 파라솔 위치를 바꿔달라고 부탁했다. 잠시만 기다려 주십시오, 하는 말을 남기고 두 손에 접시를 든 웨이터는 안으로 사라졌다. 해는 파라솔에서 삐져나와 고타의 오른쪽 팔을 하얗게 비추고 있었다. 빛이 나는 듯한 팔을 바라보면서 리카는 샴페인을 마시며 이탈리아도 가보고 싶다, 베네치아에서 곤돌라를 타보고 싶다고 얘기를 계속했다. 이탈리아 하면 피렌체죠, 하고 고타도 그 얘기에 흥미를 보여서 리카는 한참 더 몽상 여행을 즐겼다.

고타는 새로 자리에 앉은 손님에게 물을 갖다 주러 온 웨이터를 다시 불러 세워, 또 "파라솔 위치, 바꿔줘요" 하고 자연스럽게 부탁하고 있다.

좀 전의 부탁을 잊고 있었다는 것을 깨달았는지 그는 "아, 실례했습니다. 지금 당장 하겠습니다" 하고, 과장스러울 만큼 저자세로 머리를 조아리고, 또 한 사람을 안에서 불러 둘이 같이 파라솔 위치를 바꾸었다. 리카는 한 사람이 테이블을 누르고, 한 사람이 파라솔

각도를 바꾸는 것을 바라보았다. 둘 다 고타와 비슷하거나 조금 어릴 것이다.

이 아이는 언제부터—리카는 문득 의문스럽게 생각했다. 이 아이는 언제부터 이런 식으로 뭐든 남에게 시키게 된 걸까? 파라솔 위치를 바꾸지 않아도 의자를 조금 움직이면 그늘로 들어갈 텐데.

그리 대수롭지 않은 일이란 건 알고 있었다. 고작 파라솔이다. 하지만 고작 파라솔치고는 뭔가 이해가 안 되는 점이 있어서, 그것이 머릿속에서 사라지지 않았다.

"고마워요." 고타는 작업을 마친 두 사람에게 웃어 보였다. 두 사람은 정중하게 머리를 숙이고 안으로 돌아갔다.

"그러고 보니 대학은 어떻게 됐어?" 말하면서, 리카는 아연했다. 시간 감각이 전혀 없다는 것을 새삼스럽게 느꼈다. 고타와 처음 만난 것이 몇 년 전인가. 그 후로 몇 년이 지났는가. 물론 오늘이 몇 월 며칠인지는 안다. 내가 몇 살인지도. 하지만 언젠가부터 어떤 부분에서 시간이 멈춰 있다. 나가쓰타의 집에서도 고타의 맨션에서도 고타와 머물렀던 호텔에서도 식사를 한 레스토랑에서도 시간은 흐르지 않았다. 리카는 그래서 지켜지고 있다고 생각했다. 지진도 독가스도, 참을 수 없이 잔혹한 수많은 사건도, 소비세도 불경기도, 시간과 함께 자신들의 세계에 들어올 수는 없다고, 생각하고 있었다. 고타와 있으면 모든 것이 남 일처럼, 세상 밖의 일처럼 느껴졌다. 세상 밖에 있는 것은 자신들일지도 모르지만 전혀 상관없다.

파테크 필리프 손목시계를 차고, 아르마니 청바지를 입고, 또래 남자에게 부끄러운 줄도 모르고 그늘을 만들게 하는 이 남자아이는 대체 몇 살이 된 걸까.

"네? 리카 씨 무슨 소리 하는 거예요." 고타는 여행 얘기를 할 때처럼 천진난만하게 웃었다. "언제 때 얘기예요? 대학은 옛날에 그만뒀잖아요. 리카 씨 정말 나한테 관심이 없구나."

"엥?" 리카는 할 말을 잃었다. 대학을 그만두고, 그럼 지금 낮에는 무얼 하며 보내는 걸까.

"관심이 없다니 그런 말이 어디 있어. 대학 얘기는 전혀 해주지 않아서 뭔가 말 꺼내기 그래서 그랬지."

"얘기했어요, 잊어버린 거지. 취직이 안 돼서 친구 몇 명하고 취직 재수를 했지만, 그럴 돈도 없어서 뭔가 한심하다고."

전혀 들은 기억이 없었지만, 말했다, 안 했다 싸워봐야 소용없다고 생각한 리카는,

"그럼 지금……" 하고 말을 꺼냈다. 아무것도 하지 않는 걸까. 그 방에서 리카의 연락이나 기다리며 컴퓨터 게임이나 하고, 잠이나 자는 걸까.

"주식을 시작했다고, 이 얘기도 했잖아요." 고타는 눈앞의 햇살처럼 웃었다.

"주식……." 리카는 조그맣게 되풀이했다. 주식을 하는 고객의 얼굴이 떠올랐다. 건축회사에서 일찍이 명퇴한 노신사로 얼마나 벌었는지 몇 번 들은 적이 있지만, 리카는 흘려들었다. 애초에 주식을 어떻게 사고파는지도 잘 모른다.

"이래 봬도 꽤 재능이 있는 것 같아요. 처음부터 손해를 본 적이 없어요. 리카 씨한테 갚는 돈도 늘어났잖아요?"

리카는 고타가 얼마씩 갚고 있는지, 최근에 전혀 체크하지 않고 있다는 것도 새삼스럽게 깨달았다. 고타가 갚는 돈이 도움이 될 거란 생각은 애초에 하지 않았음을 지적받은 것처럼 찜찜한 기분이 들었다. 리카는 잔에 손을 뻗쳤지만, 내용물은 이미 없었다. 그래도 잔에 입을 가져갔다. 잔은 따뜻하고 미지근했다.

"가족들은 건강하셔?" 리카가 물었다. 묻고 난 뒤 알았다. 정말로 관심 따위 없었구나. 고타가 학생인지 아닌지, 그의 정리해고당한 아버지를 비롯한 가족이 대체 어떻게 지내는지. 그런 것 하나도 알고 싶지 않았다. 고타는 잠시 입을 다물었다. 눈을 가늘게 뜨고 오가는 사람을 보고 있다. 이윽고 입을 열었다.

"아버지는 소송에서 져서 결국 지금 일하고 있어요. 아르바이트여서 처음에는 힘들었던 것 같지만, 뭐, 얼마라도 수입이 있으니까요. 엄마도 시간제 사원 일에 익숙해진 것 같고, 나도 생활비를 보내고 있어요." 또 잠시 입을 다물었다가, "욕심쟁이 노인네는 잘 있어요?" 하고 물으며 웃었다.

"건강하셔. 여전히 잘 대해주셔." 리카는 말했다. 그대로 인연을 끊어버렸는지, 히라바야시 고조의 집에 가족이 드나드는 모습은 없었다.

"슬슬 갈까. 차를 마신 뒤에 쇼핑할 걸 그랬네."

고타는 일어서서 그대로 보도로 나갔다. 리카는 안으로 돌아가 계산을 했다. 언제나의 일이긴 하지만, 리카는 또 의문을 품는다. 언제부터일까. 저 아이가 저런 식으로 자연스럽게, 내게 돈을 내게 하고 가게를 나가는 것은.

돌아오는 길에 차도도 보도도 몹시 붐벼서, 평소라면 5분도 걸리지 않을 텐데 30분 이상 걸렸다. 트렁크에서 짐을 꺼내 전용 카트로 나르고, 방에 도착했을 때는 이미 하늘이 오렌지색이었다.

"오늘 불꽃놀이해요." 고타가 그제야 생각난 듯이 말했다.

"그래서 유카타 입은 여자아이들이 많았구나." 보냉재는 이미 미지근해져서 고기도 생선도 변색하고, 채소는 시들었다. 이 더위에 주차장에 세워둔 차에 그대로 넣어두었으니, 당연한 일인데 리카는 자신도 당황스러울 만큼 그 사실에 실망하고 후회했다. 리카는 이건 마치 아이를 차에 태워둔 채 파친코에서 넋을 잃고 놀아버린 기분 같다고 생각했다.

"여기서도 보이려나. 오, 포장마차들도 나오고 사람들도 엄청나네."

"오늘 밥 못 하겠네. 재료들이 다 못 쓰게 돼버렸어."

리카는 베란다로 이어지는 유리문에 붙어 밖을 내다보고 있는 고타에게 말했다.

"그러면" 돌아보면서 말하려다, "그렇지만 밖에서 먹으면 불꽃을 못 보는데" 하고 혼잣말처럼 중얼거렸다.

불꽃놀이를 보고 싶은가. 리카는 조그맣게 웃었다. 변한 것 같은 고타가 변하지 않은 증거를 찾은 것 같았다.

"그렇지, 피자 시켜먹어요." 고타가 대단한 것을 생각해낸 것처럼 말했다.

길이 막히고, 주문이 쇄도해서일 것이다. 30분 이내에 도착할 피자는 47분 뒤에 왔다. 30분이 지났을까 말까할 때, 리카와 고타는 벽시계 아래에 서서 카운트다운을 했다. 30분이 지나자 둘이서 데굴거리며 웃었다. 리카는 그러고 보니 이런 시시한 대화를 한 적이 있다는 기억이 떠올랐다. 반액이 되고 안 되고 하는 얘기를 했다가, 마사후미에게 쩨쩨한 인간 취급을 당했다. 어째서 그런 시시한 곳에 있었을까, 하고 리카는 타인의 먼 기억처럼 생각했다.

늦게 온 피자는 반값이었다. 소파 테이블에 상자를 펼쳐놓고 사다둔 맥주와 와인을 따서 불꽃 개시를 기다리며 리카와 고타는 피자를 먹기 시작했다.

조용한 밤하늘에 환하게 색깔이 흩어지고, 눈 깜짝할 사이에 펑하고 무거운 소리가 울려 퍼졌다. 리카와 고타는 얼굴을 마주보고 손을 맞잡고는 시작했다고 좋아했다. 고타는 황급히 일어나 방의 불을 모두 껐다. 그 후로 잇따라 밤하늘에 색이 흩어졌다. 휘리리릭 하고 가느다란 빛이 하늘을 올라가고, 펑 하고 터졌다가 쿵 하고 뱃속이 울리는 듯한 소리가 이어졌다. 터져서 그대로 사라지는 불꽃이 있는가 하면, 잔상을 남기면서 천천히 흘러가 사라지는 불꽃도 있다. 그때마다 방이 노란색, 흰색, 분홍색, 파란색으로 떠올랐다. 하트 모양으로 펼쳐지는 불꽃도, 타원형으로 펼쳐지는 불꽃도 있었다. 리카는 피자를 먹는 것도 잊고 넋을 잃고 보았다.

"있지." 불꽃놀이를 보면서 리카가 말했다.

"만약 내가 빈털터리가 되어서 이 집 임대료도 내지 못하고, 여름 여행도 갈 수 없게 되면 어떻게 할 거야?"

귀에 들리는 자신의 목소리가 멀리 울려퍼졌다. 리카는 그렇게 말하고 있다는 실감이 없었다.

"그건 혹시 이혼을 생각한다는 말?"

펑, 하는 파열음이 사라진 뒤 목소리가 되돌아왔다. 그 엉뚱한 질문에 어떻게 대답해야 할지 몰라 리카가 잠자코 있자, 고타가 말했다.

"리카 씨, 나를 무시하는 거예요?"

마지막에는 불꽃을 쏘아 올리는 소리에 지워졌지만, 리카의 귀에는 들렸다.

"돈이 있어서 같이 있는 것으로 보여요?"

그렇진 않지만, 하고 말하려는데 고타 쪽이 먼저 입을 열었다.

"리카 씨하고 있으면서 엄청나게 많은 걸 할 수 있어서 깜짝 놀랐어요. 아직도 놀라요, 이 사람 도라에몽인가 생각할 때도 있어요."

고타는 거기서 웃었다. 밤하늘이 환하게 밝아지고, 한여름의 아름드리나무처럼 노란빛이 동그랗게 퍼졌다. 셀 수 없을 정도의 빛이 밤하늘을 긁듯이 천천히 떨어져 내렸다.

"하지만 나는 무엇을 사달라든가 해달라는 말 한 번도 한 적 없어요."

"그러네." 리카는 당황하며 말했다. 정말로 그렇다. 모두 자기가 그렇게 하고 싶어서 해왔다. 스위트룸도 레스토랑도 택시도 명품 가게도. 나는 교활하다, 리카는 생각했다. "미안" 하고 사과하는 목소리가 또다시 불꽃을 쏘아 올리는 소리와 포개졌다.

"리카 씨가 빈털터리가 되면 같이 일해요. 그야 지금까지와 같은 생활은 무리겠죠. 내가 아무리 주식으로 잘나간다 해도 그런 건 무리예요. 하지만 이 집 월세를 내고, 평범하게 밥 먹고, 그런 좋은 호텔 방이 아니라 평범한 호텔 방에서 머무는 여행을 하며 그렇게는 살아갈 수 있을 거예요, 분명."

불꽃의 빛이 퍼지는 어두운 방에서 고타는 평소보다 말이 많았다. 리카는 그 말을 하나하나 반추했다. 그런가, 둘이서 살아가는 건 가능한가. 명품 옷을 사지 않으면 된다, 에스테틱에 다니지 않으면 된다, 차 따위 팔아버리면 된다, 뭣하다면 좁은 집으로 이사하면 된다. 한 해에 한 번 여행은 하코네나 닛코에 가서 온천을 하고, 버스나 전철로 이동하고, 슈퍼마켓의 떨이 상품을 사고, 기념일에는 패밀리 레스토랑에 가고. 그래, 가능하다. 누구나 그렇게 살고 있지 않은가. 생각에 몰두한 리카는 깨닫지 못했다. 깨닫지 못하는 척했다. 누구나 하는 그런 검소한 생활을 지금 불가능하게 하는 것이 무엇인가를. 마사후미의 존재는 절대 아니라는 것을.

"미안."

발밑에서 울려 퍼지는 듯한 불꽃놀이 소리가 사라진 뒤, 리카는 속삭이듯이 말했다.

식사를 마치고, 지저분해진 테이블을 그대로 둔 채, 리카는 고타와 베란다에 나가 불꽃놀이를 보았다. 고타가 지금 한 말이 불꽃놀이 소리 너머로 희미하게 되살아난다.

하지만 나는 무엇을 사달라든가 해달라는 말 한 적 한 번도 없어요.

그 말에 리카는 자신의 어린 시절이 문득 떠올랐다. 자신의 부모가 얼마를 벌어서, 그중 얼마를 자신을 위해 쓰는지 생각한 적은 없었다. 부모가 자신에게 무언가를 해주는 것은, 옷을 사주는 것은, 레스토랑에 데리고 가는 것은, 학비를 대주는 것은, 가족여행에 데리고 가는 것은 당연하다고 생각했다. 아니, 너무 당연해서 당연하다는 생각도 하지 않았다. 그도 그럴 것이 리카는 한 번도 그런 걸 부탁한 적이 없다. 그래서 사춘기에는 지겹게까지 생각했다.

리카는 학교에 가지 못하는 아이들에게 기부했던 고등학교 시절이 떠올라, 웃음이 날 것 같았다. 자신이 할 수 있는 일이 있다면 뭔가 해야만 한다고, 그때는 진심으로 생각했다. 이런 자원봉사를 했다고 부모에게 얘기하면 그 선의를 칭찬받았다. 그리고 자신은 부모에게 받은 돈을 미지의 아이들에게 계속 보냈다. 한 명이었던 아이가 두 명이 되고, 세 명이 되고, 여섯 명이 되자, 학교에 가지 못하는 모든 아이를 구제한 게 아닌가 하는 착각이 들었다. 거기에는 없고, 여기에 있는 것을 나누는 것은 당연하다고 생각했다. '여기에 있는' 것은 내 것이라고 믿어 의심치 않았다.

돈이라는 것은 많으면 많을수록 어째선지 보이지 않게 된다. 없으면 항상 돈을 생각하지만, 많이 있으면 있는 게 당연해진다. 100만 엔 있으면 그것은 1만 엔이 100장 모인 것이라고 생각하지 않는다. 거기에 처음부터 있는, 무슨 덩어리 같은 것이라고 생각한다. 그리고 사람은 부모에게 보호받는 어린아이처럼 천진난만하게 그것을 누린다.

리카는 고타 옆에 서서 푹푹 찌는 밤공기를 맞으면서 자신들이 보내온 시간을 생각했다. 앞으로 지내게 될 미래를 생각했다. 그리고 자신들은 앞으로 어떤 일이 있어도 헤어질 수 없다는 사실을 문득 깨달았다. 사랑이나 연애 때문이 아니다. 지금 막 고타가 뜨겁게 얘기한 것처럼 뭔가 모호한 것으로 맺어져 있는 게 아니다. 마사후미와 혼인 신고할 때 제출한 혼인신고서보다 훨씬 무겁고 훨씬 강한 것으로 맺어져 있다.

네온사인과 불꽃이 어슴푸레하게 물든 밤하늘이 펑펑하는 굉음과 함께 덮쳐와, 천천히 자신을 짓누르고 가는 듯한 느낌이 들었다. 리카는 얼른 고타의 손을 잡았다. 고타는 리카에게 손을 잡혔지만, 맞잡지 않았다.

"불꽃 너머에 달이 있어요." 고타가 불쑥 말했다. 정말로 깎은 손톱처럼 가는 달이 걸려 있었다. 불꽃이 떠오르면 그것은 사라지고, 불꽃의 빛이 빨려들 듯이 사라지면 슬슬 모습을 드러냈다.

리카가 순수하게 자신이 쓰기 위해 가짜 정기예금 증서를 만든 것은 1999년까지였다. 그해 봄, 먼저 야마노우치 부부가 손녀를 위해 만든 정기예금을 해약하고 싶다고 말했다. 그때까지 리카는 가짜 정기예금 증서를 건넨 고객이 5년 이내에 해약을 신청하리라고는 상상도 못 했다. 손녀를 위해 정기예금을 넣고 싶다고 했던 그들은 50만, 70만씩 나누어 예금해서 해약을 신청했을 때 총액은 350만 엔이 되어 있었다. 손녀를 위해서 모았는데, 아들 부부가 집을 사게 되어 보태기로 했다고 그들은 리카에게 설명했다.

리카는 그들의 350만 엔 따위 이미 옛날에 다 써버렸다. 그래도 그 금액에 이자를 더해서 돌려주어야만 한다. 리카는 일단 지금 당장이 아니라 만기일이 되는 5월 중순까지 해약하지 않는 편이 좋다고 부부를 설득했다. 부부가 그것을 승낙하자, 리카는 마침내 있지도 않은 금융 상품을 만들어냈다. 리카는 컴퓨터와 레이저프린터, 스캐너를 새로 사서 사용설명서와 격투하며 존재하지도 않은 정기예금증서를 만들기 시작했다.

규정된 정기예금증서를 스캐닝해서 DTP 소프트로 '슈퍼 골드' 로고를 만들었다. 두 개의 데이터를 합성하여 인쇄해서 지점장 도장을 찍는다. 찬찬히 확인하면 숫자 폰트며 인자의 농도로 가짜란 걸 알지만, 그래도 예전 컬러 복사만으로 만들었던 것보다는 훨씬 그럴듯한 정기예금증서였다. '슈퍼 골드 정기'라고 이름 붙이고, 이자를 통상보다 3퍼센트 정도 올려서 단골 고객에게만 소개하는 유리한 정기예금이라고 그럴듯하게 설명하며 지금까지 가짜 증서를 주지 않았던 고객들에게 권하며 돌아다녔다.

단골 고객 가운데 몇 명은 권하는 대로 정기예금을 들었다. 리카는 금리가 3퍼센트 많아서가 아니라 돈이 남아돌아서이고, 자신이 권해서라는 것을 잘 알았다. 세상에는 그런 사람들이 있다는 걸, 리카는 이미 터득하고 있었다. 10만 엔의 이자가 1천 엔이든, 3천 엔이든 관계없는 사람이 있다. 그런 사람들에게 돈을 빌려서 무슨 문제가 있겠는가. 리카는 자신에 관해 고타가 그렇듯이, 마사후미가 그렇게 되어가고 있듯이, 어린 시절의 자신이 그랬듯이 당연하게 받아들이기 시작했다. 슈퍼 골드 정기에 모인 50만 엔, 30만 엔은 리카에게는 큰돈이었다. 자신이 한 달 동안 번 급료와는 근본적으로 다른 숫자였다.

그래도 야마노우치 부부가 해약을 신청한 날까지 80만 엔 정도 부족했다. 리카는 망설임 없이 소비자금융에서 그 돈을 빌렸다. 애초에 고타의 소비자금융 빚을 청산하기 위해 가짜 정기예금증서를 만들었던 사실을 리카는 아프게 떠올렸다. 하지만 그것밖에 방법이 없었다.

리카는 소비자금융에서 돈을 빌리며, 자신이 무슨 짓을 하는지 어렴풋이 깨달았다. 뭔가 말도 안 되는 짓을 하고 있다. 그것은 지금까지도 알고 있던 일이었다. 하지만 그때 새삼스럽게 깨달았다. 지금 자신이 발을 들이밀고 있는 터무니없는 사태에서 되돌아갈 수는 없다. 지금까지는 할 수 있을 거라고 생각했다. 주택 대출금은 이제 없다. 그걸 내던 금액, 월급의 일부를 계속 갚으면 언젠가 '빌린' 돈은 모두 갚을 수 있다고. 그러나 그런 일은 불가능하다는 걸, 이때 막연히 생각했다. 이미 자신이 얼마를 썼는지, 얼마를 갚으면 되는지 알지 못했다.

돌아갈 수 없다면 나아갈 수밖에 없다. 리카는 생판 남 일처럼 생각했다. 달리 선택의 여지가 없다. 그리고 리카는 그 찌는 듯이 더운 날을 떠올렸다. 화장품을 사느라 일시적으로 5만 엔을 빌린 순간을, 점원에게 감사 인사를 받았을 때의 느낌을 잇따라서 떠올렸다.

이때부터 그야말로 리카에게 금액을 적은 숫자는 뭔가 의미 있는 돈이 아니게 되었다. 단순한 덩어리가 되었다. 80만 엔을 매달 5만 엔씩 갚으면 이자가 얼마이고 언제 다 갚을 수 있는지, 리카는 생각하지 않았다. 정중한 안내를 받고 브랜드숍 예약회에 가서 거기서 사용한 28만 엔이 언제 계좌에서 이체되고, 그 계좌에는 지금 얼마 있으며 자동이체 된 뒤에는 얼마가 남는지 계산하는 일도 없었다. 딱 10만 엔만 빌려주면 좋겠다고 한 고타에게 건넨 10만 엔이, 거래처 자녀에게 부탁받았다며 게임기를 사 보내달라는 마사후미의 요청으로 사 보낸 게임기 값이, 어느 계좌에서 인출된 돈인지, 애초에 그 돈은 누구 것인지 생각하는 일은 없었다. 무의식적으로 어느 은행, 어느 계좌의, 어떤 돈도 다 연결된 것처럼 느껴졌다. 나고 다마에의 돈도 소비자금융 ATM에서 인출한 돈도. 돈이란 것은 마르지 않는 용수 같은 것으로 느껴졌다. 마르는 일 없이 계속 샘솟아, 주위 사람들의 목을 적시는 생활을 돕는 것. 필요한 사람이 필요한 만큼 퍼다 쓰면 되는 것.

고객에게 해약 신청은 드문드문 있었다. 그럴 때마다 리카는 그 돈을 만드느라 분주했다. 지금까지의 고객으로는 부족해서 리카는 점심시간도 아껴가며 새로운 고객을 개척하느라 거리를 돌아다니며 집집이 인터폰을 눌렀다. 현관에서 몇 분만 얘기하면 그 집의 가족 구성과 경제 상황을 어렴풋이나마 파악할 수 있었다. 가족 3대가 살고 있거나, 젊은 부부와 동거하면 리카는 적당히 이야기를 마무리하고 물러났다. 경제적 여유가 있을 법한 혼자 사는 고령자, 혹은 부부, 형제 등의 2인 가족이라면 며칠 뒤 다시 방문한다. 장래를 보아 자신에게 마음을 열어줄지 어떨지—그것은 즉, 경제를 맡겨줄지 어떨지를 의미했다. 리카는 몇 번의 방문으로 판단해서 괜찮다 싶으면 자주 다녔다. 돈은 지금 당장 필요하지만, 서두르면 안 된다.

슈퍼 골드 정기, 슈퍼 플라티나 정기, 다이아몬드 정기, 리카는 있지도 않은 상품을 잇달아 만들어내서는 소개했다. 자신의 계좌, 부부 계좌, 고타를 위해 만든 계좌, 고객에게 '빌린' 돈의 계좌. 소비자금융에서 청구서가 오면 그 계좌 중 어딘가에서 돈을 찾아서 내고, 카드대금 자동이체일에 잔액이 부족하면 그중 어느 것에서 보완했다. 어디에 무엇을 썼는지 점점 알 수 없었다. 내일 필요한 돈을 지금 마련하는 일만 반복했다. 그리고 돈은 그야말로 용수처럼 사라지는 일이 없었다.

머릿속에 언제나 파리가 날아다니는 것 같은 소리가 났다. 희미하지만 절대 끊이지 않는 소리다. 리카는 그 소리에 재촉 받듯 가짜 정기예금증서를 만들고, 돈을 모으고, 고객의 돈을 관리하는 노트를 보고, 계산기를 두드리고, 이자를 계산하고, 고객 집으로, 은행으로, 소비자금융 ATM으로 달렸다.

그날 만난 고타는 휴대전화를 갖고 있었다. 은색의, 고타 손에 딱 들어가는 작은 전화기였다. 행원 중 몇 명은 휴대전화를 이미 사용

하기 시작해서, 그 자체가 특별히 신기한 것도 아니다. 다만 리카가
은근히 놀란 것은 거기로 전화가 걸려온 일이었다.

토요일 밤, 가이엔마에에서 식사하고 택시로 후타코다마가와로
돌아가는 도중이었다. 어두컴컴한 차 안에 울려 퍼진 전화벨 소리
에 리카는 깜짝 놀라 몸이 굳어졌다. 고타는 아무렇지도 않게 전화
를 받았다. 차 안에 흐르는 라디오 소리 사이에 섞여 전화기에서 작
은 소리가 새어나왔다.

"아아, 응, 응, 알았어. 지금 좀 그러니까 나중에 걸게."

고타는 단숨에 말하고 전화를 끊었다.

새어나온 목소리는 여자의 것이었다. 누구? 라고는 묻지 않고,
"휴대전화 샀네"라고 했다.

"네, 편리해요. 리카 씨도 사요. 아예 내일 같이 사러 갈까요?"

"그렇지만 내가 사용할까."

"바로 연락할 수 있어요. 오늘도 30분 일찍 도착해서 할 수 없이
오모테산도를 어슬렁거렸지만, 그럴 때 휴대전화가 있으면 미리
만나서 차도 마실 수 있고요. 밖에 있어도 연락을 취할 수 있으니 바
로 만날 수 있고요."

리카는 문득 위화감을 느꼈다. 그러나 그 원인을 알 수 없었다.
무엇에 위화감을 느꼈는지도 모르겠다.

맨션 앞에서 택시를 내려, 집으로 들어갔다. 문을 열고 안으로 들
어가자마자 고타는 리카를 껴안고 입술에 혀를 밀어 넣었다. 리카
는 미지근하게 움틀거리는 혀의 감촉을 맛보며, 꽤 오랫동안 고타

와 자지 않았다는 사실을 깨달았다. 아니, 만나는 것 자체가 오랜만이었다. 10일, 아니 2주일 만인가, 평일에는 만나지 못했고, 지난 주말에는 소비자금융을 몇 곳 돌아다니고, 신규 고객 개척을 위해 주택가를 걸었다. 그대로 이끌리듯이 침실로 들어가, 불도 켜지 않고 각자 정신없이 옷을 벗고 껴안았다. 꼭꼭 닫힌 방에서 눈 깜짝할 사이에 땀이 솟아났지만, 냉방을 켜는 시간도 아까운 듯이 고타는 리카의 유방에 얼굴을 묻었다. 리카는 온몸을 달리는 쾌감에 등을 뒤로 젖히고, 방에 가득한 냄새를 맡았다. 자신의 집에는 전혀 존재하지 않는 젊은 사람의 생명력 같은 냄새다. 땀과 기름과 졸음이 뒤섞인 듯한 냄새.

미친 듯이 원했으면서, 그날, 고타는 끝까지 하지 못했다. 리카의 속에 들어가자마자 시들해져 버렸다. 리카가 손을 쓰면 또 힘을 갖지만, 안에 넣으면 또 시들었다. 세 번을 반복하다, "미안." 리카는 사과하고, 손을 멈추었다.

"어째서 리카 씨가 사과해요." 고타는 멍한 목소리로 말하더니, 이윽고 에어컨을 켰다.

"그렇지만." 리카는 말하려다 할 말이 생각나지 않아 어둠 속에 떠오른 에어컨의 작은 녹색 빛을 보았다. 냉기가 내려오고 땀이 천천히 가셨다.

가만히 침묵하며 누워 있던 고타가 문득 말했다.

"1999년 7월에 세계의 종말이 온다는 말, 리카 씨도 어릴 때 들었어요?"

"노스트라다무스? 7월이었나, 거기까지는 모르겠네. 다음 달아 나?"

리카는 바닥에 떨어진 옷을 입으면서 중얼거렸다. 다음 주에는 7월 이다. 어떻게 끝나는 걸까, 리카는 생각했다.

"핵전쟁이 시작되는 게 아닐까 하는 얘길 어릴 때 들은 기억이 있 지만, 전혀 그런 기미가 없네요."

"그러게." 고타가 무슨 말을 하는지 몰라, 리카는 모호하게 대꾸 하고 옷을 입고 고타 옆에 누웠다.

"전화 다시 걸어주지 않아도 돼?" 리카가 물었다.

"네? 아, 아까요. 누나여서요." 억양 없는 목소리로 말했다.

누나니까 바로 걸 필요 없다는 건지, 누나니까 의심할 필요 없다 는 건지, 그다음 말을 리카는 기다렸지만, 고타는 아무 말도 하지 않 았다. 에어컨이 바람을 보내는 소리와 두 사람의 호흡 소리만이 땀 과 지방과 졸음이 뒤섞인 냄새 속에 녹아내려 갔다. 끝나버리면 좋 겠다고 생각했다. 세상이 끝나버리면 얼마나 좋을까, 리카는 기도 하듯이 생각했다.

다음 일요일, 리카는 결국 휴대전화를 사지 않았다. 한낮이 지나 일어나 커피숍에서 고타를 만나 점심을 먹고, 그날은 자지 않고 돌 아왔다. 리카는 돌아와서 바로 다음 주말에 에스테틱 예약을 하고, 그리고 한참 망설인 끝에 인터넷에 접속하여 탐정 사무실을 검색했 다. 뭔가 확실한 목적이 있었던 것도 아니고, 구체적으로 무언가를 알고 싶었던 것도 아니다. 하지만 무언가에 조종당하듯이 그렇게 하고 있었다. 제일 먼저 나온 탐정 사무실은 그 업계에서는 제법 큰지, 시부야에 본부 사무실이 있고, 도내 근교 각지에 지부 사무실이 있었다. 마치다 지점 사무실 전화번호를 메모하고, 리카는 컴퓨터 전원을 껐다.

 7월 중순이 되어도 세상은 끝날 기미가 보이지 않았다. 7월 중순의 어느 수요일, 리카는 봉투를 들고 번화가를 바삐 걸었다. 주중인데 거리는 사람으로 넘쳐났다. 가게 이름을 쓴 네온 간판이 즐비하고, 호객의 목소리와 스피커에서 흘러나오는 가요가 뒤섞이고, 학생 무리와 사회인 무리가 술집을 찾느라 어슬렁거리고, 커플들이 서로를 바라보며 지나갔다. 역으로 서두르던 리카는 갑자기 서 있을 수 없을 정도의 피로를 느끼고, 눈에 띄는 커피숍에 들어갔다. 형광등이 별나게 밝고, 프랑스 인형과 앤티크 장난감이 복잡하게 장식된 가게였다. 리카는 제일 구석진 자리에 앉아 아이스커피를 주문하고, 봉투에서 서류를 꺼냈다. 물을 마시려다 스커트에 쏟아서 그 얼룩을 내려다보며 손이 떨리는 걸 느꼈다.
 히라바야시 고타에게는 연인이 있었다. 스물두 살의 대학생이다. 고타가 예전에 다녔던 대학의 영문학과에 다니는 여성으로, 게이오선 센가와 역에서 도보 10분 거리의 아파트에 하숙하고 있다.
 그럴 리 없지 않을까 생각하는 한편으로, 그도 그럴 테지, 라고 생각할 것 같아졌다. 그리고 얼른 강하게 되풀이했다. 그럴 리가 없어.
 사진도 있다. 머리를 말총머리로 묶은, 아직 어린아이 같은 여자다. 리카는 우스웠다. 어린아이다. 이 여자도, 고타도. 두 사람의 배경은 그녀가 다니는 대학인 듯한 대학가와 그녀의 아파트다. 아파트에서 나오는 두 사람이 부옇게 확대되어 있다. 리카는 그 기시감이 어이없었다. 두 사람의 기시감이 아니라, 탐정 사무소가 찍은 증거 사진의 너무나도 샘플 같은 기시감이다. 너무 뻔함에 웃음이 날 것 같았다. 아이스커피가 나와서 리카는 스트로를 꽂고 마셨다. 아무 맛도 나지 않았다.

그날 귀가한 리카는 또 인터넷으로 탐정 사무실을 찾았다. 여기저기에 사무실이 있는 프랜차이즈가 아니라, 도심에만 몇 군데 사무소가 있는 곳. 다음날 점심시간에 고객의 집에서 고객의 집으로 이동하는 도중, 공중전화로 의뢰를 했다. 그러면서 확실히 휴대전화가 있으면 편리할지도 모르겠다고, 리카는 생각했다.

진단결과를 받아들이고 싶지 않은 환자처럼 결국 리카는 세 군데 탐정 사무실과 흥신소에 의뢰했다. 모든 곳으로부터 결과를 받은 것은 8월로 세상이 끝나는 일도 없이 지금까지와 똑같이 계속되었다. 리카는 고객과 은행과 집과 소비자금융 사이를 뛰어다니며 숫자 덩어리를 계속 굴렸고, 마사후미가 부탁하는 대로 식품을 보내고 옷을 보내고, 심야에 스캐너와 복사기를 돌리며 증권과 정기예금증서를 만들었다. 그리고 세 군데 탐정 사무실이 내린 결론은 거의 모든 점에서 일치했다.

히라바야시 고타는 스물두 살의 대학생 니시 마도카와 연애를 하고 있었다.

보고서에 쓰여 있는 그들의 교제는 리카와 고타의 그것과 전혀 달랐다. 평일에 마도카의 수업이 끝난 뒤 만나서, 대학가 술집에서 술을 마시고, 고타는 전철로 그녀의 하숙집 가까운 역까지 데려다준다. 휴일에는 번화가에서 영화를 보기도 하고 아이쇼핑을 하기도 하고, 아주 가끔 가까운 곳으로 드라이브를 간다. 마도카의 하숙집에서 보낼 때도 있다. 고타의 맨션에 마도카가 왔다는 보고가 없는 것은 고타가 자신에게 의리를 지키기 위한 것일까, 리카는 생각했다. 월세를 내고 있는 것은 자신이니까. 마찬가지로 의리인지, 아니면 애정 표현의 하나인지 리카에게 받은 돈을 고타가 그 교제에 쓰는 모습은 없었다. 아마 고타의 수입으로 충당될 수수한 데이트였다. 거기에 스위트룸도 온천여행도 택시도 샴페인도 고급 레스토랑도 존재하지 않는 것에, 리카는 안도하고 동시에 절망했다. 두 사람은 자신들처럼 강한 끈으로 맺어져 있지 않고, 아마 앞으로도 그런 일은 없을 거라는 안도와 자신은 이 두 사람 같은 깨끗하고 건강한 관계를 절대 만들 수 없다는 절망이었다.

세 군데 탐정 사무실에 낸 돈은 모두 250만 엔이었다.

고타에게 어린 연인이 있다는 것을 알았다고 두 사람의 관계가 달라지는 일은 없었다. 횟수는 줄었지만, 한 달에 한두 번은 주말에 만나 리카가 고타의 맨션에서 잤다. 만날 때는 그다지 신경 쓰이지 않는다. 그러나 고타를 만나지 않는 주말, 리카는 48시간 내내 사진으로 본 니시 마도카와 고타를 생각했다. 지금쯤 약속 장소에서 만

나고 있겠지. 지금쯤 점심을 먹고 있겠지. 지금쯤 무슨 영화를 볼까 의논하고 있겠지, 지금쯤……. 모든 것이 실제로 어딘가에서 들여다보는 것 같은 영상으로 떠올랐다. 리카는 두 사람의 모습을 눈으로 좇으면서, 집에 틀어박혀 슈퍼 플래티나 정기예금과 다이아몬드 정기예금을 묵묵히 만들었다. 그리고 점점 불쾌함도 초조함도 분노도 아닌 생각으로 치달려, 미용실과 네일 살롱과 에스테틱 살롱에 전화해서 예약을 했다. 그래도 진정되지 않을 때는 집을 나와 시부야에 가서 백화점을 돌아다녔다. 새 옷을 입으면 자신까지 새것이 된 것처럼 느껴졌다. 니시 마도카와 싸울 생각은 없다. 그저 무언가를 하지 않고는 견딜 수 없었다. 무언가—현재 멈출 수 있다고 믿을 수 있는 무언가.

마사후미가 영구 귀국하게 되었다는 전화가 온 것은 다음해 9월이었다. 내년에 돌아오게 되었다고 한다.

전화로 마사후미의 목소리를 들어도 리카는 그 얼굴을 희미하게밖에 그릴 수 없다. 오봉 휴가에도 돌아오지 않았던 남편은 리카에게 이제는 가까운 사람이란 생각이 들지 않는다. 요즘 무엇을 보내달라는 연락밖에 받지 않아서 마치 배송지 고객과 얘기하는 것 같다. 그 배송지 사람이 무얼 하러 이곳에 '돌아오는' 걸까, 생각하게 된다.

"잘됐네." 그렇지만 아주 자연스럽게 소리가 나왔다. 그 사실에 놀라면서 리카는 자신의 목소리를 남의 것처럼 들었다. "다시 둘이 같이 살 수 있겠네. 내년이 기다려져."

전화를 끊고, 리카는 벽에 걸린 시계를 올려다보았다. 토요일 오후 2시. 고타에게 연락도 없고, 이번 주말에 만날 예정도 없었다. 지금쯤 고타는 니시 마도카와 늦더위도 아랑곳하지 않고 시내를 돌아다니고 있을 터다. 리카는 두 사람의 모습을 떠올리며 전화기를 들고 열한 자리의 숫자를 눌렀다. 전파가 닿지 않는 곳에 있는지, 전원이 꺼져 있다고 낯선 여자의 목소리가 말했다.

"당장 전화해. 나 집에 있어." 리카는 메시지를 남기고 전화기를 내려놓았다.

전화가 온 것은 4시가 지나서였다. 영화라도 보고 있었던 걸까, 리카는 상상했다. 아니면 놀이공원에서 탈것이라도 타고 있었을까. 미술관에서 그림을 보고 있었을까. "왜 그래요? 무슨 일 있어요?" 묻는 고타의 목소리 너머에 니시 마도카의 기미를 필사적으로 찾으면서 말했다.

"오늘 만났으면 좋겠어. 내일이 아니라 오늘."

"어, 무슨 일 있어요?"

고타의 목소리 뒤에 들리는 것은, 시내의 시끄러운 소리다. 웅웅 울리는 음악 소리, 얘기 소리, 웃는 소리.

"전화로는 말할 수 없어. 안 돼?"

"약속이 좀……." 고타는 우물거렸다, 이럴 때 귀찮아하는 말투가 아닌 것은 교육을 잘 받고 자라서일까, 하고 리카는 남 일처럼 생각했다. 아니, 옆에 니시 마도카가 있어서일지도 모른다.

"그래? 알았어. 그럼 좋아. 내가 이런 전화를 거는 것은 처음이자

마지막일 테니 안심해."

리카는 고타의 대답을 기다리지 않고 종료 버튼을 눌렀다.

내가 너한테 지금까지 얼마나 썼지? 빌려준 돈, 물건을 산 돈, 먹은 돈, 교통비, 맨션 월세, 차 구입비, 유지비, 주식 자금, 그만큼 돈을 받아놓고, 오늘 만나고 싶다는 단 한 번의 부탁도 거절하는 거지. 리카는 처음으로 고타에게 분노를 느꼈다. 화를 내면서도 웃고 싶어진다. 실제로 웃었다. 얼마나 썼는지 자신도 모른다. 3천만인지 그 이상인지. 그만한 금액으로도 오늘 만날 시간을 살 수 없었던가. 무선 전화기를 꽉 쥐고 있는 손바닥이 땀으로 촉촉하게 젖었다.

고타에게 전화가 온 것은 6시가 지나서였다.

"어디서 만나요?" 감정 없는 목소리로 말했다.

"어, 괜찮아?" 고타가 시간을 만들 거라고 생각하지 않았던 리카는 놀라서 물었다.

"그렇지만 내일은 안 된다면서요."

"그럼 그쪽 맨션으로 갈게. 밥 먹었어? 아직이지? 뭐 사 먹을까? 요전에 길 가다 다음에 가자고 했던 초밥집에 갈까?"

고타는 니시 마도카가 아니라 역시 나를 선택했다. 식사도 하지 않고 데이트도 중간에 관뒀을 것이다. 은근히 기뻐진 리카가 말했지만,

"배는 고프지 않으니까 됐어요. 그럼 맨션에 있을게요."

고타는 여전히 감정 없는 목소리로 말하고, 전화를 끊었다.

몸단장하고 집을 나온 리카가 후타코다마가와의 맨션에 도착한

것은 8시 전이었다. 아직 열려 있는 백화점 지하에서 식료품을 사고, 와인을 사고, 디저트를 사고, 빠른 걸음으로 맨션으로 향했다. 좀 전의 분노 따위 흔적 없이 사라지고 들뜬 기분만 남았다.

리카는 열쇠로 문을 열고 들어갔다. 고타는 소파에 앉아 있었다. 텔레비전도 켜지 않고, 음악도 켜지 않았다.

"갑자기 미안해. 저녁 아직이지? 아무것도 안 먹는 것도 몸에 안 좋으니까, 조금 먹자. 샐러드랑 로스트비프, 키쉬 같은 것 사왔으니까."

리카는 말하면서 주방 싱크대에 사온 것을 늘어놓고 접시에 담았다. 웨지우드 접시는 1만 2천 엔 정도였다. 똑같은 무늬의 스퀘어플레이트는 1만 5천 엔. 세공이 섬세한 바카라의 와인 잔은 약 2만 엔. 나이프와 포크는 크리스토플 세트로 약 30만 엔. 6인용의 커트러리는 많은 것 같은 기분이 들었지만, 손님이 올 일도 있겠지 하고 그냥 샀다. 이것들은 모두 결혼하면 다 사야지, 하고 리카가 늘 꿈꾸던 것이었다. 나가쓰타의 집에 이사한 11년 전에는 그 꿈을 이루지 못했다. 결혼 축하 선물로 부모와 친척과 친구들이 준 지노리, 백자기, 아리타야키 등 모양도 재질도 제각각인 식기가 지금도 찬장에 쌓여 있다. 결혼기념일에 웨지우드 컵을 사야지 생각했지만, 그런 것도 언젠가부터 잊고 지냈다. 마사후미가 돌아오면 또 그런 생활이 시작된다. 급한 대로 마련한 듯한 그릇에 늘 먹던 반찬을 담아서 텔레비전 소음 속에 먹는 생활. 밥그릇에 달라붙은 밥알을 손가락으로 떼어내고, 덜 씻긴 데가 없는지 확인하면서 접시를 행주로 닦는 생활이.

리카는 테이블을 정리하고 깨끗이 닦은 뒤에 접시를 늘어놓았다. 그러나 고타는 소파에서 움직이지 않았다.

"혹시 아주 중요한 볼일이 있었던 거야?"

리카는 화가 난 건가, 하고 비위를 맞추듯이 물었다.

"아뇨. 언제든 상관없는 일이었어요. 배 별로 안 고파요. 리카 씨, 혼자 먹어요."

고타가 언짢은 게 아니란 걸 알리듯이 부드러운 목소리로 말하지만, 등을 돌린 채로다.

"그래. 그럼 사양 않고 먹을게. 와인이라도 마시지?"

"아뇨, 됐어요."

고타의 등이 대답했다. 리카는 자리에 앉아 방을 둘러보면서 음식을 먹기 시작했다. 한 주에 두 번 청소 서비스를 부탁해놓아서, 방은 깔끔하게 정리되어 있다. 텔레비전 위에 난잡하게 방치된 게임 소프트며 소파 등에 쌓아올린 옷 같은 것이 그나마 고타의 생활을 상상하게 했다. 리카는 방 여기저기에서 니시 마도카의 흔적을 찾았지만, 아무것도 발견하지 못하고 또 느끼게 하는 것도 없었다.

"아직 배가 안 고프다니, 점심때 뭐 먹은 거야?" 마도카하고, 리카는 속으로 덧붙였다.

그러나 고타는 거기에는 대답하지 않고 조용한 목소리로 물었다.

"할 얘기가 뭔데요?"

그런 식으로 얼렁뚱땅 넘어가니 낮에 대체 뭘 먹었는지 캐묻지

않으면 성이 풀리지 않을 만큼 알고 싶어졌다. 파스타인가. 라면인

가. 나하고는 분명 먹지 않을 것 같은 음식.

"얘기가 뭐냐고요."

고타는 처음으로 돌아보았다. 입가가 살짝 느슨해져서 자신에게

미소를 지어 보이는 것 같이도 보인다. 리카는 안도했다.

"이 집을 내놓고, 맨션을 사면 어떨까 싶어."

리카가 말했다.

마사후미가 귀국한다는 얘기를 듣고, 바로 떠올린 일이었다. 마

사후미가 돌아온다면 현재 방을 점령하고 있는 컬러복사기와 컴퓨

터를 어딘가로 옮겨야 한다. 그리고 주말에 외박하는 일은 거의 불

가능해진다. 해결책으로 리카가 떠올린 것은 장소였다. 어딘가에

장소가 있다면. 이곳보다 더 집에서 가까운 어딘가, 시간이 빌 때 바

로 고타를 만날 수 있는 어딘가, 컬러복사기를 놓을 수 있는 어딘가.

그 어딘가를 고타와 함께하면 증서 위조가 들통 날지도 모른다는

생각까지는 하지 않았다. 어쨌든 이 임대 맨션보다 편리하고 안정

감 있는 장소가 필요하지 않을까.

무슨 근거인지 자신도 알 수 없지만, 그런 장소를 고타와 공유하

면 고타는 더 이상 니시 마도카를 필요로 하지 않을 것 같은 느낌이

들었다. 가까운 장래에 마사후미와 헤어질 수 있을 것 같은 기분도

들었다.

"매달 28만 엔 내는 게 뭔가 한심해서, 그렇다면 목돈을 들여서

맨션을 사는 편이 좋지 않을까 싶어. 우리 집하고 좀 더 가까운 장소

라면 평일에도 들를 수 있고, 뭐라도 편리할 것 같아." 리카는 와인 잔을 돌리며 잔 안쪽이 젖어드는 것을 바라보며 말했다.

"그리고 제대로 내 장래를 생각해보고 싶어. 남편하고 있으면 확실히 돈은 곤란하지 않겠지만, 미래라는 게 없잖아. 그렇다면 고타와의 관계를 진지하게 생각하고 싶어. 남편하고 헤어지면 어떻게될지 모르지만, 지금이라면 맨션을 살 수는 있어. 그러니까 그렇게해서 지반을 단단히 해놓는 편이 좋지 않을까 해."

"리카 씨." 고타가 가로막았다. 리카는 말을 끊었다. 와인 잔에서얼굴을 들고, 소파에 앉은 고타를 보았다. 고타는 또 등을 돌렸다. 그 등이 조그맣게 떨렸다. 웃는 건가. 뭐가 웃겼을까. 아니, 기쁜 건가. 남편하고 헤어진다는 말을 듣고 기뻐서 웃는 게 아닐까.

"리카 씨, 미안해요. 나, 여기서 나가고 싶어요."

쥐어짜는 듯한 목소리를, 리카는 몇 번인가 반추했다.

이 맨션에서 나가고 싶다? 그렇다면 맨션을 사는 것에 찬성한다는 말?

그런 식으로 생각하려고 하는 자신을, 또 한 명의 자신이 떨어진 곳에서 보고 있다.

"여기서 나가게 해줘요."

고타는 무릎을 세우고, 무릎 사이에 얼굴을 묻었다. 어깨가 조그맣게 흔들렸다.

어째서 웃고 있다고 생각한 걸까.

"부탁이에요."

여기라니, 어디?

리카는 입속으로 중얼거렸다. 고타에게 도저히 그 질문은 할 수 없었다.

6

유코는 멈춰 서서 뒤돌아보며 딸이 쫓아오기를 기다렸다. 딸 지카
게는 유코가 멈춰 서 있는 것을 알자, 더욱 속도를 늦추고 시선을 땅
에 박은 채 꾸물꾸물 걸었다.

"뭐 하는 거야, 빨리 와!" 지나가는 사람이 돌아볼 정도로 큰 소
리를 질렀다. 유코는 남의 시선에 아랑곳하지 않고 짜증을 내며 지
카게에게 다가가, 그 가느다란 팔을 잡고 힘껏 당겼다.

"엄마, 아파."

"그 정도 참아!" 유코는 힘을 늦추지 않고, 지카게의 팔을 잡아당
긴 채 성큼성큼 걸어갔다. 시야가 일그러지고, 뺨에 물방울이 떨어
졌다. 울 생각도 없는데, 눈물이 쏟아졌다.

딸이 물건을 훔쳤으니 와달라고 이웃 슈퍼마켓에서 연락이 온 것
은 두 시간 전으로, 새파랗게 질린 유코는 집을 뛰쳐나왔다. 슈퍼마
켓 사무실로 뛰어 들어가자, 어린이용 화장품이 흩어진 사무실 책

상 앞에 지카게가 오도카니 앉아 있었다. 부점장이라는 남자에게 한 시간 이상 설교를 듣고, 겨우 해방된 참이었다.

"엄마, 미안." 엄마의 눈물에 놀란 지카게가 머뭇머뭇 사과했다. "너무 갖고 싶었어. 엄마는 어차피 사주지 않잖아. 그런데 반 친구들 전부 갖고 있고, 없으면 얘기에 낄 수 없단 말이야."

꺼져들 듯한 목소리로 말하는 지카게의 말은 진심일 거라고 생각했다. 하지만 지금까지 줄곧 그런 가치관을 갖지 않도록 교육해왔다. 모두와 같은 게 좋다고 생각하는 건 어리석은 생각이다, 세상에 지카게는 지카게 한 사람뿐이니까, 하고 계속 가르치며 키워왔다.

"엄마, 지카게가 애들 사이에 끼지 못해도 좋아? 지카게네는 가난하니까, 하는 말을 들어도 좋아?"

미안하다는 사과에 유코가 아무 대답도 하지 않고 있자, 지카게는 유코를 칩떠보며 마치 엄마를 시험하는 듯한 어조로 그런 말을 했다.

머릿속이 새하얘졌다. 정신을 차리고 보니 유코는 도로 한복판에서 지카게의 뺨을 때리고 있었다. 아차, 하고 생각한 것은 그 바로 뒤였다. 유코는 지카게에게 등을 돌리고, 돌아보지도 않고 걷기 시작했다.

전기세를 아끼기 위해 지카게의 취침은 8시로 정하고, 식사 때는 텔레비전을 보는 것도 허락하지 않았다. 수도요금 절약을 위해 물을 담은 페트병을 변기 탱크에 넣어두는 등, 서점에서 선 채로 주부 대상 잡지의 절약 페이지를 읽고, 좋은 아이디어는 실천했다. 지카게에게도 용돈은 주지 않고, 양말이 떨어지면 기워서 신겼다. 그런데 그런 것 전부 구두쇠여서 그랬던 게 아니다. 돈이면 모든 게 해결된다고 생각하게 하고 싶지 않았고, 돈에 휘둘리는 추악한 가족이 되고 싶지 않아서 남편과 의논하여 결정한 일이다.

큰길에서 주택가 쪽으로 돌 때, 유코는 어깨너머로 돌아보았다. 고개를 푹 숙인 지카게는 수십 미터 뒤에서 터덜터덜 따라오고 있었다. 울고 있는지, 연신 팔로 얼굴을 문질렀다. 잘못하지도 않았는데, 어째서 이렇게 돼버린 걸까. 유코는 어린 딸의 모습을 바라보며 멍하니 생각했다.

딸이 남편 신이치에게 심하게 야단맞을 줄 알았더니, 저녁을 먹고 나자 그는 지카게에게 "그만 방에 들어가서 자거라" 하고 부드러운 목소리로 말했다. 그릇을 정리하면서, 유코가 불만스럽게 말했다.

"왜 애한테 따끔하게 나무라지 않았어?"

"저기, 이제 그만해도 되지 않을까, 절약하는 것."

신이치가 돌아오는 길에 산 듯한 신문을 테이블에 펼치며 말했다.

"무슨 소리야?"

"그러니까 지카게한테 너무 무리하게 하는 것."

"무리라니, 뭐가. 모두가 갖고 있으니 갖고 싶다고 하면 뭐든 사주라는 거야?"

"그런 게 아니라……." 신이치는 귀찮은 듯이 말더니, "그렇게 아등바등 돈을 모을 필요 없지 않을까 싶어서" 하고 한숨 섞인 목소리로 덧붙였다.

"무슨 소리야. 취침 시간이며 용돈이며 텔레비전을 보는 시간이며, 둘이서 의논해서 정한 거 아냐. 절약도 되고, 교육에도 좋다고 같이 결정한 거잖아."

유코는 주방 카운터에서 몸을 내밀고 거칠게 말했다.

"물론 그렇게 의논했지. 절약해서 저축이 늘어나면 단독주택을 살 수 있을지도 모르고, 지카게의 장래도 안심이겠다고 나도 생각했어. 그렇지만 그것 때문에 지카게가 그런 짓을 저지른다면, 이건 본말전도잖아. 용돈 정도는 줘도 좋지 않을까."

"장래는 생각하지 않고, 있으면 있는 대로 쓰면서 살아도 된다는 거야? 아이가 갖고 싶어하는 대로 화장품을 다 사주면 된다고 생각하는 거야?"

"그런 게 아니라." 신이치는 신문에서 얼굴을 들지 않고, 짜증난 목소리로 말했다. "미래의 안정을 지나치게 생각하느라, 현재는 돈에 휘둘려 사는 거 너무 한심하지 않아?"

"내가 언제 돈에 휘둘렸다는 거야?"

유코가 신경질적으로 소리 지르자, 신이치는 조그맣게 한숨을 쉬고 신문을 접었다.

"돈에 휘둘리지 않기 위해 이런저런 연구를 하는 거잖아."

주방을 나와, 유코가 그렇게 말하면서 행주로 테이블을 닦았다.

"절약, 절약, 하고 너무 졸라매고 살면 고객의 돈을 횡령하는 여자가 되지 않을까 걱정이야."

신이치는 토하듯이 말하고 자리에서 일어섰다.

유코는 어째서 갑자기 그 사건 얘기를 꺼내는지 몰라 당황했다. 리카가 옛날에 같은 반 친구였다는 얘길 남편에게 한 적 있었나. 유코는 일어서서 복도를 걸어가는 신이치의 등을 향해 소리쳤다.

"뭐야, 그게, 지카게가 그렇게 될 리 없잖아. 그렇게 되지 않도록 돈에 휘둘리지 않도록, 그런 게 없어도 생활할 수 있다는 걸 가르치려고 나는."

신이치는 돌아보지 않고, 욕실로 이어진 탈의실 문을 열더니 소리 내어 닫았다.

유코는 복도와 거실 칸막이 문 앞에 우두커니 서서 어두운 복도를 바라보았다. 탈의실 문 아래에서 새어나오는 납작한 빛을 본다. 새 비누 같던 고교생 시절 리카의 웃는 얼굴이 저절로 떠오른다. 리카. 유코는 그 웃는 얼굴을 향해 물었다. 넌 무얼 샀니? 무얼 손에 넣으려고 한 거니? 그 물음은 어느새 유코 자신에게 향했다. 나는 무엇 때문에 절약을 한 거지. 무엇 때문에 저축하려고 한 거지. 그래서 무엇을 얻을 생각이었던 거지. 신이치의 샤워 소리가 들려왔다.

야마다

가즈키

——

가즈키는 마키코와 함께 처가를 나왔지만, 어디로 가겠다고 하는 목적이 없음을 깨달았다. 그래도 가즈키는 목적이 있는 것처럼 걷고, 마키코는 묵묵히 고개를 숙인 채 따라왔다. 주머니에 넣어둔 지갑에는 2천 엔과 동전이 있고, 나머지는 장모가 준 1만 엔이 있다. 이것으로 뭐 좀 사 먹고 와, 하고 건네준 것이다.

"밥이라도 먹을까?" 가즈키는 생각난 듯이 말해보았지만, 장모에게 받은 1만 엔을 쓰고 싶지는 않았다. 받은 것만으로도 굴욕이었다. "라면이나 뭐 간단한 걸로."

"그래." 마키코는 고개를 숙인 채 말했다.

해가 저물기 시작했다. 맨션과 일반 주택이 숲을 이루고 있는 주택가를 벗어나자, 역으로 이어지는 상점가가 나왔다. 오렌지빛 거리에 가게마다 켜놓은 백열등이 환했다. 생선가게와 채소가게가 호객행위를 하는 소리가 시끄럽게 울리고, 가족 동반으로 나온 사람들이며 주부, 젊은이 무리가 저마다의 속도로 오가고 있다. 가즈키와 마키코는 건널목을 건너, 여전히 묵묵히 그 혼잡함 속을 걸었다. 가즈키는 이렇게 사람들로 둘러싸여 있는데, 세상에 두 사람만 남겨진 것 같다고 생각했다.

이혼신고서는 지금 당장이라도 낼 수 있는 상태로 가즈키의 재킷 안주머니에 들어 있다. 친권은 마키코가 갖고, 양쪽에 위자료의 의무는 없으며, 가즈키가 양육비를 지불하겠다는 조건도 둘이서 정하고, 마키코도 받아들였다. 이혼 후, 마키코는 지금 막 장모와 의논해서 장모의 맨션으로 이사하기로 했다. 이혼은 가즈키가 먼저 말을 꺼낸 것으로, 이것으로 모두 정리할 수 있을 것 같아서 안도하기도 했다. 하지만 그렇게 둘이서 상점가를 걷고 있으니, 가즈키의 마음속에 뭔가 석연찮은 기분이 스멀스멀 끓어올랐다.

늘 침울하게 있고, 입을 열면 빈정거리는 말밖에 하지 않던 마키코가 신혼 초처럼 명랑하고 발랄해지기 시작한 것은 작년 가을이었다. 그 사실에 안도한 것도 잠깐, 마키코의 돈 씀씀이가 갑자기 심해진 것을 깨닫지 않을 수 없었다. 주말마다 쇼핑, 아이들만 데리고 나가서 외식. 아이들 방도 침실도, 옷장에는 옷으로 넘쳐나고 거실에는 장난감과 교재가 마구 흩어져 있었다. 아무리 생각해도 자신의 월급으로 감당할 수 있는 범위라고 볼 수 없었지만, 어머니가 사준 거라는 마키코의 말을 믿었다. 믿음으로써 모른 척했다.

그런 돈의 출처는 마키코의 어머니가 아니라, 여성 대상의 저금리를 노래하는 소비자금융이란 것을 안 것은 올해 초였다. 마키코가 부재중일 때 우편함에 있는 독촉장을 발견한 것이다. 3, 4개월 동안 마키코가 사용한 돈은 100만 엔 정도였지만, 마키코는 그걸 갚으려고 다른 소비자금융에서도 대출해서 대출금 총액은 200만 엔에 가까웠다.

가즈키가 어째서 이렇게 됐는지 묻자, 마키코는 아이들에게 불편함을 느끼게 하고 싶지 않아서라고, 전과 다름없는 말을 했다. 집이 있고, 학교에 다니고 있고, 입을 옷도 있고, 먹을 것도 있다. 지금까지의 생활에서 무엇이 불편했는지, 심한 허탈감을 느끼면서도 거듭 물었다. 마키코는 내가 어릴 때 누렸던 것을 나도 아이들에게 해주고 싶었을 뿐이라고, 몇 번이나 되풀이했던 말을 했다. 가즈키는 더 이상 얘기해봐야 평행선일 거라고, 대화를 포기했다. 변호사 사무실에 임의 정리를 부탁하고, 150만 엔 정도 나온 수임료는 아이들을 위해 넣었던 적금을 해약하고 여름 보너스를 보태서 지불했다.

무스미와의 관계는 여전히 계속되었지만, 마키코가 대출한 사실을 알고 난 뒤로 무스미에 대한 마음도 바뀌었다. 대출 반환과 변호사 비용 지불 때문에 가즈키는 전보다도 경제적인 여유가 없어졌지만, 무스미는 그런 것에 아랑곳하지 않고, 무스미의 생일에 그랬던 것처럼 "내가 이렇게 하고 싶으니까" 하고, 모든 데이트비용을 나서서 냈다. 예전 같으면 단순히 고맙다고 생각했던 그런 행위도 무섭게 느껴졌다. 무스미는 8월의 가즈키 생일에 손목시계를 선물해주었지만, 우연히 잡지에서 본 그 시계의 가격이 100만 엔에 가깝다는 것을 알고, 가즈키는 진심으로 그녀와 거리를 두기로 마음먹었다. 마키코와 무스미는 정반대의 여성이라고 생각했는데, 어쩌면 어떤 한 점에서 그녀들은 완전히 똑같지 않을까 싶었다. 즉, 돈으로 무엇이든 생각대로 할 수 있다고 아무렇지 않게 믿는 부분이.

모든 빚을 청산한 날 밤, 아이들이 잠든 뒤, 가즈키는 마키코에게 이혼 얘기를 꺼냈다. 교육에 관한, 경제에 관한 가치관이 너무 다르다, 너하고 살아가는 건 무리라고 생각한다. 그렇게 말했다. 마키코는 무표정한 얼굴로 물끄러미 가즈키를 바라보았다.

가즈키가 건넨 이혼신고서에 마키코가 드디어 자신의 이름을 써 넣은 것이 2주 전이었다. 나는 아이들 데리고 엄마한테로 갈래, 라고 말한 것도 마키코였다. 오늘 그 얘기를 하기 위해 가족이 모두 마키코의 어머니 집을 찾은 것이다. 대충은 미리 전화로 전해두었다. 마키코의 어머니는 이혼에 관해서는 언급하지 않고, 세세한 건 차차 정하기로 하고, 오늘 아이들 밥은 내가 먹일 테니까 오랜만에 둘이서 외식이라도 하고 와, 하고 가즈키에게 1만 엔을 쥐어주었다.

상점가 중간 정도에 있는 오래된 중화요리점 앞에서 발을 멈추고, "여기 괜찮을까?" 하고 마키코에게 묻자, 고개를 숙인 채 끄덕여서 가즈키는 그곳으로 들어갔다. 손님은 없고, 주방장 모자를 쓴 늙은 주인과 그 아내인 듯한 작업용 덧옷을 입은 여자가 카운터 의자에 앉아서 텔레비전을 보고 있었다. 테이블 석에서 마키코와 마주 앉아, 가즈키는 라면과 만두를 시켰다. 마키코는 작은 목소리로, 주카돈(밥 위에 팔보채를 올린 덮밥 - 옮긴이), 그리고 맥주 주세요, 라고 했다. 잔이 나오자, 마키코는 병을 들고 거품이 넘치지 않도록 가즈키의 잔에 따랐다. 먼저 만두가 나왔다. 한복판에 놓인 접시에서 한 개씩 젓가락으로 집어서 입에 넣었다. 물기가 많고 양배추 맛만 두드러지는 만두였다. 자기도 모르게 으, 하고 소리를 내자, 마키코는 잠깐 고개를 들고 웃었다. 오랜만에 마키코가 웃는 얼굴을 본 것 같았다.

"저기, 무리일까." 어느새 가즈키는 말을 걸고 있었다. 무엇을 말하려는 건지 모르는 채. "무리일까. 역시."

"뭐가?" 또 고개를 숙이고, 만두를 반은 남긴 마키코가 작은 소리로 물었다.

"당신이 말하는 불편함이나 풍족함은 돈으로밖에 해결할 수 없는 걸까? 이것이 있어야 이 아이들이 행복하다고 말할 수 있는 것을, 돈이 아니라, 물건이 아니라, 우리가 주는 것은 무리일까?"

가즈키는 테이블로 몸을 내밀며 말했다. 마키코는 고개를 숙였다. 켜둔 텔레비전에서 시끄러운 웃음소리가 들렸다. 그쪽으로 눈을 돌리고 싶은 것을 참고 가즈키는 마키코를 계속 바라보았다. 그녀가 얼굴을 들고 무리가 아닐지도 모른다고 대답해주길, 가즈키는 기도하듯이 기다렸다.

우메 자 와

리 카

———

2001년 봄, 상하이 근무를 마치고 마사후미가 집으로 돌아왔다. 지금까지처럼 집에서 위조 공작은 할 수 없게 되었다. 리카는 집 근처에 원룸 맨션을 얻어서, 그곳에 컴퓨터와 프린터를 옮겨놓았다. 꼭 증서를 위조해야 할 때는 마사후미가 잠든 틈을 타서 그곳으로 가,

밤을 새워 만들고, 마사후미가 깨기 전에 서둘러 집으로 돌아왔다.

긴 부재 뒤여서 리카도 마사후미도 서로 어떻게 대해야 할지 당혹스러워하는 생활이었다. 할 얘기가 없는 걸 두려워하듯이 계획만 세웠다. 이번 주 주말에는 드라이브하지 않을래? 오랜만에 요코하마에 가고 싶다, 차이나타운에서 식사하자, 황금연휴에는 어딘가 리조트에라도 가서 쉬고 오자, 동료가 그러던데 발리가 아주 좋았다더라. 그런 식으로.

마사후미가 돌아오고 얼마 되지 않아서, 리카는 예전의 생활을 떠올리듯이 일을 마치고 장을 봐와서 요리를 만들어놓고 마사후미의 귀가를 기다렸다. 그것이 아무리 귀찮고 재미없고 지루하게 느껴져도 그렇게 했다. 고타에게 연락을 취하는 것이 무서웠던 탓도 있다. 이곳에서 나가고 싶다고 고타가 울던 밤 이후, 리카는 고타와 한두 번밖에 만나지 않았다. 둘 다 얘기가 흥이 나지 않고 가슴이 답답한 시간이었다. 그러나 리카의 계좌에서 맨션의 월세며 차 할부금은 꼬박꼬박 자동이체 되었고, 지금은 그 숫자를 보는 것으로 고타와 이어져 있음을 확인했다. 고타는 그 고요하고 청결한 방에서 무사히 하루를 보냈구나 하고 확인했다.

웨지우드가 아닌 생긴 게 제각각인 접시에 소고기감자조림, 볼락조림, 감자샐러드 등을 담으면서, 리카는 무의식적으로 알아차려줘, 하고 중얼거리다 얼굴을 들었다. 내가 지금 뭐라고 했지? 알아차려줘. 그래.

누군가가 내가 하는 일 좀 알아차려줘. 리카는 손을 멈추고 되풀이했다. 부탁이야, 알아차려줘.

그래도 리카는 알고 있었다. 내일은 웃는 얼굴로 가짜 증서를 뿌려대고, 인감과 통장을 맡고 있는 다마에의 계좌에서 돈을 찾아, 계좌 해약한 고객과 만기 고객에게 돌려주고, 고타가 사는 맨션 월세와 차 할부금을 보충해야 한다. 100그램에 1,200엔 하는 소고기를 사고, 5만 엔짜리 영양크림을 사고, 마사후미와 2만 엔짜리 코스 요리를 먹고, 드디어 경영이 어려워진 친정집의 걱정을 들으면 얼마간 싸서 갖고 가겠지. 리카는 누군가가 알아차리지 못하는 한, 그런 날들이 끝이 없을 거라고 멍하니 생각했다.

본점 경리부의 감사는 정기적으로 한 번, 또 뭔가 문제가 있으면 그때마다 하지만, 리카의 부정은 정기예금증명서 발행이어서 단순히 출납으로는 은행 측에 아무런 문제가 없다. 한번은 금리 지불이 맞지 않는다는 이유로 감사에 들어간 적이 있어서, 이번에야말로 발각되겠구나, 이번에야말로 정말 들통 나겠구나, 생각했다. 외근하는 내내 모든 경치가 일그러져 보이고, 아스팔트가 물렁물렁하게 느껴졌었다. 하지만 돌아와 보니 아무런 문제도 발견하지 못했는지, 평소와 다름없는 은행 일상이 펼쳐져 있었던 적도 있다.

누군가 좀 알아차려줘. 볼락 접시에 랩을 씌웠다. 안쪽이 부옇게 흐려지며 물방울이 무수히 생겼다. 리카는 그걸 내려다보았다. 누군가 좀 알아차려줘. 작은 벌레가 무수히 귓가에서 날아다니는 것 같은 소리가 이명처럼 끊임없이 이어졌다.

리카가 열흘 동안 휴가를 가라고 은행에서 지시를 받은 것은 마사후미가 돌아온 지 3개월째인 장마철이었다.

"보너스라고 생각해. 사원은 재충전 휴가가 있지만, 시간제는 없을 거야. 우메자와 씨, 좀처럼 휴가도 쓰지 않고, 성적도 좋아서 은행에서는 감사한 마음이야. 능률급은 없겠지만, 그동안의 기본급은 나갈 거야. 긴 휴가라고 생각해" 하고 이노우에는 여전히 온후한 얼굴로 리카에게 말했다.

열흘이나 쉴 수 없었다. 쉬는 동안은 누군가가 고객에게 가겠지. 들킬 게 뻔하다. 리카는 알아차려 달라고 빌었으면서 열흘이나 휴가라는 말을 실제로 들으니 순간 무서워졌다. 보너스 휴가라면 거절하자, 하고 리카는 생각했다. 남편은 평일에 쉴 수 없고, 혼자라면 여행을 간들 즐겁지 않다. 그러니 일하게 해달라고 부탁하자.

그러나 그 후, 그것은 이노우에의 말대로 보너스 휴가가 아니라, 실제로는 암묵의 감사란 걸 시간제 사원 동료에게 들었다.

정말인지 아닌지 모르겠지만, 하고 리카와 비슷한 기간 근무한 주부가 은행에서 역까지 가는 길에 리카에게 귓속말처럼 말해주었다.

"연말에 타 지점에서 행원이 부정을 저질렀다나봐. 그래서 우리 시간제 사원은 모두 일주일에서 열흘씩 차례대로 휴가를 보내는 모양이야. 그런데 완전 행운이지 않아. 유급 휴가 같더라고."

"그래서 그 사람 어떻게 됐대?" 리카는 되도록 자연스럽게 물었다.

"그 사람이라니?"

"그러니까 부정을 저지른 행원."

"글쎄, 징계면직으로 끝나지 않았을까? 은행 내에서의 불미스러운 사건은 표면으로 드러내지 않으니까. 우리라면 1천만 엔이어도 난리가 났을 텐데" 하고 리카 얼굴을 들여다보며 웃었다.

그렇다면 거절할 수 없겠구나, 리카는 그녀에게 같이 웃어주면서 생각했다. 휴가는 거의 강제인 것 같다. 자기가 없는 열흘 동안에 철저하게 조사하겠지. 여기까지다. 리카는 역에서 그녀와 헤어져, 전철을 타고 오며 창밖을 바라보았다. 여기까지다. 내가 갈 수 있는 곳은 여기까지.

그날 밤, 리카는 마사후미를 근처 초밥집으로 불러서 여름휴가 얘기를 했다. 대화가 없는 것을 얼버무리기 위해 세운 계획처럼 여름휴가 얘기를 했다.

"올해는 오랜만에 여름휴가 가자. 전처럼 여행 가."

리카는 카운터에 나란히 앉아서 생선회를 집으며 마사후미에게 말했다.

"그러게. 올해는 돌아온 지 얼마 되지 않았으니, 어디 바닷가에서 한가로이 쉬고 싶네."

"그럼 그렇게 해. 나 몇 군데 후보를 찾아봤어. 한껏 사치스럽게 보내자."

리카는 말하고, 마사후미의 잔에 청주를 따랐다.

초밥집에서 돌아오는 길, 리카 옆에 걸어가던 마사후미가 문득 말했다.

"우리 이런 식으로 살고 싶다고, 전에 얘기했던 것처럼 살 수 있게 됐네. 지금도, 앞으로도."

리카는 예전에 그런 말을 했던 기억을 떠올렸다. 어린 시절에 꾸었던 꿈처럼 아득히 먼 기억이다. 그러게. 리카는 조그맣게 중얼거렸다. 그때 나는 어떤 식으로 살고 싶었을까.

"일하고 또 일하고 단신부임까지 해서 여유 없었던 지난 15년이었지만, 그래도 원하는 생활을 이렇게 손에 넣었네."

취했는지 어딘가 맥빠진 목소리였다. 그러게. 리카는 한 번 더 말하고, 하늘을 보았다. 칼로 살짝 도려낸 듯한 가느다란 달이 걸려 있다. 언젠가 어딘가에서 본 적 있는 달이라고 생각했지만, 언제, 어디서 누구와 보았는지 생각나지 않았다.

"기대되네, 여름휴가." 리카는 달을 올려다보며 말했다.

"내년에는 어디로 갈까?"

"벌써 내년 얘기? 올해 따뜻한 곳에 가면, 내년엔 아주 추운 곳에 가면 어떨까."

내년에 우리가 여행 가는 일은 없을 것이다. 앞으로 두 번 다시 없을 것이다. 리카는 그렇게 생각하면서 밝게 말했다.

여름휴가는 사흘 연휴를 끼고 10일 동안 쉴 수 있도록 9월 8일부터로 정했다. 그때까지 리카는 분주히 뛰어다녔다. 이제 망설임은 없었다. 자신의 담당이 아닌 동네에까지 가서 신규 고객을 모으는 데 애쓰고, 잘 알지 못하는 그들에게도 가짜 정기상품을 권하고 받은 현금을 기록하지도 않고 소비자금융의 대출 청산에 쏟아부었다. 언젠가 갚을 것이라고 진심으로 생각하고 돈을 모았던 통장을 확인하니, 그곳에 남아 있는 돈은 겨우 20만 엔 정도였다.

히라바야시 고조와 야마노우치 부부, 리카의 방문을 기다리며 차와 화과자를 대접해준 고객들의 얼굴이 잇따라 떠올랐지만, 그들에게 부정하게 횡령한 돈을 전액 갚을 수 있을 리 없었다. 전액이 얼마인지 무서워서 계산도 할 수 없었다.

여행지는 태국의 푸켓으로 정했다. 리카는 마사후미에게 은행에서 재충전 휴가를 받았다고 설명하고, 푸켓에서 돌아오는 길에 싱가포르에 있는 친구를 방문하고 싶다고 마사후미에게 말했다. 4일밖에 휴가를 얻을 수 없는 마사후미와 헤어진 뒤, 그곳에 가고 싶다고. 친구, 누구? 하고 처음에는 별로 좋은 얼굴을 하지 않았던 마사후미지만, 전문대학 시절 친구로 결혼해서 상사에 근무하는 남편을 따라 호주에서 살던 누구라고, 전문대학 시절 앨범이며 연하장을 보여주자, 안심했는지 "뭐, 그래, 놀다 와"라고 했다. 전문대학 시절의 친구가 호주에 사는 것은 사실이었다. 지금은 연하장 교환밖에 하지 않는 친구이긴 하지만.

이것으로 마지막이라고 생각하면서, 리카는 푸켓행 비즈니스클래스 항공권을 사고, 호텔을 수배했다. 이웃에 얻어놓은 원룸 맨션도 계약 해지 절차를 마치고, 사두었던 화장품과 옷을 절반 정도 처분했다. 차 할부금도 잔금을 마저 치르고, 여러 군데 만들어둔 통장을 하나로 모았다. 잔고가 모두 제로가 된 그 밖의 통장과 옷장에 숨겨두었던 노트와 서류를 모두 정원에서 태웠다.

그날이 착착 가까워지는 가운데 한 가지 마음에 걸리는 게 있었다. 리카는 나고 다마에의 집에서 전화번호부를 멋대로 가지고 나와서, 딸들로 보이는 인물에게 전화를 걸었다. 다마에의 치매는 느리긴 하지만 확실하게 진행되고 있어서, 이대로 혼자 살게 두는 것은 위험했다. 다마에 씨는 딸이 두 명 있다고 했지만, 전화가 연결된 사람은 한 명뿐이었다. 그리고 그 한 명은 "엄마하고는 옛날에 인연을 끊어서 관계없으니, 이런 전화 하시면 곤란해요" 하고, 정말로 짜증스러워하는 목소리로 말했다.

"그 여자는 멋대로 내 도장을 가져가서 아버지 유산을 전부 가로챘어요. 그때부터 엄마라고 생각하지 않아요. 돈 있으니 알아서 어떻게 하면 될 거 아니에요."

전화기 속에서 그녀는 날카롭게 말하고 리카가 누구인지 묻지도 않고 일방적으로 전화를 끊었다.

리카는 다마에를 받아줄 유료 노인 시설을 찾아서, 지바 현에 있는 24시간 간호 체제 시설에 다마에를 입소시킬 절차를 밟았다. 입소할 때의 일시금이 500만 엔, 개인실 사용료와 식비는 연간 200만 엔을 조금 넘었다. 다마에의 예금 통장에는 그것을 웃도는 돈이 있다. 리카는 8월 중에 자주 다마에를 찾아가서 시설에 입소하기를 권했다. 그렇지만 다마에는 승낙하지 않았다. 익숙한 곳을 떠나는 것이 불안하고, 그런 노인들과 살고 싶지 않다고 고집을 부렸다. 때로는 리카조차 알아보지 못하고 돌아가라고 호통칠 때도 있었다.

어쩐지 그날까지 다마에를 시설에 보낼 수는 없을 것 같았다. 결국 다마에의 상태를 자주 보러 가달라고, 무슨 일이 있으면 다마에의 예금으로 선처해달라고 편지를 써서 시설 팸플릿과 예금통장과 함께 봉투에 넣었다. 출발할 때, 이노우에 앞으로 보낼 생각이었다.

9월 7일 출근 날, 리카는 언제나처럼 업무를 마치고 거래처를 돌았다. 4시 반에는 은행으로 돌아와 책상을 정리하고, 구석구석 걸레로 닦았다.

"휴가 주셔서 정말 감사합니다" 하고 이노우에에게 인사를 하고, 탈의실에서 시간제 사원 동료들과 저녁에 뭐 해먹을까 하는 화제로 실컷 떠들다가, 몇 명과 함께 역까지 같이 가서 "휴가 끝나면 봐요" 하고 손을 흔들었다.

그리고 9월 8일, 리카는 마사후미와 함께 이른 아침 집을 나와, 나리타공항으로 향했다.

마사후미가 라운지에서 쉬고 있는 동안, 리카는 이노우에 앞으로 보낼 편지를 우편함에 넣고, 공중전화로 고타에게 전화를 걸었다. 받지 않을지도 모른다고 생각했지만, 네 번의 호출음 끝에 "예" 하고 고타의 목소리가 들렸다.

"난데." 리카는 목소리를 낮추고 말했다.

"아, 뭔데요?" 하는 고타의 목소리는 전처럼 기쁨에 넘치는 그것이 아니다. 하지만 그런 것에 낙담하고 있을 때가 아니다.

"앞으로 만날 수 없게 될 텐데, 저기, 나를 전부 잊어줘. 나하고 만난 것도, 나와 보낸 시간도."

"예? 뭐라고요?" 고타의 목소리는 드디어 귀찮은 기색을 보였다.

"그 집도 되도록 빨리 내놓는 편이 좋아. 월세는 올해 말까지 자동이체 해놓았지만."

고타는 아무 말도 하지 않았다. 리카는 계속했다.

"혹시 누가 찾아와서 우메자와 리카를 아는가 물어도 모른다고 해. 만난 적도 없다고 해. 알겠지?"

우메자와 리카를 아는가.

대체 누가 우메자와 리카를 알고 있다고 할까. 나조차 내가 어떤 사람인지 모르는데. 리카는 고타의 대답을 듣지 않고, 알겠지? 하고 한 번 더 다짐을 한 뒤, 전화를 끊었다.

방콕을 떠나 리카는 같은 숙소의 청년에게 들은 대로 야간버스를 타고 치앙마이로 향했다. 방콕보다는 훨씬 시골이지만, 관광객이 많고 또 하야마가 말한 '눌어붙어 사는 사람들' 느낌의 유럽인과 일본인의 모습도 눈에 띄었다. 리카는 이곳이라면 확실히 사람들에게 섞여 숨어 사는 게 가능할지도 모른다고 생각했다.

방콕만큼 발전하진 않아서 시내의 규모도 작았지만, 중심가는 관광객과 지역 사람들로 아침이고 밤이고 복작거렸다. 비좁게 들어선 호텔과 게스트하우스, 레스토랑과 기념품 가게에 끼여서 시내 복판인데도 절이 있었다. 밤에는 날마다 노천시장이 열려, 장사꾼도 관광객도 터질 듯한 빛 속을 황홀한 얼굴로 돌아다녔다. 그런 가운데, 리카는 관광을 하는 것도, 쇼핑을 하는 것도 아니고 그저 하염없이 걸었다.

젊은 유럽인 커플이 노천 가게에서 티셔츠를 구경하고 있다. 일본인으로 보이는 아가씨들이 액세서리 가게 앞에 쭈그리고 앉아, 팔찌며 목걸이를 고르고 있다. 중국인으로 보이는 단체 관광객이 코끼리 조각을 둘러싸고 흥정하느라 침을 튀기고 있다. 둘둘 묶은 해먹을 어깨에 짊어진 장사꾼이 관광객을 발견할 때마다 말을 걸고 있다. 랩 스커트를 입은 중년 여성이 네모난 접시에 늘어놓은 음식을 가리키며 사고 있다. 향신료와 타이 쌀 냄새가 시내를 덮듯이 떠돌고 있다.

사람이 많은 장소는 피하려고 생각했는데, 리카는 밤이면 밤마다 흥청거리는 노천시장 근처를 돌아다녔다. 무엇을 봐도 마음이 설레지 않았다. 오더메이드의 실크 드레스도, 보석이 박힌 반지도, 하다못해 엽서 한 장조차도, 갖고 싶은 것이 하나도 없었다. 공복을 느끼면 눈에 띄는 포장마차에서 국수나 볶음밥을 게걸스럽게 먹었다. 방콕에서 산 조악한 티셔츠와 싸구려 스커트는 빨아서 입는데도 어쩐지 나날이 지저분했다.

쏟아지는 빛과 소음 속을 무엇 하나 보지 않고, 무엇 하나 동요하지 않고 걷고 있으면, 리카는 때때로 소리를 지르고 싶은 흥분을 느꼈다. 억눌러도 억눌러도, 그것은 모공에서 분출되는 땀처럼 끊임없이 흘러넘쳤다.

자신은 무엇이든 할 수 있다. 어디로든 갈 수 있다. 갖고 싶은 것은 모두 손에 넣었다. 아니, 갖고 싶은 것은 이미 모두 이 손 안에 있다. 커다란 자유를 얻은 듯한 기분이었다. 예전에 이른 아침 역의 플랫폼에서 느낀 행복감이 플라스틱 장난감으로 느껴질 만큼, 그 기분은 확고하고 강하고 거대했다. 나는 지금까지 무엇을 자유라고 생각하고 있었을까? 무엇을 손에 넣었다고 생각했던 걸까? 지금 내가 맛보고 있는 이 엄청나게 큰 자유는 스스로는 벌 수 없을 만큼의 큰돈을 쓰고 난 뒤에 얻은 것일까, 아니면 돌아갈 곳도 예금통장도 모두 놓아버린 지금이어서 느낄 수 있는 것일까.

미얀마와의 국경 게이트가 있는 마을에 사는 일본인 여성의 얘기를 들은 것은 언제나처럼 포장마차에서 게걸스럽게 식사하고 있을 때였다. 등 뒤 테이블에 앉은 일본인들의 얘기 소리가 들려와서 리카는 먹는 속도를 늦추고 그 목소리에 귀를 기울였다. 어깨너머로 돌아보니, 얘기하는 것은 일본인 중년 남성 두 사람으로 얘기의 내용으로 보아 어쩐지 그들은 이곳에 오래 머물고 있는 것 같았다. 한 사람이 요 며칠 태국 국내를 여행하고 왔는지, 그 얘기를 열심히 하고 있다. 골든트라이앵글에 가려고 바이크로 출발한 건 좋았지만, 아무것도 없는 산속에서 미아가 되었다. 일단 잡초를 깎아낸 길 같은 곳으로 가다보니, 집 한 채가 있었는데 마당에서 일을 하던 여자가 나와서 일본어를 했다. "혹시 길을 잃으셨어요? 하고 웃는 얼굴로 물어서, 깜짝 놀랐지. 시원한 차까지 얻어 마시고 길을 묻고 헤어졌지만, 여우한테 홀린 것 같은 기분이더라고."

"그렇게 신기한 일도 아니네. 여기저기에 있는 것 같아. 산속에서 현지 남자와 사는 일본인 여자는."

"그건 역시 그거겠지. 일본에 살 수 없는 사정이 있어서……."

"암거래하는 사람들이 있는 것 같아. 얼마간 돈을 주면 어떤 식으로든 몸을 숨겨준대."

"번화가에서 위조 여권을 파는 나라니까."

"그런 건 안 돼, 안 돼. 장난감이야."

"근데 우리 남 얘기할 게 아니지. 우리도 뒷골목 맨션에서 숨어서 서식하는 처지니까."

"여기에서의 생활, 도저히 아이들한테는 못 보여주지."

이윽고 그들의 얘기는 여자를 사느니 마느니로 옮겨가서, 리카는 접시에 달라붙은 밥알을 숟가락으로 긁어모아 입에 넣고, 자리에서 일어나 계산을 마쳤다.

리카가 치앙마이에서 라오스 국경 마을, 치앙콩으로 향한 것은 그리고 3일 뒤였다. 밤마다 노천시장을 돌아다니면서 느낀 흥분은 사라지지 않고 리카의 속에 있었다.

치앙콩은 상점이 즐비한 큰 길이 유일하게 번화한 곳인 작은 마을이었다. 번화하다고 해도 치앙마이에 비할 데가 아니다. 강을 건너면 라오스가 펼쳐지고, 마을에는 라오스에 건너가거나 라오스에서 돌아오는 여행자 수가 더 많았다.

큰길에서 꽤 후미진 곳에 있는 게스트하우스에 숙소를 정하고, 리카는 매일 강가에 갔다. 강을 따라 몇 개의 레스토랑과 커피숍, 전망대가 있어, 리카는 하는 일도 없이 커피숍의 대나무로 짠 의자나 전망대의 지저분한 벤치에 앉아, 건너편의 라오스를 바라보았다.

전망대에서 북으로 수십 미터 가면 출입국 관리소가 있다. 강폭은 50미터 정도이고, 물은 누렇고 탁해서 수심까지는 알 수 없다. 그러나 건너편에 펼쳐진 땅으로 가는 것은 간단해 보였다. 출입국 관리소가 닫힌 밤중에 저쪽 기슭까지 헤엄칠 수 있을까. 아니면 누군가한테 부탁해서 강에 정박해 있는 보트를 태워달라고 할까. 건너편 기슭은 페이사이라는 마을 같다. 그곳에서부터는 리카의 가이드북에 지도가 실려 있지 않다. 하지만 길이 있고 마을이 있다. 길이 이어지는 끝까지 가서 낯선 남자들이 얘기하던 것처럼 자신도 여권도 이름도 없이 산속에서 조용히 살 수 있지 않을까. 리카는 그곳에서 사는 자신을 그려보았다. 건너편으로 가는 것은 간단하다고 생각하면서, 그러나 그곳에서 사는 자신의 모습은 좀처럼 상상할 수가 없었다. 도무지 상상이 되지 않아 희미한 공포조차 느꼈다.

그러나, 하고 리카는 생각했다. 그러나 나는 이미 강을 건너버린 게 아닐까. 이곳에 이렇게 앉아 있는 자신이 이미 전혀 상상도 하지 못했던 모습이 아닌가.

만약 고타를 만나지 않았더라면 이렇게는 되지 않았을까, 하고 리카는 강을 바라보며 생각했다. 아니, 이렇게 된 것은 고타를 만나서라고 생각할 수 없다. 만약 편집 회사에 근무했더라면. 만약 아이가 생겼더라면. 만약 마사후미와 결혼하지 않았더라면. 만약 그 중고교가 같이 있는 학교에 다니지 않았더라면, 추천으로 그 전문대학을 선택하는 일도 없었을 것이다. 만약 그 전문대학을 나오지 않았더라면 카드 회사에 근무하는 일도 없고, 은행에서 일할 거란 생각도 못 했을 것이다. 가정은 과거로, 과거로 거슬러 올라가면서 무수히 흩어져갔지만, 하지만 어떤 가정을 해도 자신이 지금 이 자리에 이렇게 있었을 것 같은 생각이 든다.

리카는 겨우 자신에게 일어난 모든 일이 진학이며 결혼은 말할 것도 없고, 그날 무슨 색 옷을 입었는지, 몇 시 전철을 탔는지, 그런 세세한 사건 하나하나까지가 자신을 만들어온 거란 걸 이해했다. 나는 내 속의 일부가 아니라, 아무것도 모르는 어린아이 때부터 믿을 수 없는 부정을 태연히 되풀이할 때까지, 선도 악도 모순도 부조리도 모두 포함하여 나라는 전체라고, 이해했다. 그리고 모두 내팽개치고 도망친 지금 역시 더 멀리로 도망치려 하는, 도망칠 수 있다고 믿고 있는 나도 역시 나 자신이라고.

가자, 이다음으로.

리카는 생각했다. 이다음에 미지의 내가 있다. 끝까지 도망치면 나는 더 새로운 나를 만난다. 그러니까 가자. 어차피 도망쳤다. 더 멀리 도망치면 된다. 커피숍 의자에서 일어나, 앞치마를 두른 가게 여자아이에게 주스 값을 냈다. 가게를 나오려는 순간, 후드득후드득 빗방울이 떨어져 마른 아스팔트에 얼룩을 만들었다. 비가 와요, 하고라도 말하듯이 여자아이는 리카를 보았지만, 리카는 그대로 가게 밖으로 나갔다. 눈 깜짝할 사이에 억수 같은 비가 되었다. 큰길을 걸어가던 사람들은 당황해서 근처 가게 처마 밑으로 뛰어들었다. 오토바이가 하얗게 연기를 올리며 달려갔다. 도로를 걸어가는 리카의 셔츠도 스커트도 몸에 찰싹 달라붙었다. 구두에 물이 들어가서 걸을 때마다 우스꽝스러운 소리가 났다. 시야가 부옇게 번졌다.

여권과 현금이라면 들고 있는 가방 속에 있다. 간단한 자물쇠밖에 달려 있지 않은 게스트하우스 방에 두고 오는 것이 불안해서 언제나 갖고 다닌다. 모두 잃었다고 생각하면서, 도둑맞는 것을 아직 두려워하는 자신을 비웃고 싶은 기분이다. 리카는 세찬 빗방울로 윤곽이 허옇게 번진 출입국 관리소로 다가갔다.

하지만 건물 바로 앞에서 발이 멈추었다. 가자, 이다음으로 가자. 명령하듯이 생각해도 발은 생각과 달리 조금도 움직이지 않았다.

무엇이 무서운 거야. 그런 짓을 해놓고 이제 와서 무엇이 무서운 거야. 움직여, 움직여, 움직여. 리카는 속으로 계속 외치면서 스콜 속에 꼼짝 않고 서 있었다. 가, 움직여, 하는 마음의 소리와는 반대로 리카의 발은 한 걸음도 내딛지 못했다.

다음 날도 그다음 날도 리카는 같은 행동을 되풀이했다. 오늘이야말로 가자고 생각한다. 하지만 출입국 관리소 앞까지 오면 굳어버린 듯이 움직이지 못했다. 그렇다고 해서 한밤중에 누런 강물을 헤엄치지도 못하고, 정박해 있는 낡은 보트를 몰 사람을 수배하지도 못하고, 그저 목적을 잃은 여행자처럼 치앙콩 마을에 계속 머물렀다. 라오스로 가는, 또 라오스에서 도착한 무수한 여행자가 스쳐 지나가듯 없어져가는 것을 그저 바라보고만 있었다. 어디로든 갈 수 있다. 무엇이든 할 수 있다는 전율이 이는 듯한 흥분은 날이 갈수록 시들어가고, 이윽고 리카는 마을에 있어도, 게스트하우스의 보잘것없는 방에 있어도 감금당하고 감시당하는 착각을 하게 되었다. 죄를 저지른다는 것은 이런 것이구나, 리카는 생각했다. 그것은 사람을 해방시키는 것이 아니라, 사지四肢보다 훨씬 비좁은 장소에 가두는 것이다.

바라보기만 할 뿐, 강을 건너지 못하는 날을 보내는 동안, 비자 없이 태국에 체재할 수 있는 기한인 1개월은 다가왔다. 딱 1개월째, 리카는 일단 냅색에 짐을 쑤셔넣고, 숙박비를 정산한 뒤 또 출입국 관리소로 향했다. 오늘 정하지 않으면 안 된다. 출입국 관리소에서 정체가 들키지 않기를 기대하며 여권을 제시할까. 비자 없이 불법 체류를 할까. 불법체류를 하면 두 번 다시 국경을 넘을 수 없을 것이다. 계속 도망치기로 결심하고, 그 일본인들이 얘기했던 것처럼 어느 산골에서 숨어 사는 방법을 찾아야 한다.

그러나 언제나의 지점까지 걸어가면 리카는 다음으로 나아가지 못하고, 그 자리에 쭈그리고 앉는다. 알아차려줘. 누군가가 내가 하는 짓을 까발려줘. 마음속으로 그렇게 부르짖었던 날들이 지금까지 멀리 사라져갔던 날들이 발밑에서 기어 올라와서 리카를 감쌌다. 나아갈 수도 없다. 돌아갈 수도 없다. 쭈그리고 앉은 자신의 몸보다 훨씬 비좁은 곳에서 리카는 거친 호흡을 되풀이했다.

그러던 어느 날, 그것은 느닷없이 찾아왔다. 게스트하우스의 어두운 출입구에서 강렬한 햇살 속으로 걸어나갔을 때, 이쪽을 향해 걸어오는 남자가 리카의 눈에 들어왔다. 반팔 셔츠에 회색 바지가 깔끔한 남자가 아지랑이 속에 흔들리면서 걸어왔다. 리카를 보고 있다. 미소 짓는다. 이 나라 사람은 누구든 미소 짓는다. 외국인과 눈이 마주치기만 해도 미소 짓는다. 그 사람도 그랬다. 내게 볼 일이 있을 리는 없다. 지나가는 것이리라. 리카는 생각했지만, 그래도 멈춰선 발이 움직이지 않았다.

여행 오셨습니까? 하고 지금은 눈앞에 선 남자가 물었다. 유창한 일본어지만, 명백히 태국 사람이다.

네. 리카는 웃어 보였다.

여권을 봐도 될까요? 남자는 상냥하게 말했다.

아. 왔다.

마음속 저 깊은 곳에서 그런 자신의 속삭임이 들렸다. 여기까지다. 이것으로 끝이다. 리카는 한 번 끄덕이고 손가방에 손을 찔러넣었다. 순간, 도망칠 수 있을까 하는 생각이 머리를 스쳤다. 못할 것은 없다. 분명 도망칠 수 있다. 어디로든 갈 수 있다. 무엇이든 할 수 있다. 리카는 그렇게 생각해보았다. 실제로 손쉬울 것 같았다. 그러나 그 생각은 예전처럼 리카에게 흥분을 주지 않았다. 해방된 듯한 고양감을 주지 않았다.

거의 아무것도 들어 있지 않은 손가방에서 손이 여권을 만졌다. 매끈하고 마른 그 감촉을 손가락 등으로 몇 초 맛보다, 리카는 여권을 꺼내 남자에게 건넸다. 그리고 자신의 목소리가 매달리듯이 중얼거리는 것을 들었다. 예전에 사랑한 남자가 했던 것과 같은 말을.

"나를 여기서 나가게 해 줘요."

주조

아키

———

사오리가 시착실에 들어간 동안, 진열장에 걸린 옷의 가격을 무심히 보던 아키는 깜짝 놀라서 동그라미 개수를 확인했다. 아키의 눈에는 별것도 아닌 트레이너에 35,000엔이라는 가격표가 붙어 있다. 어린아이 대상의 부티크여서 그렇게 비싸지 않을 거라고 생각했더니, 이곳은 뭔가 특수한 브랜드점인 걸까. 옷걸이에 걸린 코트 가격을 살펴보려고 하는데 시착실 문이 열리고, 사오리가 "아키짱, 나 어때?" 하고 머뭇머뭇 나왔다. 카무플라주 무늬의 미니스커트도, 영국 국기가 가슴에 프린트된 세련된 디자인의 스웨터도 사오리에게 잘 어울렸다. 스커트 아래로 쭉 뻗은 다리가 인형처럼 아름답다.

"따님, 다리가 길어서 잘 어울리네요. 이 부츠까지 신으면 완전히 딱이겠는걸요."

금발의 점원이 광택 나는 부츠를 갖고 와서 사오리는 그 자리에서 신었다. 부츠를 신고 거울 앞에 선 사오리는, 부모의 사심이 아니더라도 예뻐 보였다. 아직 열두 살. 십 대, 이십 대, 그다음에도 줄곧 얼마나 살아가는 게 즐거울까, 아키는 눈앞에 있는 딸에게 넋을 잃었다.

"아키 짱, 어때, 이상해?"

"어울리지만……."

어울리지만, 다 합쳐서 얼마나 될까. 사오리가 졸라서 2주 전에 손목시계도 사주었는데.

"역시 부츠도 신는 게 좋을 것 같아. 부츠는 안 될까, 아키짱?"

사오리는 눈을 칩뜨고 아키를 보았다. 아키는 그 눈에 1년 전만 해도 어린아이 같던 모습이 전혀 없다는 사실을 문득 깨달았다. 이 아이, 언제부터 이런 눈이 된 걸까. 1년 전에 갖고 싶은 것을 물으면, 게임기라고 대답하던 사오리가 아득히 먼 기억처럼 떠올랐다.

"갈아입고 나오렴, 일단." 사오리에게 시착실로 돌아가도록 재촉하고, "저거 전부 얼마예요?" 아키는 옆에서 진열장 정리를 시작한 금발 점원에게 물었다. 그녀는 계산대로 돌아가서 계산기를 두드리더니, "이 정도입니다" 하고 아키에게 보여주었다. 89,000엔.

사오리가 시착한 옷을 오른팔에 걸치고, 부츠를 왼손에 들고 나왔다.

"있지, 이거 다 사면 안 돼?"

사오리는 고개를 갸웃거리며 아키의 얼굴을 들여다보았다. 아무리 예뻐도 아직 천진함이 남아 있다고 생각했던 딸의 그 표정에 아키는 오싹해졌다.

"미안, 내가 지금 갖고 있는 돈이 없으니까 다음에 사도 될까?"

아키는 빠르게 말한 뒤, 사오리의 말을 듣지 않고 얼른 가게를 나왔다.

"오늘 아키짱이 옷 사도 된다고 그랬잖아. 그래서 나 아빠랑 할머니한테 거짓말하고 나왔단 말이야. 아키짱 만난다고 하면 두 사람 다 좋은 얼굴 안 하니까."

서둘러 걸어가는 아키의 뒤를 쫓아오면서, 사오리는 불만스러운 목소리로 계속 투덜거렸다.

아키짱, 시간 있으면 밥 먹지 않을래? 쇼핑 같이 가. 작년에 사오리의 생일에 선물로 백을 사준 뒤로, 그런 전화가 자주 걸려오게 되었다. 처음에는 사오리가 아빠도 할머니도, 하물며 친구도 아닌 자신과 함께 지내고 싶어 하는 것이 기쁘기도 하고 뿌듯하기도 했다. 엄마 노릇을 아무것도 해주지 못했는데, 지금도 못해주고 있다는 죄책감도 덜해졌다. 어디 어디에 있는 옷집에 가고 싶다, 어린이용 화장품 가게가 생겼다더라, 하고 사오리가 말하면, 아키는 열심히 정보를 수집해서 사오리가 원하는 가게에 데리고 갔다. 물론 사오리는 무언가를 사달라고 직접 조르는 일은 없었고, 아키도 무엇이든 사주었던 것은 아니다.

이거 갖고 싶은데, 아빠가 안 된다고 해. 이거 사려고 용돈 모으고 있는데, 5천 엔이 부족해. 사오리가 그런 식으로 에두른 표현을 하게 된 것은 최근 들어서였다. 사오리가 갖고 싶어하는 것은 비싼 것이 아니어서, 아키는 몇 번이나 말하는 대로 사주었다. 우아, 기뻐라, 하고 꽃이 피듯 활짝 웃는 사오리의 얼굴을 보면 그것만으로 기뻤다. 헤어진 남편에 대한 우월감도 있었다.

하지만 오늘, 아키는 알아차리고 싶지 않은 것을 알아차렸다. 아까 아키를 보던, 교태를 부리는 듯한 사오리의 표정을 보고 알아차려버렸다. 사오리는 뭔가 사달라고 할 때만 자신한테 전화를 건다. 이 아이가 자신에게 연락하는 것은 친구보다 할머니보다 친근감을 느껴서가 아니었다.

"차 마실까?" 사오리에게 말을 걸었지만, 기분이 상했는지 사오리는 대답하지 않았다. 사오리가 안내하는 대로 부티크에 들어갔을 때는, 아직 한낮처럼 밝았는데 오모테산도 거리에는 노을이 물들고 있었다. "아니면 밥 먹을까? 요 앞에 맛있는 오므라이스 가게 있는데."

사오리는 아무 대답도 하지 않고 아키가 보기에는 일부러 그러는 것 같았지만, 괜히 손목시계를 확인했다.

"갈래? 시간 신경 쓰이면 역까지 데려다줄게."

일부러 내치듯이 말하자, 사오리는 어깨까지 오는 머리칼을 손가락으로 만지작거리면서, "아까 그 옷, 사오리, 이상했어?" 하고 물었다. 아직 포기하지 못한 것 같다. 아키는 멈춰 서서 12년 전에 자기가 낳은 딸을 보았다. 건강하게 예쁘게 성장한 딸을. 아키를 따라 멈춰 선 사오리에게 혹시 아키가 가게로 돌아가주지 않을까 하는 기대의 표정이 서렸다. 커플이나 젊은 무리가 좁은 골목에서 멈춰 선 두 사람을 짜증나는 듯이 비켜서 걸어갔다. 어디선가 올리브오일 냄새가 감돌았다.

이 아이가 나쁜 게 아니다. 아키는 생각했다. 내가 옷을 잘 입는 것으로 이 아이의 친구가 되려고 생각했기 때문이다. 이 아이에게 무언가 사주는 것으로 엄마가 될 수 있다고 생각했기 때문이다. 내가 그렇게 가르쳤기 때문이다. 그래서 이 아이는 나와 똑같은 것을 하는 것뿐이다.

아키는 그럴 생각이 전혀 없었는데, 정신을 차리고 보니 사람들로 복작거리는 골목길에서 사오리를 꽉 껴안고 있었다. 놀란 사오리가 반사적으로 아키에게서 떨어지려고 했지만, 아키는 그보다 더 센 힘으로 사오리를 껴안고 놓지 않았다.

"잠깐만, 뭐야, 남들이 보잖아, 하지 마."

사오리는 아키의 품속에서 몸부림쳤다. 아키는 거의 매달리듯이 사오리에게서 떨어지지 않았다. 아기 때의 달콤한 냄새를 떠올렸다. 매끄러운 살결을 떠올렸다.

"사오리, 미안해." 아키의 입에서 말이 새어나왔다. "미안" 하면서, 자신이 무엇을 사과하는지 몰랐다. 그래도 아키는 되풀이했다. "미안해, 사오리."

"좀, 꼴불견이야, 그만해."

사오리는 마구 몸부림쳐서 간신히 아키의 품속에서 벗어났다. 조금 떨어진 위치에서 징그러운 것을 보듯이 아키를 보았다.

"그만 갈래."

사오리는 그렇게 내뱉고, 그대로 아키에게 등을 돌렸다. 인파 속에 사오리의 작은 등이 멀어져갔다. 아키는 그 자리에 우두커니 서서 멀어지는 딸의 등을 한참이나 보았다.

커피숍 창밖에는 어느새 해가 저물었다. 아키는 유리창에 비친 자기 자신을 바라보았다. 사오리를 만나기 위해 지난주에 산 옷을 입고 있다. 집을 나설 때는 완벽한 화장에 완벽한 코디네이트를 했다고 생각했던 자신의 모습이 지금 유리창 속에서 몹시 초라해 보였다. 엄마도 아내도 되지 못하고, 그뿐만 아니라 자기 자신조차 제대로 되지 못한 한심한 여자로 보였다. 아키는 은행 돈을 착복한 리카를 생각했다. 사건을 알고 난 뒤, 마치 그녀가 내 속에 살기 시작하기라도 한 것처럼 아키는 리카를 자주 떠올렸다. 리카가 지금 어디에 있는지 알 수 없지만, 리카도 역시 이런 식으로 무언가에 비친 자신의 모습을 보고 있을 것 같은 기분이 들었다.

언젠가 또 리카를 만날 일이 있을까. 그런 생각을 하면서 아키는 자리에서 일어났다. 신문도, 마시다 만 커피도 그대로 두고, 계산대에서 계산을 했다. 만약 리카를 만나는 일이 있다면, 나는 그녀에게 무엇을 물을까. 무엇을 손에 넣었는지 물을까. 아니면, 그만큼 큰돈의 대가로 무엇을 놓을 수 있었는지 물을까.

가게를 나왔다. 네온사인으로 밤하늘은 희뿌옇다. 진하지 않은 밤하늘에 달도 별도 뜨지 않았다. 아키는 불빛이 환한 거리를 걸었다. 맨션까지 5분도 안 걸리는데, 부모를 잃어버려 낯선 곳에서 미아가 된 듯한 기분이었다. 돌아가자, 돌아가자, 생각하는 사이 눈물까지 났다. 어째서 눈물이, 생각하면서 아키는 뺨을 타고 턱으로 떨어지는 눈물을 닦지도 않고, 돌아가자, 돌아가자, 하고 되뇌면서 필사적으로 걸었다.

'돈'에 지배 당하는
인간들의 불행

이제는 믿고 읽는 작가가 된 가쿠다 미쓰요의 소설, 종이달. 종이로 만든 달. 그것이 의미하는 것은 짝퉁? 위선? 모조품? 얼마 전 영화로 개봉된 〈종이달〉의 카피가 '진짜로 보이지만, 진짜가 아니다. 모두가 가짜다'이기도 했으니, 제법 그럴듯한 해석이라고 생각했다. 그런데 일본인 친구가 '종이달'에는 이런 의미도 있다고 가르쳐주었다. 사진이 나온 지 얼마 되지 않았던 시절, 사진관에서는 초승달 모양의 가짜 달을 만들어서 그곳에서 사진을 찍는 것이 유행이었다고 한다. 가짜 달을 보며 찍었는지, 달 모양 위에서 찍었는지 모르겠지만, 한껏 포즈를 잡으며 행복한 얼굴로 가족 혹은 연인과의 추억을 사진으로 남긴 것이다. 물론 그것은 종이가 아니라 나무로 만든 달이었던 것 같지만, 거기에서 비롯되어 '종이달'이라고 하면, 연인이나 가족과 함께 보낸 가장 행복한 한때를 의미하게 되었다고 한다. 그 얘기를 듣고 보니 '종이달'은 너무나도 이 소설과 잘 어울리는 제목이란 생각이 들었다. '종이달'이 '가짜'와 '가장 행복했던 한때'를 중의적으로 의미하는 것이라면.

아주 가끔 여자 은행원이 거액의 공금을 횡령한 뉴스를 들을 때가 있다. 일반 사람들은 여느 범죄 뉴스처럼 혀를 차며 이내 나오는 '다음 뉴스'로 관심을 돌리게 되지만, 만약 뉴스에 나온 그 범인이 내가 아는 사람이라면 기분이 어떨까? 그것도 학교 다닐 때 지극히 평범하고 얌전하고 곱상했던 동창이라면? 고왔던 첫사랑 그녀라면? 사회인이 되어 친하게 지냈던 착한 친구라면?

소설은 1억 엔이란 거액을 횡령한 우메자와 리카를 중심으로, 그녀의 동창 오카자키 유코, 첫사랑 남자 야마다 가즈키, 사회 친구 주조 아키가 번갈아가며 화자로 등장한다. 그들에게 가장 행복했던 한때는 언제였을까. 소설 속에서의 그들은 누구도 행복해 보이지 않는다. 돈에 휘둘리지 않는 인생을 살기 위해 돈을 너무 아끼다 오히려 강박관념을 안고 사는 오카자키 유코도, 어린 시절 부유했던 기억 때문에 늘 현재의 처지를 비관하며 돈타령만 하는 아내를 둔 야마다 가즈키도, 마구잡이로 긁어댄 카드빚 때문에 남편에게 이혼당한 주조 아키도 '돈'에 끌려 다니며 행복하지 못한 것은 마찬가지다. 돈을 펑펑 쓰는 순간은 행복했을까, 돈을 목숨처럼 아끼는 순간은 행복했을까.

'여자행원 공금횡령사건'의 배경에는 항상 남자가 있다고 한다. 남자에게 조공을 바치기 위해, 그래서 남자의 사랑을 얻기 위해 계속 공금횡령을 하게 된다는 것이다. 이 소설 또한 실화를 바탕으로 하고 있지만, 실제로 일본에서 일어난 굵직굵직한 공금횡령사건은 모두 그러했다고 한다.

평범한 전업주부였던 우메자와 리카(41세)는 은행에서 시간제 사원 일을 시작한다. 그리고 일을 하다 우연히 대학생 히라바야시 고타를 만나면서, 소박하고 소심하고 소극적이었던 일상은 180도로 달라진다. 띠동갑뻘 연하 애인과 같이 다니려면 젊어 보여야 하니 옷을 사야 한다. 피부가 탱탱해 보여야 하니 비싼 화장품도 사야하고, 에스테틱 살롱에 다니며 몸매 관리, 피부 관리도 받아야 한다. 데이트 비용은 말할 것도 없이 전액 부담. 나이가 있으니 시시한 곳에 데려갈 수 없다. 고급 음식점으로, 고급 호텔로의 데이트. 급기야 자동차에, 맨션까지 조공을 바친다. 자신은 시간제 사원, 남편은 평범한 샐러리맨으로 수입은 빤하다. 조공 자금은 끊임없는 횡령으로 충당. 그래서 그녀는 행복했을까.

개인적으로 생선 만지는 걸 무서워해서 좀처럼 생선 반찬은 만들지 않는데, 이 소설은 마치 꿈틀거리는 장어를 맨손으로 만지는 기분이었다. 무섭도록 생생하다. 우메자와 리카가 무뚝뚝하고 애정 없는 남편과 스킨십 없이 살아가는 무미건조한 생활도, 횡령한 돈으로 연하남과 펑펑 쓰며 연애질하는 것도 마치 눈앞에서 일어나는 일 같다. 아마도 간혹 독자들이 책을 읽고 난 뒤 뭔가 뒷맛이 개운치 않다고 하는 것은 그래서이지 않을까. 손에 남은 비린내를 맡는 듯한 느낌. 원인은 분명 너무나도 생생한 이 리얼 스토리에 있을 것이다. 필력이 뛰어난 작가가 실화를 바탕으로 하였으니 오죽 실감나겠는가.

소설은 시종 '돈'이 가진 무서운 면과 달콤한 면을 보여준다. 그런데 등장하는 여성들은 하나같이 '돈'이 가져다주는 행복과는 전혀 대극에 있는 불행한 면, 돈의 나쁜 면에만 휘둘리고 있다. 그녀들은 사람들과의 교제법도 서툴렀지만, 돈과의 교제법도 심하게 서툴렀다. 불쌍할 정도로 바보 같다. 돈을 바르게 사용하는 법을 가르쳐주는 어른들의 동화까지는 아니지만, 적어도 반면교사 역할은 확실하게 하는 소설. 아직 경제관념이 확립되지 않은 젊은이들에게 일독을 권하고 싶다. 돈을 바르게 사용하는 법뿐만 아니라, 우메자와 부부나 야마다 부부를 보면서, 결혼은 어떤 사람과 해야 옳은지도 깨닫게 되는 것은 덤. 교훈을 얻으려고 소설을 읽는 건 아니지만, 왠지 『종이달』은 진부한 표현일지 모르지만, 행복한 삶 혹은 바르게 사는 삶에 관해 많은 생각을 하게 한다.

권남희

종이달

초판 1쇄 발행 2014년 12월 5일 **초판 16쇄 발행** 2023년 6월 15일

지은이 가쿠다 미쓰요
옮긴이 권남희
펴낸이 이승현

출판1 본부장 한수미
라이프 팀장 최유연

펴낸곳 ㈜위즈덤하우스 **출판등록** 2000년 5월 23일 제13-1071호
주소 서울특별시 마포구 양화로 19 합정오피스빌딩 17층
전화 02) 2179-5600 **홈페이지** www.wisdomhouse.co.kr

ISBN 978-89-5913-852-4 03830